Studies of Financial Theory and Practice in Education

教育财务理论和实践研究

张爱民 著

中国出版集团
世界图书出版公司
广州·上海·西安·北京

图书在版编目（CIP）数据

教育财务理论和实践研究 / 张爱民著 . —广州：世界图书出版广东有限公司 , 2013.12

ISBN 978-7-5100-7307-6

Ⅰ . ① 教… Ⅱ . ① 张… Ⅲ . ① 教育经费—财务管理—文集 Ⅳ . ① G467.2—53

中国版本图书馆 CIP 数据核字（2013）第 315986 号

教育财务理论和实践研究

策划编辑	李 瑞
责任编辑	孔令钢
出版发行	世界图书出版广东有限公司
地　　址	广州市新港西路大江冲 25 号

http:// www.gdst.com.cn

印　　刷	虎彩印艺股份有限公司
规　　格	710mm×1000mm　1/16
印　　张	16.75
字　　数	287 千
版　　次	2013 年 12 月第 1 版　2014 年 6 月第 2 次印刷
ISBN	978-7-5100-7307-6/F・0123
定　　价	50.00 元

版权所有，翻版必究

自　序

　　本书是一部论文集，更准确地说是一部文章集，收集了笔者从事教育财务管理和审计工作期间所撰写的与教育财务有关的业务研究性质的部分文章。

　　1999年春天，那是高等教育大发展开始启动的年代，因为一次偶然的机会，我从一个会计教师岗位走上了高校财务管理以及以后的内部审计工作岗位。在新的岗位上，我开始碰到的是与会计教师几乎完全不同的工作内容和行事规则，但是这些工作内容却是会计学、财务学本来应有的组成部分。大学会计教师主要是从事企业财务和会计的教学和研究，而教育单位的财务、会计、内部审计工作与企业的财务、会计、内部审计工作相比，基本原理是一样的，但是各自遵循的具体原则、程序、方法，却是别有洞天。因此，这次岗位的轮换与其说是一个会计学老师参与和强化教育财务工作，不如说是一个会计专业人士进入新的专业领域进行自我拓展训练和学习的过程。这期间，由于工作需要或者个人兴趣或者领导指示，我写了一些与教育财务、会计和内部审计工作有关的文章，这就是本书的内容。

　　本书结集出版的契机，是存续良久的感恩心愿，是世俗意义上的不甘情结，是经济资助上的难得机遇。

　　本书中各篇文章的选题、观点和意见，不完全是我一个人的，很大一部分是我的同事和合作者的共同心得体会。十多年来，我在教育财务和审计岗位上遇到了许多很好的同事和合作者，我们一起进行业务研讨，我只不过是这些文字成型的主要执笔者而已。这里有教育部财务司主管我工作的相关领导、上海市教育委员会财务处领导以及本人供职的华东理工大学领导，多次将课题研究、执笔写作的任务交给我，使我多次有了执笔者的责任，参与了一些合作研究工作，这些工作往往是将新的教育财务管理思想或任务转化为教育界通行的行业制度、转为经验总结的探究，这种工作真的有趣也很有益。这里也有兄弟高校以及部分普教系统财务管理干部的同行，我们做的是相同的工作，但是我们之间表现出来的却是差异化的性格和多元化的智慧，在夹杂着嬉笑的交流中我们完成了一次次的专业沟通和业务研讨，使我的文字能够在自己的经验和才华之外得以丰富。这里也有我的学生，包括华东理工大学商学院会计学专业的硕士研究生和高教所高等教育学专业的硕士研究生，能够随着我个人的工作步伐，将他们的时间和焦点对准不太主流的教育财务领域，实地调查、收集资料、课堂研讨、撰写文章，文章虽然数量不多但不乏新意，至少视角独特。因此，本论文集也是为了感谢过去十多年这些领导对我的支持、这些同行对我的激励、这些学生给予我的帮助。

本书中的文章中只有少数几篇是在公开出版的学术杂志上发表过的，绝大部分是在上海市教育会计学会编辑的内部刊物《上海教育财会》上刊登的，专门用于上海教育财务人员交流，甚至还有一些文章根本就是一直躺在我的电脑之中（这样，这些文章不能算作我作为老师的工作量）。因此，这些文章肯定不会被收藏于任何图书馆和电子档案中，就我个人和合作者而言，这终归是很遗憾的事情。当然，这些文章不是藏在楼阁中的大家闺秀，而是一些是深巷里的小户"宅男"。低调是我喜欢的风格，但是永久的"宅男"也希望有路人不经意之间送上的知音回响。我记得，自己在中学读书的某段时间，曾经不知道为什么读起了屈原的《离骚》、《九歌》和基本上就是天书的《天问》。《离骚》中当然有"路漫漫其修远兮，吾将上下而求索"这样千古流行的励志名句，更多的却是"纷吾既有此内美兮，又重之以修能"这样强调内修自美的自恋式唠叨，更有"惟草木之零落兮，恐美人之迟暮"这样慨叹来日无多的恐慌式比喻，最后还有以下希望收割美丽的文学式梦想。

    余既滋兰之九畹兮，又树蕙之百亩。
    畦留夷与揭车兮，杂杜衡与芳芷。
    冀枝叶之峻茂兮，愿俟时乎吾将刈。

——屈原《离骚》

    我已经种下了九顷地的春兰，
    我又曾栽就了百亩园的秋蕙。
    我曾把留夷和揭车种了一田，
    更夹杂了些杜衡和芳芷之类。

希望着它们的枝叶茂盛起来，

等到开花时我便要加以收割。

——郭沫若译文

  无望中的屈原希望收获自己栽下的香草美兰，他做到了，不是凭借其在官场复职升迁，而是凭借其永留史册的文字成就。我绝对没有屈原的抱负和才华，但是人同此心，心有此意，既然自己栽下了花草，也希望在秋天来临的时候让可能具有相同兴趣的人们一同欣赏，不至于独自凋零。有点俗，也有点美。

  因为关于教育财务问题研究的这些文章毕竟是小众资源，而且作者也无出众的才华和惊世的名气，能否出版肯定还需依靠银两若干。今年我非常幸运，承担了几个课题，在写完文章报告交差之后，课题费尚有余钱可资刊印这些文章。如果是没有这几个课题，我也没有心思将这些丑文章集中打扮一番来见公婆了。

  本人平时是认真做事，写文章也是态度端正。由于时间跨度大，本书中各篇文章的内容、格式和引注等只能基本保持原貌。由于本人水平有限，本书中的文章一定存在着这样那样的错误和瑕疵，恳请读者批评指正。

张爱民

2013 年 10 月 15 日

于上海西南一隅

目　录

第一部分　教育投资体制改革研究

教育投融资体制改革的一般理论框架　　　　　　　张爱民　倪　勋　王从春 001
高等教育财政拨款的效率与公平问题　　　　　　　　　　　何贤贤　张爱民 012
上海高校市财政性资金建设项目"拨改投"改革的产权制度分析　　　张爱民 016
上海中医药大学整体搬迁中教育投融资体制改革实践的研究　　　　　课题组 026
网络教育的投资体系　　　　　　　　　　　　　　　　　　张爱民　杨　颖 033
网络教育的价值链分析　　　　　　　　　　　　　　　　　张爱民　杨　颖 041

第二部分　教育会计制度建设问题研究

高校地方性财务管理制度体系研究　　　　　　　　　　　　张爱民　朱杏龙 048
中国公办和民办高校会计制度改革问题的研究　　　　　　　　　　　张爱民 053
上海市民办高校财务会计制度的编制和试行
　　　　　　　　　张爱民　王从春　李　蔚　朱杏龙　张平伟 069
关于高校总会计师管理体制的文献研究　　　　　　　　　　张爱民　陈涛琴 077
上海地方公办高校试行总会计师制度可行性研究　　　　　　　　　　张爱民 085
论高校二级单位的经济责任制　　　　　　　　　　　　　　　　　　张爱民 092

第三部分　普教系统国库集中支付问题研究

财政国库集中支付的理论分析　　　　　　　　　　　　　　张爱民　郭　坤 097
财政国库集中支付改革实践综述　　　　　　　　　张爱民　肖慧敏　郭　坤 103
会计集中核算与国库集中支付的关系
　　——上海市闵行区国库集中支付调研报告　　　　　　　张爱民　肖慧敏 111
上海松江区国库集中支付教育分中心调研报告　　　张爱民　肖慧敏　袁洪斌 114

以会计服务外包为抓手,建立具有浦东特色的社发局财政国库集中收付制度
　　——关于建设浦东新区教育系统国库集中收付制度的设想

张爱民　张剑成　121

普教系统管理人员对教育财务知识需求的调查研究
　　——以浦东新区中小学为例　　　　张爱民　林圣樾　干　瑾　张剑成　133

第四部分　日本大学财务和会计制度研究

日本大学会计制度体系：内容和比较　　　　　　张爱民　温建萍　张　欣　140
日本国立大学法人化与大学会计制度的关系　　　　　　　张爱民　张　欣　149
日本私立大学会计制度评析　　　　　　　　　　张爱民　陈士辉　温建萍　157
日本大学的技术转移和产学合作　　　　　　　　汪志平　王俊秋　张爱民　163
日本产业技术开发体制与产学合作的变迁　　　　汪志平　王俊秋　张爱民　172

第五部分　海外教育经费监管问题研究

美国公立大学系统的内部审计
　　——以田纳西州大学系统为例　　　　　　　　　　　　　　　张爱民　180
德国教育与教育经费监管制度　　　　　　　　　张爱民　孙蓝烽　李留浩　185
外国政府资助科研经费管理制度综述　　　　　　　　　　　　　　张爱民　194

第六部分　高校内部控制问题研究

高校预算执行和决算审计　　　　　　　　　　　　　　　　　　　张爱民　202
高校二级单位资金集中管理的理论和实践　　　　　　　　　　　　张爱民　225
以财务管理为基础的校园通卡系统　　　　　　　　　　　　　　　张爱民　236
高校校办企业股权变更业务的会计控制　　　　　　　　　　　　　张爱民　243
校名产品的经营管理　　　　　　　　　　　　　　　　　　杜婷婷　张爱民　250
高校专利维护成本的文献研究　　　　　　　　　　　　　　刘宪娟　张爱民　254

后　记　　　　　　　　　　　　　　　　　　　　　　　　　　　　　　258

第一部分 教育投资体制改革研究

教育投融资体制改革的一般理论框架[1]

张爱民 倪 勋 王从春[2]

投融资是各类主体为提供产品和服务而进行的资金筹措和资金运用的行为。投融资体制是指组织、领导和管理社会投融资活动的基本制度和主要方式、方法。近年来，我国教育投融资体制领域内进行了诸多探索性的改革。教育投融资体制是投融资体制中的一个重要领域，是理论界关注比较少的一个领域。为了深化教育投融资体制改革，必须对教育投融资体制进行理论性研究，寻找改革的突破点。本文拟系统地表述教育投融资体制的一般框架和教育投融资体制改革的一般理论，供广大教育理论界和教育实务人员参考。

一、教育投融资体制的一般框架

（一）教育投融资体制

教育投融资是各类主体为提供教育公共服务而进行的资金筹措和资金运用的行为。教育投融资属于财政投融资的范畴，是一种政策性投融资，它既不同于拨款，也不同于商业性投融资，具有下列基本特征：①它是在大力发展商业性投融资渠道的同时构建起来的新型投融资渠道；②教育投融资的目的性很强，范围有严格限制，主要是为提供教育这一公共产品的教育机构进行的投融资；③虽然教育投融资的政

---

[1] 本文在发表时被上海市教育会计学会内部刊物《上海教育财会》编辑部拆分为以下两篇文章：王从春，倪勋.论上海教育投融资体制改革[J].上海教育财会，2004（2）：13-16.张爱民.教育投融资主体的若干问题探讨[J].上海教育财会，2004（2）：13-16.

[2] 作者简介：张爱民，华东理工大学商学院会计学教授，时任校财务处处长；倪勋，时任上海市教育委员会财务管理中心主任、会计学副教授、高级会计师；王从春，时任上海市教育委员会财务处副处长、高级经济师。

策性和计划性很强,但并不完全脱离市场,而是要以市场参数作为配置资源的依据;④教育投融资的方式和资金来源是多样化的。

教育投融资体制是以市场为导向,以拓展教育资金来源渠道、提高教育资金使用效益、促进教育资源优化配置和教育事业迅速发展为目标的教育资金筹措和使用管理体制。

(二)教育投融资体制的一般框架

教育投融资体制是一个复杂的政治经济系统。一般来说,教育投融资体制是两个层次的投融资主体,在相应的法律和法规条件下,以体现社会效益为主要任务,从事教育投资、教育融资和教育服务活动的三位一体的经济和社会服务行为,如图1所示。

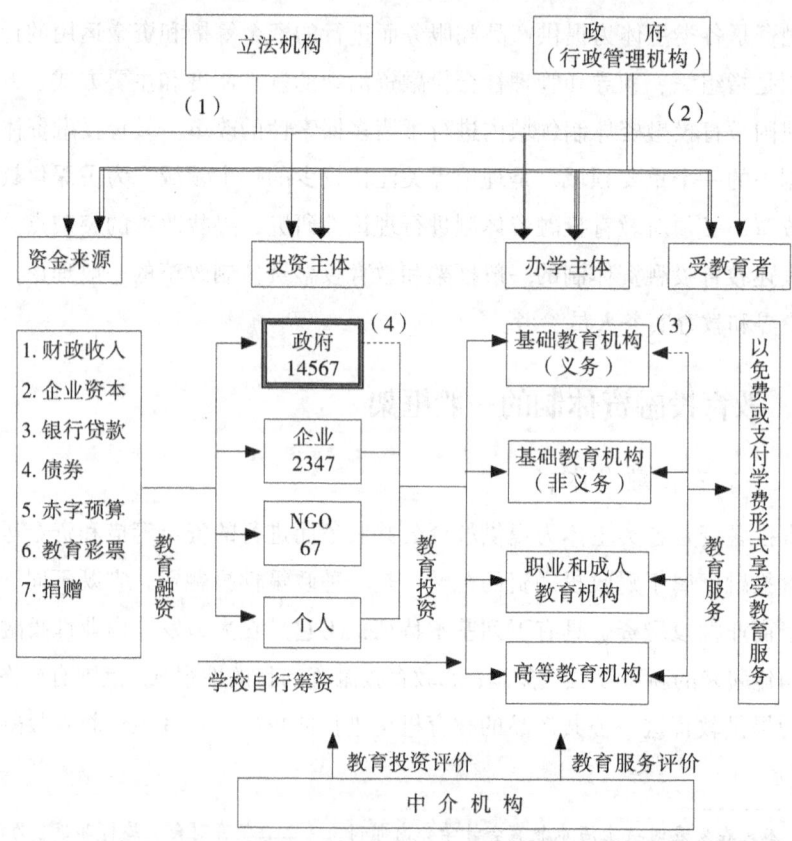

注:(1)指立法关系;(2)指行政管理,其中还包括经常性教育经费拨款(民办教育没有);(3)指教育服务,包括免费教育和民办教育;(4)指政府参与部分民办教育的投资。

图1 教育投融资体制的一般结构示意图

下面分别介绍教育投融资主体、教育投融资行为、法律以及法规环境以及中介组织。

(三)两个层次的教育投融资主体

教育投融资主体包括多元化的社会投融资主体和事业法人的学校投融资主体。

1. 多元化的社会投融资主体

教育投融资首先要吸收多元化的社会组织投资教育事业。多元化的社会投融资主体包括政府、企业、非政府组织和个人。多元化的社会投融资主体的行为一般是以建立教育机构为其主要内容，因此，其行为多发生在学校设立阶段。

中国在1949年以前私立学校和公立学校并存。1952年全国范围内的教育调整之后，高等教育改为公立，形成了国家（中央政府、地方政府、部门）举办学校的单一办学主体。20世纪70年代末和80年代初，民办教育兴起，多元化办学模式开始形成。《中国教育改革和发展纲要》明确提出"改变政府包揽办学的格局，逐步建立以政府办学为主体、社会各界共同办学的体制"。1993年国家教育委员会发布了《民办高等学校设置暂行规定》，1997年国务院颁发了《社会力量办学条例》，2003年全国人大常委会通过了《中华人民共和国民办教育促进法》，中国教育多元化投资主体的法律体系已经初步形成。目前，我国教育投融资主体中政府仍然担负着主要角色，其他社会投资主体处于新生阶段，需要大力扶持，争取早日成长壮大。

2. 事业法人的学校投融资主体

在教育机构持续发展过程中，各类学校特别是高等学校可以以独立的投资主体开展教育融资、教育投资和教育服务。事业法人的学校投融资主体的行为需要以社会投资主体投资形成的教育资源为基础，通过各种筹资渠道筹集建设资金，建设更多的教育教学设施，提高和增强自身提供教育服务的能力。

作为事业法人的学校，特别是高等学校，在学校教育事业迅速发展过程中，已经开始承担起越来越多的教育融资和教育投资任务，其成为独立的投融资主体的必要性日益增强。学校，特别是高等学校，要成为自我发展、自我约束的独立办学主体，就必须能够成为独立的投融资主体。

(四)三位一体的社会经济行为

1. 教育融资

教育融资是教育投资主体为建设新的教育事业或扩大已有的教育事业而筹集资金的经济行为。在法规允许的条件下，各类教育投融资主体可以通过多元化的渠道募集教育资金。政府可以通过财政收入的预算分配、发行政府教育债券、适当安排赤字预算、发行教育彩票、募集社会捐赠等渠道筹集教育资金；投资教育事业的企业可以从企业税前和税后利润、银行贷款、发行企业债券、接受其他捐赠等渠道募集教育资金；投资教育事业的非政府组织可以通过参与发行教育彩票、劝募各界捐赠、基金投资收益等渠道募集教育资金；投资教育事业的个人可以拿出个人财产作为教育资金。当然，随着法律法规的完善和资金市场的创新，教育融资渠道可以持续增加。

教育融资的目的是为教育事业提供资金，筹集资金的成本必须是尽可能低廉。因此，建立健全一个最大限度地降低筹资成本的法律和市场环境是教育投融资体制改革的一大任务。

2. 教育投资

教育投资是非生产性的公益事业，目的是提供公共性的教育服务。在市场经济条件下，公共产品和公共服务的提供仅仅靠市场机制是无法解决的。教育对经济增长和社会发展有着广泛的、决定性的影响，将使整个社会因教育水平的提高而普遍受益。因此，政府可以而且必须参与教育投资，进行直接性教育投资。政府投资教育可以使社会成员享受到国家提供的教育机会和权利，有利于缓解各阶层的收入差距和分配不公现象。同样，在市场经济条件下，教育服务的提供形式是多种多样的。在政府直接投资教育的前提下，吸收社会力量参与教育投资，培育多元化的教育投资主体，将推动教育投资的快速和健康发展。

3. 教育服务

教育服务是教育机构向受教育者提供知识、传授技能的过程。同任何公共服务一样，教育服务的提供过程要发生成本。教育成本可以由政府、受教育者分担，教育机构通过教育成本分担机制（收取学费）筹集部分教育资金。

（五）法律和法规环境

投资环境是围绕着投资主体存在和变化发展的并足以影响或制约投资活动及其结果的各种因素的总和。其中，教育法律和法规体系是教育投融资环境的主要因素。教育服务是公共服务，是法律和法规体系的重点调整对象。立法机关负责制定教育投融资方面的法律和地方法规，并负责审批包括政府教育投资支出在内的教育经费预算。因此，立法机关既是教育投融资体制的最高裁决者，也是政府教育投资的审批者。

政府行政机关负责制定教育投融资方面的行政性规章，制定并执行教育发展规划，编制并执行教育经费预算。因此，政府行使着对教育投融资体制改革的直接调控权力。立法机关和行政机关在法律和法规制定方面的创新，是教育投融资体制改革的保障。

(六)中介组织

教育投融资体制中的中介组织提供教育投资效益分析、办学主体的办学质量评估、教育投资管理等专业化服务。在以多元化主体参与为特色的教育投融资体制中,中介组织及其服务必须独立于投融资主体,其中包括兼具教育投资主体和行政管理主体双重身份的政府。中介组织的独立和专业化服务能够促进教育投融资体制的进一步完善和发展。

二、关于教育投融资体制改革

(一)教育投融资体制改革是一次制度创新

从政府层面来讲,教育投融资改革主要是指通过广泛吸收社会资本参与对学校的投资,建立多元化投资的各类教育服务提供者(即办学主体),实现教育公共服务的提供职能(举办权)、生产职能(办学权)和管理职能(管理权)的分离,提高政府投资对教育资源的优化配置和调控能力。

教育投融资体制改革是一项至今尚未停止的制度创新。美国制度经济学家道格拉斯·诺思曾提出一个重要论点:经济增长的关键在于制度因素,一种提供适当的个人刺激的有效制度是促进经济增长的决定因素,如果一个社会没有实现经济增长,那就是没有从制度方面去保证创新活动的行为主体应该得到最低限度的报偿或好处。同样,学校,包括高等院校,是建立在一定规章制度和行为准则上的规制结构,是被制度所确定的一个组织。学校能否获得快速的发展,就取决于它建立于其上的制度能否对教育投资产生适当的刺激,并保证后者能得到切实的最低限度的报偿或好处。如果一项制度出现的预期净收益(包括社会效益)超过预期成本,那么这项制度就会被创新。能够使制度创新主体获得潜在利益的现存制度变革就是制度创新。通过制度创新来建立教育健康发展的激励约束机制,就能促进教育不断发展。

教育投融资体制改革已经取得了长足进展,但是持续而进一步深入的教育投融资体制创新将是上海教育发展的切入点。

(二)教育投融资体制改革的内涵

教育投融资体制改革的内涵主要体现在以下几个方面:

1. 教育资金供应渠道的改革

根据公共财政原理,在教育社会公益性事业的背景下,通过对各级各类教育公共属性和准公共属性的划分,确定不同属性教育机构的教育经费筹措方式和渠道,明确政府对不同属性教育投入的责任和范围。教育资金供应渠道的改革，总的目标就是改变教育资金由国家财政单一供给的状况，实现教育资金的多渠道筹措。

2. 建立教育资金投入的市场机制

教育资金投入必须适应市场经济体制的要求，运用市场机制，改革资金属性，提高资金筹措和使用的效率，通过体制性的保障，转换教育投入机制，保证资金使用的科学、合理和有效。

3. 塑造学校办学主体地位

通过投融资体制改革，吸引社会资金参与办学，实现政府教育管理职能的转变。与此同时，通过多元投入体制的形成，真正塑造学校依法自主办学的主体地位。

4. 建立配套的管理和评价体系

建立与投融资体制改革相适应的教育财务管理、国有资产管理和教育投入使用绩效评价体系。

（三）教育投融资体制改革的必要性

教育投融资体制改革的必要性主要由以下几方面的因素决定：

1. 改变我国高等教育现状的需要

目前，我国高等教育发展面临的主要矛盾是，由于人口规模和高速扩招等因素导致的对高等教育需求和现实条件下国家所能提供的高等教育供给之间存在着的巨大缺口，而弥补缺口的主要障碍是高等教育经费严重不足。尽管高等学校提高收费标准在一定程度上缓解了经费短缺的矛盾，但考虑到高等教育长期以来的"历史欠账"问题和其作为稀缺社会资源的特性，这一矛盾仍非常突出。与1980年相比，2000年本专科生规模翻了两番多，研究生规模增长了12.7倍，而高等教育经费占当年GDP的比重却始终只有2%—4%，投入明显不足。而且，与西方发达国家相比，我国高等教育发展还只是处在初级阶段，2000年我国高校入学率为11%，而西方国家高校入学率早在20世纪90年代初就已达到或超过40%，美国等少数国家甚至达到81%，可见我国的高等教育还有很大的发展空间。但巨大的发展空间也意味着巨大的教育经费缺口，据估计，我国高校入学率达到15%时，经费缺口就将超过1 200亿元。

2. 现行的财政拨款途径解决不了经费短缺问题

近二十年来，我国经济虽然保持了持续高速增长的态势，但这并没有改变财政困难的局面。1979年至今，国家财政除1985年因临时性因素保持了少量结余外，其余年度都出现了赤字，且赤字增长速度高于经济增长速度，即使按窄口径计算也高达年均16.7%，在财政如此困难的形势下，要在短时间内单纯依靠财政投入来解决高校经费短缺问题显然很不现实。事实上，多年来我国教育经费一直短缺，其短缺程度不仅不能适应改革开放和现代化建设对人才的需要，而且也难以满足现有教育事业发展的基本需要。财政投入教育经费占同期GDP的比重从来没有超过3%，与发达国家相比，差距仍非常大，甚至远低于世界平均水平。因此，从总量角度看，在我国，财政性教育经费是始终处于短缺状态的。

3. 单纯依靠高收费的筹资渠道并不可行

为了解决教育经费短缺问题，我国除义务教育外还实行了收费上学制度，并自1997年实现了全国普通高等学校的收费并轨，收费力度大幅度提高。据统计，1993—2000年，我国高校学费年递增速度高于20%，而同期人均收入增长不足10%，远低于高校学费上涨速度。目前，我国高校学费占人均收入比重高达80%（城镇居民）和200%（农村居民），而美、日、德、韩等国高校学费仅占人均国民收入的20%。高收费虽然有其合理性，并在一定程度上缓解了高等教育经费短缺矛盾，促进了高等教育发展，但无论从长远的角度，还是从我国国情出发，高校高收费的负效应不容忽视。首先，增加了居民未来消费预期的不确定性，减少了即期消费需求，使得依靠教育消费拉动内需的努力大打折扣。其次，高收费使高等学校的市场主体地位日益显现，追求收益最大化对于高校而言，由于其有别于一般生产性企业的路径——"价格支付在前，产品生产在后"，很容易在缺乏监督的情况下，盲目扩招，压缩成本，导致教育质量下降。再次，高收费不利于教育公平。以我国的现行收费标准，在其他措施不够完善、贫富差距继续拉大的情况下，必然导致接受高等教育的学生中来自低收入家庭的比重逐渐降低，使接受高等教育成为社会高收入阶层的"专利"，长此以往，会导致社会阶层的"固化"后果，严重背离高等教育宗旨。因此，不可能单纯依靠财政投入和高收费来解决高校教育经费短缺问题，必须通过拓宽高校投融资渠道的方式解决经费短缺问题，通过资本市场筹融资就是其一。

三、教育投融资体制改革的目标

教育投融资体制改革的目标是建立起教育资金来源多元化，教育资金使用效益化，权责分明、管理高效的新型教育投融资管理体制。为了实现这一改革目标，就必须实行政校分开，管办分离，重塑政府、学校和教育中介服务机构在市场经济条件下的新型关系。

（1）要根据各级各类教育产品的属性，正确界定政府教育投资范围。

（2）开放教育投资市场，形成多元化的教育投资格局。

（3）改革教育投资管理的方式和手段，建立教育投资项目管理机制。①强化政府对以项目投资形式所形成的教育基础设施的管理，规范政府项目投资管理程序，加强对政府投资项目立项、建设、使用、评价等全过程的管理；②弱化社会投资项目的审批和管理；③转化政府对投资领域的服务职能。

（4）塑造起学校在市场经济条件下的法人主体地位。政府作为教育这一社会公共产品的主要供应者要转变角色，正确界定其作为教育这一公共产品主要供应者的职能：根据社会经济协调发展的要求，制定教育发展规划，改善教育投融资的政策环境，拓宽教育投融资渠道，改进政府教育事业经费投入的管理方式和手段，塑造在市场经济条件下学校的法人主体地位，培育和发展教育中介服务机构。学校在市场经济条件下，依法成为自主办学、自我约束、自我发展的法人主体。

四、教育投融资体制改革的具体构思

教育投融资体制改革的具体构思可以简单表述为：国有教育资本实体化、办学主体多元化、教育投资机制市场化、办学主体治理结构制度化和教育投融资体制评价中介化。

（一）国有教育资本实体化

国有教育资本实体化就是设立教育投资管理公司，作为国有资产出资人代表。

通过五十多年来的持续投入，中央和地方政府在教育机构中形成了巨额的国有资产。在多元化投资教育的市场经济条件下，这些国有资产是国有教育资本。而现实情况是，国有教育资本存在着出资人缺位的现象。进一步完善教育投融资体制改革的一个突破点就是实现国有教育资本的实体化。其具体形式是在各级政府下设一家政策性教育投资公司，持有国有教育资本，并以此成为国有教育资本的出资人。政策性教育投资公司首先是在现有公有公办学校转制为其他形式的学校的时候，在政府与其他教育投资主体共同兴办新的办学主体时候，必须接受和管理在这些办学主体中的国有教育资本，并作为这些教育资本的出资人向这些办学主体委派代表（董事）。

（二）办学主体多元化

根据政府投资和管理的关系，中国教育机构可以细分为四类：第一类是公有公管学校。由政府全额投资兴建，对这类学校，政府提供绝大部分办学经费，政府拥有直接管理权力。第二类是公有民管学校。对这类学校，政府以存量资产形式提供了办学的基本条件，由社会力量管理学校。民办公助学校属于此类。第三类是政府参与的多元投资学校。政府和其他社会力量一起共同出资，兴办学校。投资者组成董事会或理事会管理学校。第四类是政府不参与的多元投资学校。所有投资主体组成董事会或理事会管理学校。

现行的所谓民办学校是以多元化投资主体（政府可以是其中之一）出资形式建立的多元化投资学校，上述第二、三、四类学校都属于民办学校。在公有公管学校中，政府行使教育行政管理和出资人双重身份。作为国有教育资本的出资人，政策性教育投资公司与其他出资人在多元化投资的民办学校中拥有相等的权利。政策性教育投资公司的成立，使政府直接承担行政管理职能，退出直接投资者角色，实现"办"、"管"分离。图2和图3分别介绍了公有公管办学机构和多元化投资办学机构的投融资体制框架。

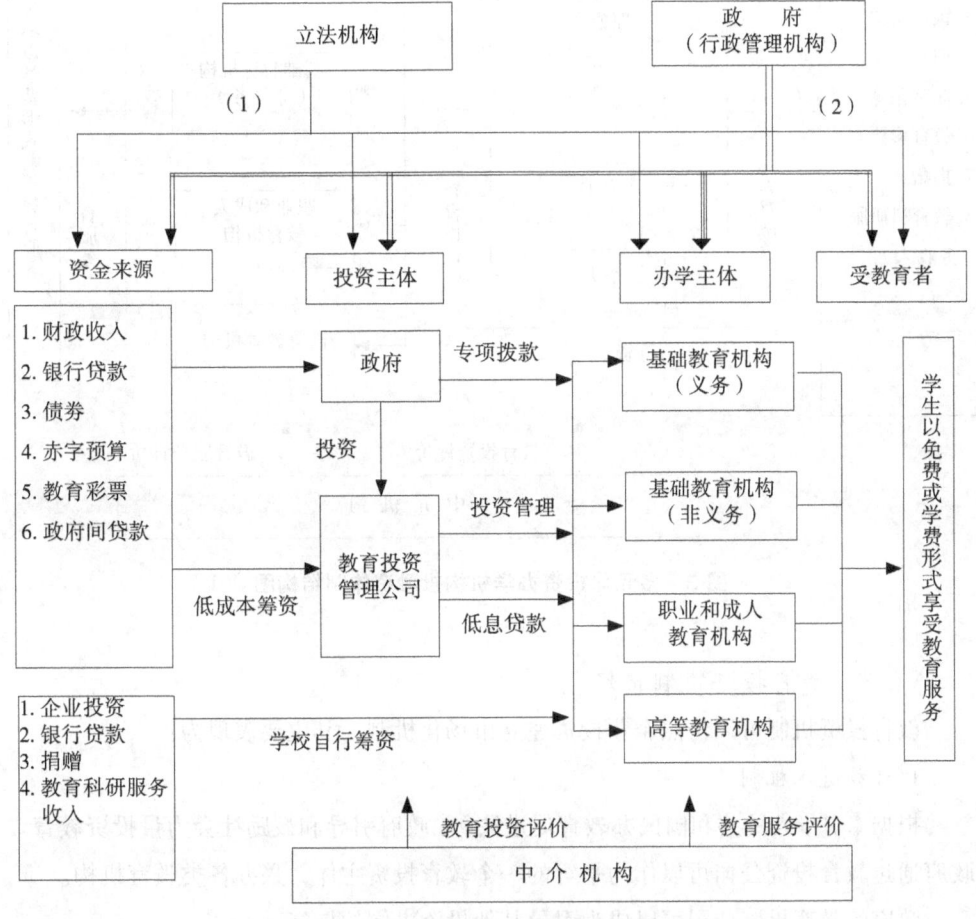

图2 公有公管办学机构投融资体制结构图

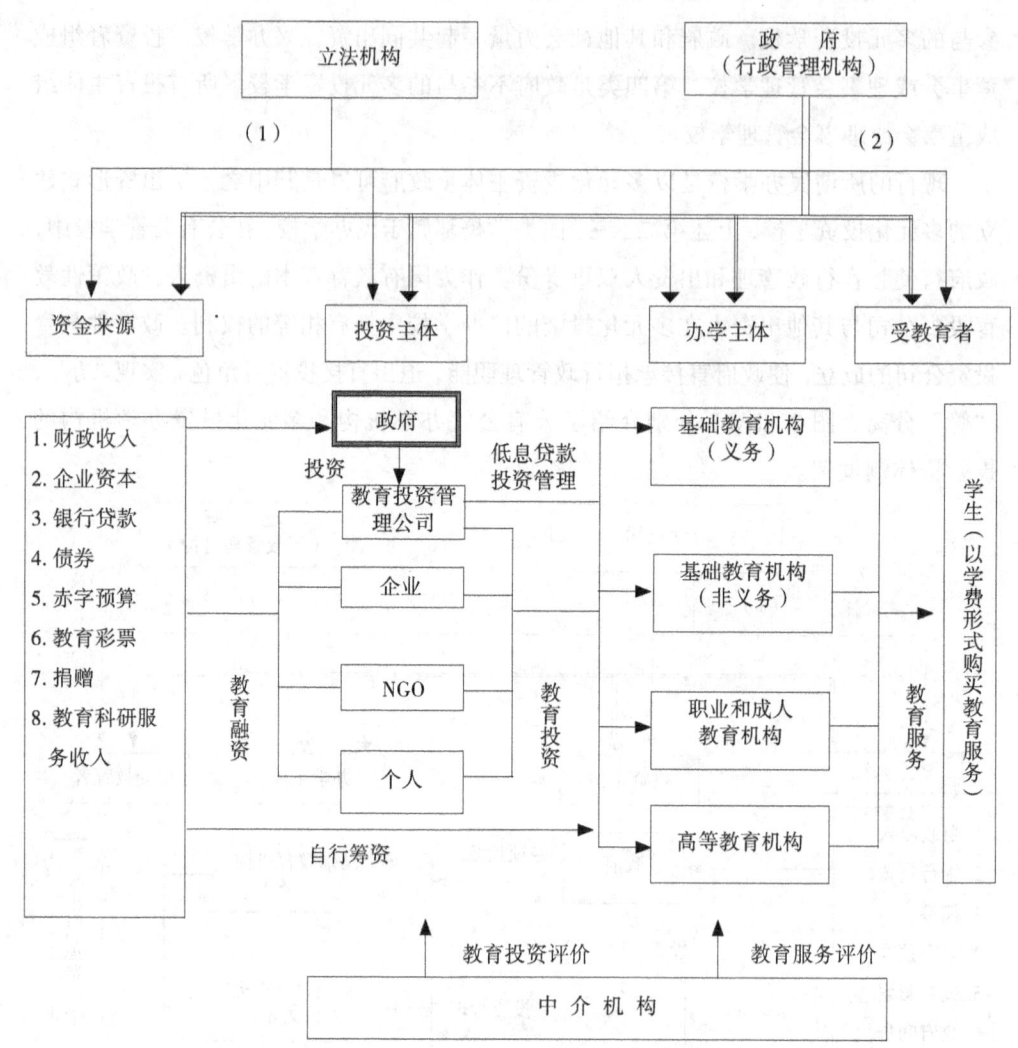

图3 多元化投资办学机构投融资体制结构图

(三) 教育投资机制市场化

教育投资机制可以仿照企业投资建立市场化机制,其主要表现为:

1. 开放进入机制

根据《中华人民共和国民办教育促进法》,政府引导和鼓励社会力量投资教育。政府通过教育投资公司可以作为平等的一个教育投资主体,兴办各类教育机构。

政府的教育投资公司可以成为引导其他投资主体的杠杆。

2. 完善治理结构，健全运行机制

办学主体必须建立健全法人治理结构，成为真正自我发展、自我约束的独立法人。

3. 构造退出机制

在多元化教育投资体制中，在一定条件下某些投资主体可能存在退出投资的需要。例如，政策性教育投资公司在完成某项阶段性教育任务时，可以选择退出。

4. 办学主体治理结构制度化（董事会＋校长）

学校独立法人应该具备三个基本特征：组织特征、财产特征和人身特征。组织特征是学校必须依法成立，必须具有作为一个整体从事学术活动的统一组织。财产特征是学校必须拥有自己能够独立支配和管理的财产，是学校作为法人存在和进行活动的物质基础。人身特征是学校具有法律所虚拟、创制和认可的独立的人格，是各种法律关系权利与义务的直接承担者。作为人身特征的内容，学校具有权利能力和行为能力。大学行为能力一般是指学校通过订立合同、出售服务获取收入的能力。

（1）学校治理结构中的决策者。在全部公有公管学校中，政府行政部门可以直接拥有所有权和部分管理权，即政府拥有部分决策权；校内决策部门是党委会。在公有民管学校中，由政策性教育投资公司（上海申教投资有限公司）和学校管理者共同组成董事会，按照学校章程规定的权限和程序行使决策权。学校董事会章程必须报教育行政管理部门备案。在政府参与的多元投资学校中，由政策性教育投资公司（上海申教投资有限公司）和其他投资主体共同组成董事会，按照学校章程规定的权限和程序行使决策权。学校董事会章程必须报教育行政管理部门备案。在政府不参与的多元投资学校中，所有投资主体共同组成股东会和董事会，按照学校章程规定的权限和程序行使决策权。学校董事会章程必须报教育行政管理部门备案。

（2）学校治理结构中的决策者地位。学校董事会的作用是：制定学校发展方向和规划；审批学校年度财务预算和长期投融资预算；招聘和任免校长；在学校与政府、社会之间发挥缓冲作用，保证校长集中精力办学。董事会对学校实行政策治理。

（3）学校治理结构中的校长地位。在现代学校治理结构中，校长只向董事会负责，执行董事会制定的政策。

5. 教育投融资体制评价中介化

教育投融资体制中需要一个独立的中介组织，对教育投融资活动本身和教育服务进行独立的、专业化的、公正的评估。在拓展教育筹融资渠道，构建新型教育投融资体制方面，培育市场中介机构，形成对教育投融资的社会公允评价机制。教育投融资的评价不同于其他领域的投融资活动，必须以教育服务的评估为基础。

高等教育财政拨款的效率与公平问题[1]

何贤贤　张爱民[2]

摘要：财政拨款是我国高校经费的主要来源，由于我国财政能力有限以及拨款体制存在诸多缺陷，导致高校资金分配上存在许多问题，其中效率与公平是当今高等教育财政拨款探讨的重点之一。本文首先介绍了高校财政投资方式以及政府财政拨款现状，从资源配置角度进一步分析高校财政拨款制度，旨在为探讨高等教育财政拨款的效率与公平问题提供一些依据。

关键词：高等教育　财政拨款　效率　公平

一、高等教育财政拨款模式存在的问题

（一）政府财政能力的有限性导致高校资金总体供给不足

发达国家教育经费一般占 GNP 的 5%—7%，很多发展中国家教育经费一般占 GNP 的 4% 左右。我国从 20 世纪 70 年代到 90 年代，每年教育经费大约仅占当年 GNP 比例的 2%。若按人均教育经费算，比例更低。具体到高等教育上，我国高等教育经费约占教育总财政投入的 20%，比例也很低。这些直接导致了我国大多高校办学经费不足的现状。

尽管我国 2005 年财政收入超过 30 000 亿元，但是各级政府财力总体上是比较紧张的，政府很难大幅提升高校财政拨款数量。这一现象至少说明了两点：①我国高等教育的投入总量还比较低；②从结构上看，除了政府的投入不足外，个人的分担机制也未健全，而社会分担的部分最为欠缺。

---

[1] 本文完成于2008年3月。

[2] 作者简介：何贤贤，华东理工大学高等教育研究所2007级硕士研究生；张爱民，华东理工大学商学院会计学教授，校审计处处长。

（二）东西部地区差异大

高校的经费主要是由税收支持的，而现在的税收政策和税收支配政策都存在着不平等现象。按地区收税而不是按财富收税的政策进一步造成了东西部地区之间的差距。

二、教育财政拨款效率与公平

教育公平就是使每一个公民都有受教育的权利，使每一个有能力、有潜力的公民都有受高等教育的权利，不会因贫穷等原因而被排斥。

理论上各地的教育投入应该大体相等，以保证人人都能接受同等的教育。由于各地经济发展水平存在着差异，各地教育经费的投入不免会有差别，但应保证每一个公民能就近接受基本上相同水平的教育。而且，高等教育属于社会的教育事业，必须由政府提供一部分经费。高等教育发展史表明，政府提供经费是保证教育质量、维护社会成员公平地接受教育、促进规模效益、保证教育效率不断提高以及教育事业不断发展的物质基础。因此，财政拨款一直在各国高等教育的发展中占主要地位。仅从财政拨款的角度来说，公平包括两层含义：①指拨款资金的分配应与每个地方的教育需求因素正相关，与财政能力负相关；②指选取的客观因素在各地要一致，公式要统一。拨款的因素测算、公式设计、标准核定以及拨款的各个环节都要坚持公开、透明和规范，不受人为因素干扰。

教育效率体现在教育质量、教育效益和教育规模上。在市场经济条件下，高等教育的质量和效益对高等院校来说具有生死存亡的意义。内部效益，即人、财、物等资源的利用率高，可以使学校不断发展。人力资源利用率高，教职员工人数较少，因而可以支付较高的工资，吸引较好的教师。而较好的教师又可以使学校的办学质量和效益进一步提高，从而吸引更多的优秀学生和教师，使教育规模扩大。教育规模扩大后，教室、教学仪器设备、体育设施等物力资源的利用率进一步提高，使教学效益得到更大的提高，从而使学校在一个良性循环的轨道上不断发展。美国私立学校的发展史就说明了这一点，其教育经费来源于社会捐赠和学费，教学质量是获得办学经费的根本。而效率低的学校，由于待遇差，优秀人才进不来、留不住，师资素质低、声誉差，导致生源差，学校的声誉和效益愈差，在恶性循环中走下坡路。外部效益和质量问题也是如此，质量好、效益高的学校培养出来的学生质量也高，这些高质量的毕业生进入人才市场后具有很大的竞争优势，比较容易获得较好的工作机会和较高的经济收入。这种市场信号使求学者对这类学校的预期收益提高，也使得人们对这类学校提供的受教育机会的需求增加,一些求学者宁可支付较高的费用也要千方百计地进一所声望较高的好学校。学校可以从大量的求学者中选择优秀的生源,优秀的生源有利于进一步提高办学质量和效益,从而形成良性循环、不断发展的态势。

三、探 讨

国家对高等教育的人力、物力、财力的投入,是现阶段高等教育资源的主要来源,支撑着庞大高教系统的运行。改革开放以来,国家加大了对高校的投入,使高等教育取得了令世人瞩目的成就。没有国家的资源投入就没有中国高等教育的昨天、今天和明天。但是,随着社会主义市场经济体制的建立和国家对高等教育要求的提高,以及高等教育改革的深入发展,在计划经济体制时代形成的教育资源分配和使用原则已越来越多地暴露出弊端,不同程度地影响了高教改革的深入发展,制约了高校教师和教育工作者积极性、创造性的发挥。

(一)教育资源的配置应切实体现以效益为主的原则

国家对高等学校的经费拨款有多项,但比例最大的是对学校经常性费用的拨款(俗称"维持费"),这项拨款主要是根据在校生和教职工人数,而忽视学校的教育质量高低和整体办学效益的好坏。学校大、人数多就可以争取到较多的拨款,也有理由申请更多的基建费用。所以,有的学校不顾自己的师资和设施条件以及社会的真实需求,盲目设置专业和扩大招生,导致专业重复设置、学校不适当的"升格",甚至争先恐后地设立新的高等院校。这样做,带来的是教育投资分散、教学质量低、规模效益差等不良后果,为优化高教结构造成新的困难。仅以规模大小和师生的多少配置教育资源,看似"公平",实际上是以牺牲效益为前提,所以,教育资源的配置应切实体现以效益为主的原则。

(二)应该重视教育资源的流动

目前,教育行政部门在配置观念上的主要问题,是就资源本身的价值与需求相比较,决定把资源配备给哪个学校。一旦分配下去,资源就落户在一家、"静止"在一家,很少考虑怎样使资源在一定的时空范围内为更多的需求者服务。尽管都说高校的资源可以共享,但因为人、财、物一旦分配给谁也就归谁所有,法规上或制度上并没有保证他人的使用权利。在资源的占有和使用上,应该是以能"为我所用"而感到满足,不以"为我所有"为目的。目前,我国高校的资源从总体上讲相当紧张,但是在不同的高校中，资源状况具有较大的差异，从而出现某些大学的某些方面资源短缺而在另外方面却有剩余的现象。如果在分配上冲破"静止价值"观念，着眼于资源的"动态效果"，对大型教学科研仪器的购置或需要大笔投资建立的设施，不仅仅是从一个学校考虑，而是从一个区域或几所学校的共同需求来考虑，资源的利用率就会高得多。

（三）应正确处理好公平与效率的关系

一方面，教育的公平性原则要求为所有的学校和学生提供平等的机会和条件，政府应当公平地分配教育资源，保证基本的教育需求；另一方面，我国作为一个发展中大国，为了迎接国际竞争的挑战，保证国家和民族长远发展的需要，又要重点建设一批学校和学科，使之达到或接近世界先进水平，这样教育资源就不能完全平均分配。这里的关键在于公平与效率的合理的"度"的现实选择。例如在一般与重点的关系上，要在保证一般学校生存基本需要的前提下，重点建设若干学校和学科，通过政府与市场的相互作用，促进学校之间、学科之间的相互影响和相互竞争，只有这样才能真正发挥重点投资的经济效益和社会效益，产生重点投资的带动效应。在中西部地区和东部地区的关系上，既要承认区位优势的客观性和区域差距的长期性，不能用行政手段人为地拉平地区之间的差距；同时又要运用经济的、政策的和行政的手段，使地区差距不再继续扩大，并且通过实行投资和政策适当向西部倾斜的战略，为缩小地区之间的差距创造条件。

参考文献：

[1] 范文曜，马陆亭. 国际视角下的高等教育质量评估与财政拨款[M]. 北京：教育科学出版社，2004.

[2] 吕炜. 高等教育财政：国际经验与中国道路选择[M]. 大连：东北财经大学出版社，2004.

[3] 杨明. 政府与市场：高等教育财政政策研究[M]. 杭州：浙江教育出版社，2007.

[4] 陈启杰，戚海峰. 我国高等教育资源配置状况分析. http://dept.shufe.edu.cn/pjcy/article/show.asp?id=206.

[5] 王善迈，周为. 我国高等教育经费拨款体制[J]. 教育与研究，1991（4）.

[6] 上海市教科院发展研究中心. 中国高校扩招三年大盘点[J]. 教育发展研究，2002（9）.

[7] 左春明. 一场深刻的历史性变革[J]. 神州学人，2000（10）.

上海高校市财政性资金建设项目"拨改投"改革的产权制度分析[1]

张爱民[2]

2005年3月10日,上海发展和改革委员会、上海市财政局、上海市教育委员会联合颁发了《关于上海市高校市财政性资金建设项目投入渠道和管理意见的通知》(沪发改〔2005〕023号)(以下简称《"拨改投"管理办法》),对上海高校市财政性资金建设项目的投入渠道和管理办法做出了"拨改投"规定,这是上海市教育投融资体制改革继续深化的具体体现。这些改革对财产产权制度的形成有着重大影响,必须给予及时研究,提出合理的建议。本文对"拨改投"新体制的产权制度变化做出初步探讨,希望为政府有关部门和高等学校提供认识上的参考。

一、"拨改投"基本内容

（一）市属高校市级建设财力项目的"拨改投"

对于市属高校的市级建设财力项目,"拨改投"的变化体现在投入环节上。传统投入方式是市财政局根据工程进度将市级财力直接拨付到学校。"拨改投"体制下,市财政局根据工程进度将市级财力先行拨付到上海申教投资有限公司(以下简称"申教公司")。申教公司根据基本建设财务管理规定,对市级建设财力资金使用进行全过程的监督管理,同时与学校签署项目投资责任书,将市级建设财力以投资形式投入学校建设项目。

（二）共建高校地方配套资金项目的"拨改投"

对于共建高校地方配套资金项目,"拨改投"的变化仍然是在投入环节上,

---

[1] 本文发表于上海市教育会计学会内部刊物《上海教育财会》2005年第3期,第1—5、27页。
[2] 作者简介:张爱民,华东理工大学商学院会计学教授,时任校财务处处长。

但是变化更大。传统投入方式也是由市财政局根据工程进度将市级财力直接拨付到学校。

共建高校地方配套资金项目"拨改投"程序更加细化,分为以下两个步骤:

1. 教育部配套资金到位以前

在教育部配套资金到位以前,上海市地方财政配套资金是由申教公司通过银行委托贷款形式投入到学校建设项目。

2. 教育部配套资金到位以后

教育部配套资金到位以后,申教公司以银行委托贷款形式已经投入到学校建设项目的上海市地方财政配套资金,将转为申教公司的投资。

另外,对于教育部法定增长以外的对共建高校教育建设项目的直接投入,申教公司直接将其以银行委托贷款形式已经投入到学校建设项目的等额的上海市地方财政配套资金,转为申教公司的投资。

(三)两类高校"拨改投"的比较

上海市属高校和共建高校"拨改投"的终结点是一致的:不是拨款性投入,而是投资性投入。这是这次投融资体制改革的实质。

上海市属高校和共建高校"拨改投"的过程不同。市属高校的市级财力投入是一次性定性为建设项目资金来源的投资性质。共建部属高校的共建配套经费,在明确投资性质之前,经过了银行贷款这一中间环节。

二、产权制度

"拨改投"将传统的财政拨款制度变更为特定机构投资制度,使高等教育经费投入的产权制度发生了巨大变化。

产权是一定经济主体依法对特定经济客体(资产)所有、使用、处分并获取相应收益的权利。产权制度是指具有一定法律约束的财产关系,它通过确立一种共同遵循的准则(规范)来界定人们对稀缺性资源的配置权利。产权管理是财产管理的现代形式,是对财产所有权不同权能进行分解界定,确定利用产权各项权能义务各个主体的地位、权利、责任、义务的管理,是一种价值形态的管理。

产权权能是指财产所有权中各项权利的使用以及功能,即财产的占有、使用、收益和处分(置)权的使用及其功能。《中华人民共和国民法通则》第七十一条规定:"财产所有权是指所有人依法对自己的财产享有占有、使用、收益和处分的权利。"

（一）占有权

占有权是对财产的实际控制。它是行使所有权的基础，也是实现使用和处分权的基础。我国对占有的一般解释是对财产的实际占领和控制。

（二）使用权

使用权是依物的性能和用途对其加以利用。使用可分为所有人使用与非所有人使用，非所有人使用又可分为合法使用与非法使用。使用和占有有着密切的联系，没有占有就没有使用。占有的主要功能就在于为获得财产的使用权，而使用的功能在于满足需要创造收益服务。

（三）收益权

收益权，是所有者使用自己的财产，由财产所形成的收益全归自己，拥有完全的收益权能；非所有者合法使用他人财产，那么财产所有者和合法使用者拥有部分收益权能。

（四）处分权

处分分为事实上处分和法律上处分两种。事实上的处分是指变更或消灭其物，如改建房屋或用尽可消耗物；法律上的处分包括转让、出租、出售等。处分是产权的最基本权利，它决定着财产的命运归属，是产权的核心内容。一般来说，财产的最终处分权归财产所有人，它是所有者最基本的权利。

产权制度变化包含着产权主体、产权客体、权利义务以及法律责任等因素的变化。下面将对这些变化进行详细讨论。

三、"拨改投"体制中的产权主体

产权主体是指享有或拥有财产所有权或具体享有所有权某一项权能以及享有与所有权有关的财产权利的自然人或法人。当财产所有权各项权能还未发生分解时，产权主体就是运用财产各项权能的人，该主体拥有完全的财产所有权。而在现代，当财产所有权各项权能发生了分解，不同的人享有同一财产上的不同权能，此时产权的主体就不是拥有完全的财产所有权，它可能是财产支配权的主体，可能是使用权的主体，也有可能是享有收益权的主体等，或者是财产所有权某两项或三项权能的支配者和享有者。

《"拨改投"管理办法》将市属高校和部属高校分开管理，实际上是明确了法人机构产权的中心地位，也明确了不同政府部分投资所形成的产权存在差异性。

（一）实事求是地区分地方政府产权和中央政府产权

国家财产所有权是国家对全民所有的财产所享有的占有、使用、收益和处分的权利，也是一项确认和保护全民财产的法律制度，是全民所有制在法律上的表现。公办高等学校一直是政府产权，因为公办高校资金来源一直是由政府部门提供的。"政府产权"是公共所有权。但是在国内法上，国家政府是行使社会管理权的统治机器的总和。由于中央与地方、地区与地区之间的利益差别，所以在财产关系上，国家只是一个个具有独立利益的公法法人，并不是一个"统一"的整体。例如，市属高校是由上海市政府的财政提供的，部属高校是由中央政府的财政提供的，这就是这种情况的真实反映。

从实践的角度看，"政府所有权"实际上由各级政府或者政府的各个部门行使。由于中央与地方之间、部门与部门之间的利益差别，这些所有权主体之间常常为他们的财产权利发生争议，有时这些争议还十分尖锐。

因此，把政府财产权利理解为一个所有权，就很难解释他们之间的争议，而且不符合国际通用的所有权常识。

《"拨改投"管理办法》实事求是地区分了上海市政府产权主体和中央政府产权主体。

（二）明确申教公司的法人机构产权

本文中的法人机构产权包括（企业）法人产权和社团法人产权。法人产权是以法人企业形成为前提的，是指法人企业对其运营资产的占有权和使用权，它区别于企业投资者对资产拥有的所有权。现代股份有限公司和中外合资、合作企业是法人企业的典型形式。法人产权是19世纪末20世纪初随着股份有限公司产生与发展而产生的一种财产权利，是设定在原始投资人财产上的权利。在我国，"法人产权"这个概念是经济体制改革深化的产物。随着产权制度的改革，产权关系逐步趋向多元化、社会化。为了保证企业具有相对独立自主经营的权利，国家以法律的形式规定了企业产权的相对独立性。企业在取得法人资格以后，就在形式上成为不依赖于其他资产终级所有者而独立承担经营风险的民事主体，具有相对的占有、使用、买卖、抵押本企业资产的权利。企业股东作为企业终极所有者虽然可以任意处置作为资产所有权凭证的股票（或股权），但无权随意干预企业的资产。

我国民法基本法（《中华人民共和国民法通则》）至今没有明确承认法人所有权。

但民法特别法如《中华人民共和国中外合资经营企业法》、《中华人民共和国中外合作经营企业法》、《中华人民共和国公司法》等法律却承认了法人所有权。目前，《中华人民共和国物权法》的立法方案中，也没有承认法人所有权。

在我国的事业单位中，法人所有权基本上没有得到承认。1995年2月，当时的国家国有资产管理局和财政部联合颁发的《行政事业单位国有资产管理办法》第二条规定："行政事业资产是指由行政事业单位占有、使用的、在法律上确认为国家所有……的各种经济资源的综合。"第五条又直接规定："国家对行政事业资产的管理，坚持所有权和使用权相分离的原则，实行国家统一所有，政府分级监督，单位占有、使用的管理体制。"1995年3月，全国人大通过的《中华人民共和国教育法》第三十一条规定："学校及其他教育机构中的国有资产属于国家所有。"《行政事业单位国有资产管理办法》第二十七条规定："行政事业单位处置资产（包括调拨、转让、报损、报废等），应向主管部门或同级财政、国有资产管理部门报告，并履行审批手续，未经批准不得随意处置。"第二十九条又规定："行政事业资产的处置收入属国家所有。"因此，事业单位，包括高等学校，没有法人资产所有权。

《"拨改投"管理办法》明确申教公司为上海市高校市级财政资金项目的投资主体，就是利用中国民法特别法已经承认了法人所有权的有利条件，将本来在法律上不能独立承认其独立产权的上海市级财政资金投入，转换为可以得到法律承认的申教公司的法人产权。从而在高等学校外部设立一个平台，使上海市地方财政的投入获得独立的财产所有权。

四、"拨改投"体制中的产权客体

（一）产权客体

产权客体是指产权权能所指向的标的，是产权主体可以控制和支配或享用的具有文化、科学和经济价值的物质资料以及各类无形资产。一切供人类使用或实际已成为人类享用对象的物质都可以成为产权的客体。产权客体需要具备两个条件：①能够实际为人们支配和享用；②资源的稀缺。

按产权客体流动方式的不同，可以将产权客体分为固定资产产权和流动资产产权两种。按产权客体的形态的不同，又可以将其分为有形资产产权和无形资产产权（或知识产权）两种。不同产权客体的价值计量方法不同，价值转移方式不同，因此，对产权拥有者的意义不一样，进而会导致产权关系不一样。

《"拨改投"管理办法》涉及的相关市级财政资金项目根据现有实际情况，一般分为两类：一类是基本建设项目；另一类是学科建设项目。

（二）基本建设项目

基本建设项目，一般会形成建筑物类的固定资产。其实际用途是特定的，使用时间是长期的，单体价值较大，便于进行明细的价值核算和产权管理。因此，对基本建设项目必须进行独立的产权管理。

基本建设项目形成的资产在产权上有一个问题，就是申教公司投资的投资有时会小于该建筑物的总投资，学校自筹了一部分建设资金，从而形成了一个单体建筑物有两个具体投资者的共有产权。

（三）学科建设项目

学科建设项目的实施，可能会同时形成固定资产、流动资产、无形资产和事业支出。学科建设项目形成的固定资产，虽然学校方面按照固定资产进行会计核算，可以单独或合并核算和管理，但是单体价值相对于建筑物而言是很小的。

学科建设项目也可能形成无形资产，如软件包，属于非经营性用途。而且学科建设采用的无形资产更新换代非常快，价值转移方式没有一定的规律。根据现行《高等学校会计制度》，非经营性无形资产是一次性摊销的。因此，这类无形资产不能建立连贯性的、能反应现时价值的核算体系。

流动资产和当期事业支出，没有形成大型固定资产。对于以长期投资为宗旨的申教公司而言，这些资产是非重要性事项。

（四）《"拨改投"管理办法》和申教公司的定位

从文字上看，《"拨改投"管理办法》没有区别不同的产权客体，分别设立具体的产权管理办法。但是在实践中已经对不同的产权客体制定了不同的核销办法，开始探索不同类型产权客体的管理办法。

对于基本建设项目，申教公司是按照长期投资进行核算和管理的。对于学科建设项目，在项目验收时，将所有相关支出一次性核销。

五、"拨改投"体制中的权利义务

（一）债权和股权的合并使用

按历史发展形态的不同，可以将产权分为物权、债权和股权三种。《"拨改投"

管理办法》对于共建高校配套经费项目采用了债权和股权结合的产权管理。

1. 债　权

债权是财产权的一种，是指特定的人（债权人）要求另一特定的人（债务人）做出一定的行为。对负有义务的人（债务人）来说就是债务，债主有要求债务人归还借款的权利。

《"拨改投"管理办法》规定，在教育部配套资金到位以前，上海市地方财政配套资金是由申教公司通过银行委托贷款形式投入到学校建设项目，这就是申教公司对学校的债权。

2. 股　权

股权是股东由于认购股票（或股权）而拥有的各种权利和义务的总称。也就是说，股份认购人一旦交清应缴股款，就取得股东资格，享有相应的权利和承担相应的义务。根据大多数国家公司法的规定，政府、法人和自然人都可以成为股份有限公司的股东并依照所持有的股份数额享有相应的权利和义务。

《"拨改投"管理办法》规定，教育部配套资金到位以后，申教公司以银行委托贷款形式已经投入到学校建设项目的上海市地方财政配套资金，将转为申教公司的投资，这就是股权安排。

3. 债权和股权的结合

《"拨改投"管理办法》中，第一步债权性投资，根本目的不是为了归还，而是为了转换为第二步的股权性投资。

（二）产权权能的特殊安排：留置处分权

前文已经介绍，事实上的处分是指变更或消灭其物，法律上的处分包括转让、出租、出售等。处分是产权的最基本权利，它决定着财产的命运归属，是产权的核心内容。一般来说，财产的最终处分权归财产所有人，它是所有者最基本的权利。

《"拨改投"管理办法》中，对市属高校市级财力和共建高校配套经费形成的财产的处分做出具体的规定。但是文件中已经指出："应严格按照资金用途……确保项目顺利建成并充分发挥经济、社会效益。"这里已经隐含着对学校处分权的限制。

根据申教公司的设想和实践，对于学校需要处分市级财力和配套经费形成的财产的，如转作经营用途，申教公司将收回所有权，直接拥有这些被处分资产在新用途中的全部产权。这表明，申教公司通过拥有处分权，从而拥有了最基本的产权。这是《"拨改投"管理办法》确定的"拨改投"体制最核心的内容。这一变化从"拨改投"产权权能的比较表中可以直观地看出来。

表 1 "拨改投"产权权能的比较表

产权权能	拨款制度下的行使主体	投资制度下的行使主体
占有权	学校	学校
使用权	学校	学校
收益权	日常收益权在学校，终极收益权在主管部门	日常收益权在学校，终极收益权在申教公司
处分权	主管部门或国资部门	申教公司

（三）必要的物权管理

从产权的历史发展形态来看，物权要早于债权和股权。物权是指对物的直接管理和支配，并排除他人干涉的民事权利。物权可以分为自物权和他物权。自物权是权利主体对自己的所有物享有的权利，他物权是在他人所有权上设立的权利。产权中的所有权相当于自物权，而与所有权相关的财产权则相当于他物权。传统的法学理论认为，自物权是一种"完全物权"，而他物权都是"限制物权"。这种理论需要进一步深化，当一种物在同时设置自物权和他物权的时候，自物权和他物权都是"限制物权"，即不完全的所有权。

上海市级财力通过申教公司向部属高校建设项目提供投资性资金，那么这项投资形成的资金，就形成了高校中的"限制物权"。高等学校拥有这些资产的部分所有权：占有、使用和部分收益。但是，申教公司通过预先签署的项目投资责任书和一定的管理程序，在法律上拥有高校的部分收益权和完整的处分权。因此，没有申教公司的同意，学校不能行使处分权。

如果对某个特定的建筑物，上海市级财力投资小于整个投资总额，那么申教公司也可以根据上海市级财力投资占总投资的比例，拥有相应的产权（主要是最终收益权和处分权）。由于相关建筑物同时设置了自物权和他物权，这个建筑物产权就是不完全的所有权。因此，没有申教公司和学校的共同同意，学校不能行使处分权。

（四）特定的共有产权类型

《中华人民共和国民法通则》第七十八条规定：财产可以由两个以上的公民、法人共有。共有分为按份共有和共同共有。按份共有人按照各自的份额，对共有财产分享权利，分担义务。共同共有人对共有财产享有权利，承担义务。

但是根据学者的看法，不论是从物权法的法理还是从我国的实践来看，共有并非只有这两种类型。共有类型有：

1. 按份共有

所谓"按份共有"，即共有人按照各自的份额，对共有所有权分享权利和承担义务的共有形式（《中华人民共和国民法通则》第七十八条第二款）。这种共有，从表象上看是一个所有权，但是从其内部关系上看，是多个独立所有权的聚合。这种权利类型得到了我国法律的承认。

2. 共同共有

共同共有，也被称为公同共有，其特点是共有人不分份额地享受权利和承担义务。因此，这种权利实质上是一个权利。这种共有也得到了我国法律的承认（《中华人民共和国民法通则》第七十八条第二款）。

3. 总　有

总有是成员资格不固定的团体，以团体的名义享有的所有权。其基本特征是团体的成员身份相对确定但不固定，团体的成员因取得成员的身份而自然享有权利，因丧失成员的身份而自然丧失权利。这种共有的典型，是原始村社的所有权。我国农村的集体组织，正是这种总有组织。

4. 合　有

合有是两个以上的主体对财产虽然按照确定的份额享受权利，但是因共同目的的束缚，权利人对自己的份额不得随意处分和请求分割的共有。这种共有的典型为合伙财产以及共同继承人尚未进行分割的继承财产。对合伙形成的共同财产关系，我国过去的法学著作和一般民法教科书将其解释为共同共有。

5. 公　有

公有是在一个相对固定的社会中，全体民众对全部社会财产不分份额地拥有所有权的形式。传统的公有理论是将其区分为原始社会的公有和社会主义社会、共产主义社会的公有。那种"共同占有、共同劳动、共同分配"的方式，不论在法理上还是在实践中均无法肯定。

6.《"拨改投"管理办法》共有类型是合有

根据《"拨改投"管理办法》的规定和申教公司的相关实践，我们可以看出，上海"拨改投"新体制所形成的资产，其产权应该是"合有"，即申教公司和学校（即其主管部门教育部）"合有"这些资产。一方面可以确认双方拥有的份额，但是双方目的是共同的，就是将这些资产用于高等教育和学术研究这一共同目的。因此，每个单独的所有权拥有者有对自己拥有的份额单独提出处分的要求。这"合有"与按份拥有和共同共有都是有所不同的。

六、总　　结

《"拨改投"管理办法》对市属高校和部属高校中上海市级财力投资项目的投资做了程序安排，但是《"拨改投"管理办法》规定的投资程序和申教公司的已有实践已经开始构建一种新型的上海市级财力项目的产权制度。产权主体已经由上海市政府转化为独立企业法人的申教公司，从而在实践中建立了法人资产所有权。目前，由于产权客体的不同属性，新产权制度主要适用于以建筑物为主的大型固定资产。在新产权制度下，上海市通过申教公司对部属高校配套资金项目采取了"先债权后股权"的递进式产权制度，推动中央财政加大对上海市教育资源的投资力度。新产权制度的实质是通过申教公司介入后产生的明晰产权关系，合法地掌握了市级财力投入后形成的资产的处置权，并以新型的"合有"共有产权形式，在更大程度上保证对这些资产按照预定用途发挥作用。因此，"拨改投"制度对一系列产权制度因素进行了改革创新，在法律实践中具有可行性，更为上海教育事业发展提供了合理和健康的投资管理制度。

此外，还必须指出的是，《"拨改投"管理办法》要顺利实现其设定的新产权制度，还需要通过进一步完善投资项目的业绩考核制度、会计核算和报告制度以及以落实处分权为核心的国有资产管理制度改革。

上海中医药大学整体搬迁中教育投融资体制改革实践的研究 [1]

课题组 [2]

2002年9月，上海中医药大学从位于上海市区的零陵路校区整体搬迁至位于张江高科技园区的新校园，成为上海市成功实现整体搬迁的第一个高校，这是上海高等教育布局规划调整的一个新成果。同时，上海中医药大学整体搬还是上海市教育投融资体制改革的一次成功范例。在上海中医药大学整体搬迁建设项目中，投资主体、投资行为、融资行为、建设模式、办学行为等投融资体制的要素发生了巨大变化。本课题拟对上海中医药大学整体搬迁中涉及的投融资体制改革实践进行比较系统的理论分析，从理论上验证教育投融资体制的合理性，并在此基础上提出上海市教育投融资体制深化改革的思路和建议，推动上海教育事业的发展。

一、整体搬迁的基本情况

上海中医药大学原有3个校区：占地84亩的零陵路校区、占地55亩的奉贤校区、占地24亩的中山南路校区，总占地面积163亩。其中，零陵路校区是主校区。原有校区面积小，而且校区分散，不能满足办学要求。

根据上海高等教育布局调整规划，上海中医药大学应整体搬迁到浦东新区张江高科技园区。按照上海市领导的指示精神，上海市教育投融资体制在上海中医药大学整体搬迁建设项目中第一次集中发挥作用。整体搬迁方案是上海中医药大学将原

---

[1] 本文发表于上海市教育会计学会内部刊物《上海教育财会》2007年第3期，第5—10页。

[2] 上海中医药大学整体搬迁中教育投融资体制改革实践的研究课题组主要成员：王志伟，时任上海市教育委员会财务处处长；金伟民，时任上海市财政局教科文处处长；倪勋，时任上海市教育委员会财务管理中心主任；王从春，时任上海市教育委员会财务处副处长，本课题主持人；许振平，时任上海中医药大学财务处处长；张爱民，本文执笔人，华东理工大学商学院会计学教授，校审计处处长。

奉贤校区 55 亩土地按置换协议移交奉贤区政府，将原零陵路校区 84 亩土地和中山南路校区 24 亩土地交给新成立的上海申教投资有限公司（以下简称"申教公司"）按教育性质用地记账储备，申教公司和上海中医药大学共同投资近 5.8 亿元人民币在张江高科技园建设一个面积达 500 多亩的新型校区，作为上海中医药大学新校区。上海中医药大学新校区建设已于 2002 年 9 月完工交付使用，新校区占地 500 余亩，建有教学楼、实验楼、图书信息楼、行政楼、外事楼、体育中心、博物馆楼等，教学设施齐全，环境优美。上海中医药大学入驻张江高科技园区，园区生物医药、信息技术研究、产业居国内同一领域前沿，学校将与园区内的企业、研发机构开展合作，探索中医药与现代高科技的融合，发展交叉学科、边缘学科，促进中医药发展的突破和创新。上海中医药大学整体搬迁的财政安排计划是：市建设财力安排一小部分，其余建设资金主要通过上海中医药大学零陵校区的土地置换筹措，不足部分学校自筹解决。上述计划已经在 2004 年完全实现。这种财务安排的思路实质上是投融资体制上的一次比较成功的革新，在上海高校布局调整中是比较典型的，具有解剖分析并予以系统总结乃至适当推广的价值。

二、上海教育投融资体制改革

教育投融资体制是以市场为导向，以拓展教育资金来源渠道、提高教育资金使用效益、促进教育资源优化配置和教育事业迅速发展为目标的教育资金筹措和使用管理体制。教育投融资体制是一个复杂的政治经济系统。一般来说，教育投融资体制中，有两个层次的投融资主体，在相应的法律和法规条件下，以体现社会效益为主要任务，从事教育投资、教育融资和教育服务活动的三位一体的经济和社会服务行为。

（一）教育投融资体制改革的一般内涵

教育投融资体制改革的内涵主要体现在以下几个方面：

（1）教育资金供应渠道的改革。根据公共财政原理，在教育社会公益性事业的背景下，通过对各级各类教育公共属性和准公共属性的划分，确定不同属性教育机构的教育经费筹措方式和渠道，明确政府对不同属性教育投入的责任和范围。教育资金供应渠道的改革，总的目标就是改变教育资金由国家财政单一供给的状况，实现教育资金的多渠道筹措。

（2）建立教育资金投入的市场机制。教育资金投入必须适应市场经济体制的要求，运用市场机制，改革资金属性，提高资金筹措和使用的效率，通过体制性的保障，转换教育投入机制，保证资金使用的科学、合理和有效。

（3）塑造学校办学主体地位。通过投融资体制改革，吸引社会资金参与办学，实现政府教育管理职能的转变。与此同时，通过多元投入体制的形成，真正塑造学校依法自主办学的主体地位。

（4）建立配套的管理和评价体系。建立与投融资体制改革相适应的教育财务管理、国有资产管理和教育投入使用绩效评价体系。

（二）上海教育投融资体制建设已经取得的成果

近几年来，上海市政府着力推进教育投融资改革，在教育资金的筹措渠道、投入方式、管理方式和评价方式等制度层面上进行了改革。高等教育方面的改革成果主要是：①在保证财政拨款逐年增长的前提下，完善收费上学机制，形成教育成本的合理分担机制；②运用金融贷款和土地置换、学费还贷机制，开展教育基本建设，实现上海高等教育的超常规发展；③吸引社会资金办学，多元投资的二级学院和民办高等教育迅速发展；④成立申教公司，通过"拨改投"，构筑政府投资高等教育的市场化平台。上海中医药大学整体搬迁是上海高等教育投融资体制改革的具体范例。

三、投资主体的改革

上海中医药大学整体搬迁的投资主体，由传统的高校自身转变为申教公司。申教公司是受市政府及有关部门的委托，以投资主体的身份承担教育投资职能的国有独资企业。高校至少具有三种属性：办学主体、建设主体和筹资主体。在新增固定资产投资过程中，这三种属性同时发挥作用。但是在传统的教育投资体制下，新增固定资产投资的主要来源仍然是政府。政府教育行政管理机关实际上是投资主体。

在原教育投融资体制下，上海中医药大学整体搬迁建设项目更多的任务是由学校承担的，但是实际上建设资金的提供、建设项目的审批仍然是教育行政管理部门的任务。因此，教育行政管理机关的行政管理职能和投资主体职能是合二为一的。在新的投融资体制下，申教公司成为新的投资主体。首先，新体制将教育行政管理职能和教育投资职能完整地区分开了，这一变化的意义类似于经济界的"政企分离"。教育行政管理机关重点是制定教育发展政策、实行教育监督等政府职能。申教公司可以受托持有公办教育资源的所有权，按照教育经济规律管理公办教育资源。其次，申教公司作为企业型投资主体，可以作为市场经济中的一个完全相同的经济主体。企业性教育投资主体可以利用更多的经济手段合法地管理和处置教育资源。企业性教育投资主体的教育投资行为，可以代表着公共财政直接支持的公共教育投资政策，从而对私人资本在教育投资领域的行为形成一种制约作用，应该成为整个社会教育投资行为的引导者。新旧投融资体制下的资产产权关系参见图1。

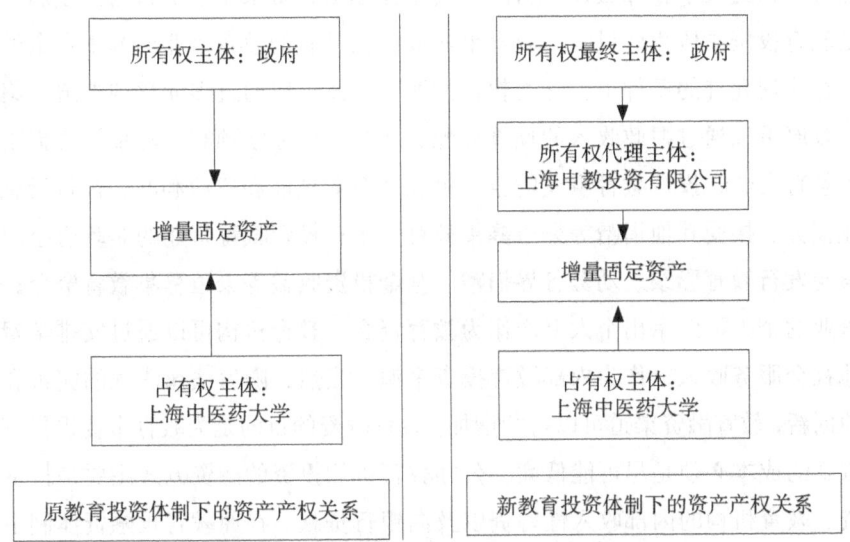

图1　新旧投融资体制下的资产产权关系

四、投资行为的改革：土地置换

上海中医药大学整体搬迁实际上是土地置换。土地置换是通过土地功能布局调整、土地调整等各种程序，使得不同权属、用途、区域之间的土地进行交换配置的行为。上海中医药大学将其原占用的分散为三处的校区土地（包括建筑物）放弃，换得了一处500多亩的新校区（包括建筑物）。新投融资体制下的校园资产置换参见图2。

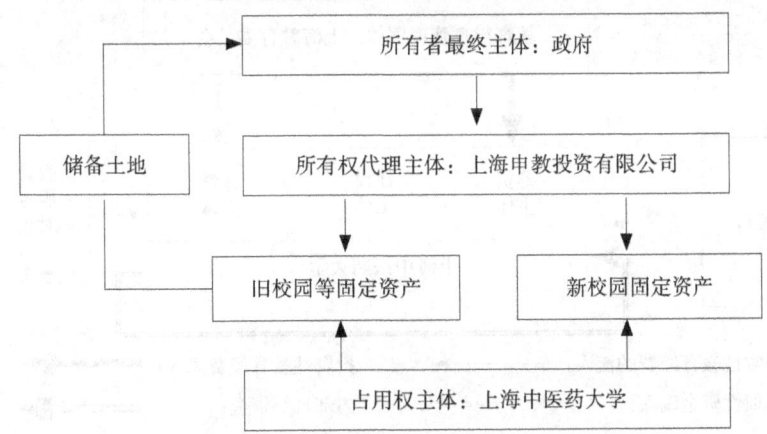

图2　新投融资体制下的校园资产置换

五、融资行为的改革

上海中医药大学整体搬迁项目的投资主体创新，带来了融资行为的创新。教育融资是教育投资主体为建设新的教育事业或扩大已有的教育事业而筹集资金的经济行为。在法规允许的条件下，各类教育投融资主体可以通过多元化的渠道募集教育资金。政府可以通过财政收入的预算分配、适当安排赤字预算、募集社会捐赠等渠道筹集教育资金；投资教育事业的企业可以从企业税前和税后利润、银行贷款、发行企业债券、接受其他捐赠等渠道募集教育资金；投资教育事业的非政府组织可以通过参与发行教育彩票、劝募各界捐赠、基金投资收益等渠道募集教育资金；投资教育事业的个人可以拿出个人财产作为教育资金。教育机构可以通过安排学费收入和其他社会服务收入，作为内部教育投资来源。当然，随着法律法规的完善和资金市场的创新，教育融资渠道可以持续增加。教育融资的目的是为教育事业提供资金，筹集资金的成本必须是尽可能低廉。公办教育机构投资的融资方式主要是投资主体的投资、教育机构的内部收入性筹资以及向银行贷款。在原教育投融资体制下，投资主体是政府，但是学校建设的筹资主体还是学校，政府的投资是主要的融资行为。教育服务收入是能够持续的融资渠道。而在政府投资和收入补充不能满足建设资金需要的情况下，学校作为筹资主体可以向银行借款，筹集所需的建设资金。原教育投融资体制下的投融资机制参见图3。

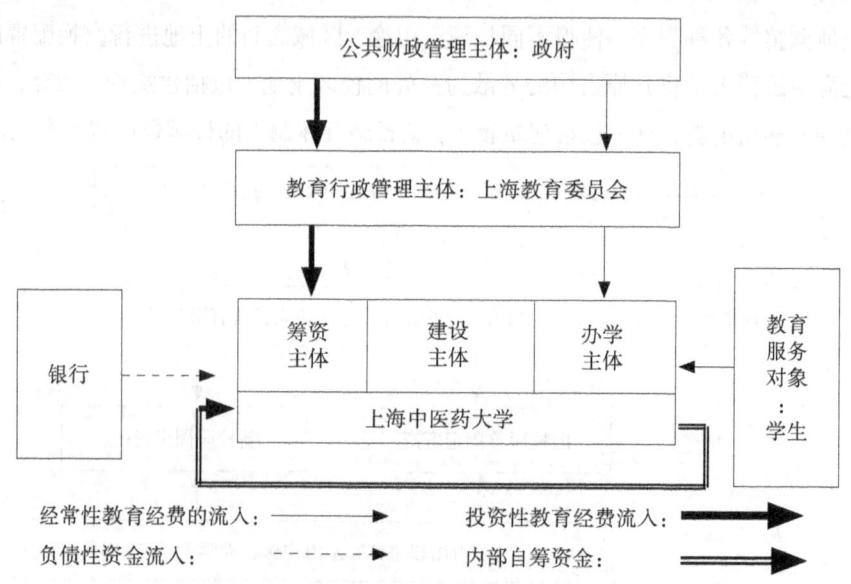

图3　原教育投融资体制下的投融资机制

在新投融资体制下,上海高校新增固定资产的投资主体是申教公司。申教公司的投资是高校新增资产的一个基本资金来源。

但是在上海中医药大学整体搬迁建设项目中,由于上海中医药大学原有校区的土地和建筑物产权移交给了申教公司,申教公司更多地承担起了筹资主体的任务。申教公司直接为上海中医药大学新校区建设总投资提供了4.6亿元资金,占总投资的%。同时,在申教公司投资没有到位之前,申教公司主动安排银行提供了贷款资金,满足了阶段性资金需求。上述变化参见图4"新教育投融资体制下的投融资机制"。

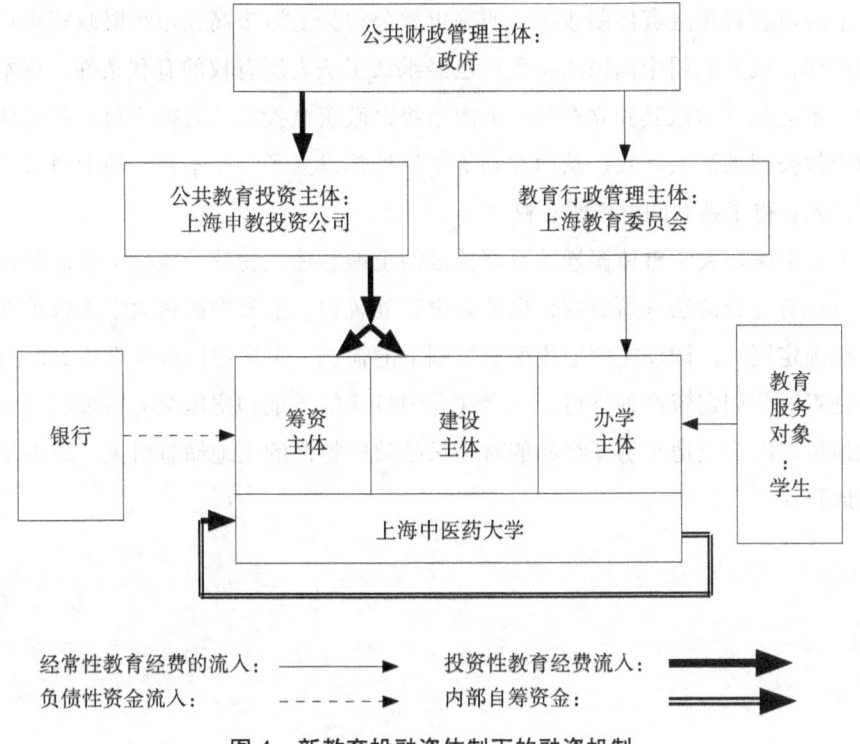

图 4　新教育投融资体制下的融资机制

六、资产产权关系的创新

资产产权关系的创新其根本原因是事业单位资产产权制度。

在我国的事业单位中,资产的法人所有权基本上没有得到承认。1995年2月,当时的国家国有资产管理局和财政部联合颁发的《行政事业单位国有资产管理办法》第二条规定:"行政事业资产是指由行政事业单位占有、使用的、在法律上确认为国家所有……的各种经济资源的综合。"第五条又直接规定:"国家对行政事业资产的管理,坚持所有权和使用权相分离的原则,实行国家统一所有,政府分级监督,单位占有、使用的管理体制。"1995年3月,全国人大通过的《中华人民共和国教育法》第三十一条规定:"学校及其他教育机构中的国有资产属于国家所有。"《行政事业单位国有资产管理办法》第二十七条规定:"行政事业单位处置资产(包括调拨、转让、报损、报废等),应向主管部门或同级财政、国有资产管理部门报告,并履行审批手续,未经批准不得随意处置。"第二十九条又规定:"行政事业资产的处置收入属国家所有。"因此,事业单位,包括高等学校,没有法人资产所有权。

上海市教育投融资体制改革,明确申教公司为上海市高校市级财政资金项目的投资主体,就是利用中国民法特别法已经承认了法人所有权的有利条件,将本来在法律上不能独立承认其独立产权的上海市级财政资金投入,转换为可以得到法律承认的申教公司的法人产权。从而在高等学校外部设立了一个平台,使上海市地方财政的投入获得了独立的财产所有权。

上海中医药大学整体搬迁涉及原校区的土地和建筑物的处置。由于高校作为事业单位没有充分的法人所有权,也就是没有处置权,上海中医药大学无权独立地处理这些固定资产。即使按照原投融资体制下的惯例,上海中医药大学得到政府机关关于处置这些固定资产的许可,也会在我国特殊的土地和房屋交易管理制度中处于尴尬地位。因为土地和房屋交易的对手只是政府特许的土地储备机关,而不是最终的土地开发商。

网络教育的投资体系[1]

张爱民　杨　颖[2]

摘要： 知识经济的端倪，信息社会的到来，都使得网络教育得到了快速的发展，投资网络教育的浪潮正在形成，网络教育成为新一轮的投资热点。在投资网络教育的过程中有着哪些问题呢？我国的投资现状又是什么样的情况呢？本文尝试着回答这些问题，并针对其中的不足提出可能的建议。

关键词： 网络教育　投资

一、问题的提出

21世纪是一个网络化的时代，作为信息时代的产物，网络的价值已远远超过其技术本身的内涵。网络向社会的各个领域扩展，逐渐形成了具有鲜明时代特色的文化。在这种大的社会背景下，社会的生产方式、生活方式、思维方式等都发生了深刻的变化，网络教育就是在这一社会发展的巨变中出现的。

1998年8月，教育部批准清华大学、湖南大学、浙江大学、北京邮电大学作为网络教育的首批试点高校，开始了我国真正意义上的网络教育。作为一种新的教育形式，网络教育是建立在计算机技术、网络技术和通信技术的基础上，改变了传统的教育方式，突破了时间和空间的限制，使得任何人在任何时间、任何地点接受教育成为了一种可能；在资源处理上最大的特点是共享性，优质的教学资源高度共享，成为大家共同的财富；学习者成为学习的主人，根据自己的需要自主选择，充分体

---

[1] 本文发表于上海市教育会计学会内部刊物《上海教育财会》2009年第3期，第29—31页。

[2] 作者简介：张爱民，华东理工大学商学院会计学教授，校审计处处长；杨颖，华东理工大学高等教育学2007级硕士研究生，导师张爱民。

现了个性化的学习方式。网络教育的特点基本适应了信息社会对于继续教育和终身教育的要求，因而得到了快速的发展。

我国是一个发展中国家，人口众多，平均受教育年限低，教育资源相对稀缺，基本国情也决定了网络教育有着一个巨大的需求市场，吸引了众多的投资者。在这种情况下，提出了对于网络教育投资体系的研究，从理论的层次来更好地指导网络教育的投资，拓展网络教育体系，更好地适应社会的发展。

二、网络教育投资的基本问题

美国教育行政专家罗森庭格曾经深刻地指出："学校经费如同教育的脊椎。"经费的作用毋庸置疑。网络教育的发展，也必须有充裕的资金予以支持。无论是硬件的建设、软件的运行还是资源的利用，如果没有必要的资金作支撑，网络教育是无法正常开展的。

（一）投资的定义和内涵

投资，涵盖了一系列的活动，就是指货币转化为资本的过程。投资可分为实物投资和证券投资，前者是以货币投入企业，通过生产经营活动取得一定利润；后者是以货币购买企业发行的股票和公司债券，间接参与企业的利润分配。

网络教育投资，顾名思义，就是一个国家或地区，根据网络教育发展的需要，投入到网络教育中的人力、物力、财力等资源的货币表现。

（二）投资主体

所谓"投资主体"，是指从事投资活动，具有资金来源和投资决策权力，享受投资收益、承担投资责任和风险的法人和自然人。随着社会的不断发展，网络教育的投资主体也由单一向多元化发生转变。

教育是一项特殊的行业，不同于一般的产业。教育的目的是促进人的全面发展，培养人才来为国家、社会服务。教育是以传送文化知识、培养人才为宗旨的"公益事业"，教育的本质属性是公益性，理应由政府"买单"。对教育领域的投资，也是国家的责任，所以政府支出的公共经费应占教育资金投入中的主要组成部分，网络教育的投资也应如此。且政府也应在教育投资结构中处于中心地位，起到主导支撑作用。

然而，我国是一个人口众多且经济相对落后的国家，仅仅依靠政府的投资，对于网络教育的发展，无论是技术还是财力上都是难以为继的。网络教育市场广阔的前景和巨大的上升空间也吸引了众多的投资者，比如企业或者公司。

随着计划经济向市场经济的转变，教育的产业属性已逐渐被大家所认同，即教育除了公益属性外还有私人属性，也就是说个人也从教育过程中得到了一定的好处。对于网络教育而言，通过学习掌握知识、获得技能，得到了更多的私人收益。根据"成本分担"的理论和"谁收益，谁负担"的原则，个人也应当作为一个投资主体来接受网络教育。

发展网络教育需要大量的资金投入，应该国家支持，企业赞助，个人分担，共同筹集资金。

（三）投资客体

投资客体也就是投资的对象或者目标。对于这个问题的论述，可以先从网络教育的结构看起。网络教育的构成可以分为三个大的层次：包括通信网络和终端设备在内的硬件系统；以各式各样的网络平台为主的软件系统；以课件为代表的教育资源系统。以上三个部分都可以成为投资的客体。

硬件系统是网络教育赖以运行和发展的基础，其重要性不言而喻。网络平台具有教学和管理的双重功能，是投资的一个客体，也是一个很大的盈利点。目前在国内网络教育中的教育资源，质量有待于进一步的提高，特别是能适应网络教育特点的自主学习型课件几乎还是空白。在网络教育的发展中，应该加强对多媒体课件的投资和开发，高质量的资源是保证教育质量的关键。

（四）投资目的

投资目的即未来的预期效益。政府作为主要的投资主体，追求的是社会效益的最大化，即通过对网络教育的投资完善网络教育体系，完善整个社会公共服务事业，提高社会的文化教育水平，以此间接来推动经济的增长。

不同于政府，企业或公司的最终目标是利润的最大化。不可否认，在很多情况下，教育的社会效益和经济效益并不是统一的。此外，部分企业对于网络教育的投资，也存在着一定的盲目性，操作上的不熟悉亦容易引起市场秩序的混乱。对此政府需要建立良好的管理机制，来对企业的投资行为加以积极正确的引导，使企业的投资真正地满足网络教育发展的需要。

对于个人来说，通过接受更高层次的教育，来达到工作待遇的提高，物质条件的改善，精神生活的丰富，个人的愿望和要求也会得到满足。随着社会经济的发展，个人也有能力负担一定的费用。

(五)投资方式

投资方式也就是资本投入运用的方法或形式,又分为两种形式:直接投资方式和间接投资方式。前者就是把资金投入建设项目形成实物资产,后者就是通过购买有价证券的方式进行投资。对于网络教育来说,两种投入方式都是可行的。

(六)可能存在的风险分析

投资风险就是投资行为在未来所面临投资收益或损失的不确定性,它表现了一种可能值与期望值之间的偏差。

首先是国家政策方面的风险。随着网络教育的进一步发展,为了规范市场秩序,教育部可能会出台关于网络教育的法律规章以及对网络教育下设机构的管理,市场将逐渐走向有序。网络教育机构的上市,大批招生代理机构将会面临出局,行业之间要进行整合,其中的风险需要投资者注意。

其次是注意由于技术的进步而对整个网络教育行业的影响。我国的网络教育目前仍处于比较低级的阶段,网络教育资源更多的也仅仅是将原来的课堂内容转变为易于传播的电子资源。如何发挥网络的作用使学生更好地接受信息、如何保证教学质量等一系列问题都有待于进一步的研究。行业的风险投资者必须谨慎对待技术的进步所带来的风险。

三、网络教育的产业价值链

(一)网络教育的产业价值链简介

"价值链"的概念是哈佛大学商学院教授迈克尔·波特于1985年提出的。他认为:"每一个企业都是在设计、生产、销售、发送和辅助其产品的过程中进行种种活动的集合体。所有这些活动可以用一个价值链来表明。"企业的价值创造是通过后勤、生产、销售、服务、采购等一系列活动构成的,这些互不相同但又互相关联的生产经营活动,构成了一个创造价值的动态过程,即价值链。

网络教育的价值链,也就是网络教育在价值创造中的活动,通常是企业内部不同部门之间或者是行业内部不同企业之间、以产品或服务为最终目的指向消费者的一系列相关的活动,价值链所描述的是价值创造中涉及的环节。对于网络教育的价值创造来说,包含了网络教育中网络课程或网络课件开发、传递、销售等一系列环节,不同的网络教育市场有着不同的产业价值链,但还是可以通过对其分析发现共性。

一般网络教育产业价值链总体框架如图1所示。

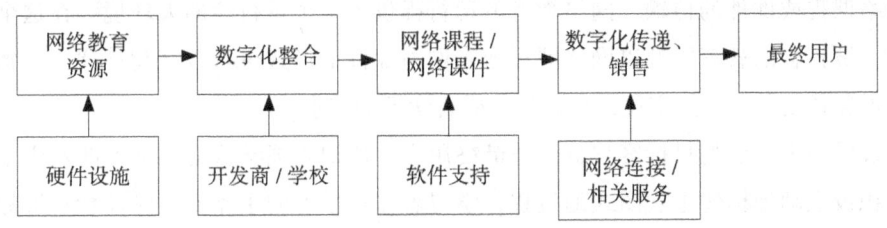

图1　一般网络教育产业价值链总体框架

（二）网络教育的产业价值链分析

通过对网络教育产业价值链的分析可以看到，其实质也是一条将教育资源通过网络形式传递给学习者并且在此过程中逐渐增值的服务链条。

此链条的第一个环节是网络教育资源，也即网络教育产业价值链的增值源头。在这一个过程中，构成计算机电子或机械等物理实体的硬件设施的建设为其提供物质基础。社会的进步，技术的发展，网络可以提供的关于某种学科的资料浩如烟海，冗杂的信息也不乏其中。一方面，丰富的学习资源保证了学习者的需要；但另一方面，这种情况下，对于网络教育资源的加工也显得尤为必要。

第二个环节是对网络教育资源所进行的一个数字化处理整合，也就是通过专业的组织、整理，通过课程或课件制作工具将相关的教育资源整合为可以进行多媒体传输的网络课程或课件。一般由开发商或者学校来承担这项任务，前者拥有资金方面的优势，而后者依托雄厚的师资力量、科研能力而走在发展的前端。正因为此，亦出现了"高校＋企业"联手打造网络教育服务的模式，充分利用各自的优势，达到"双赢"的目的。在这一个阶段，网络教育的价值链继续实现着增值。

对网络教育资源进行数字化整合处理后形成网络课程或网络课件，打包处理后成为价值链中产品和服务的单位，也就是网络教育的接受者进行学习的单位。这一过程中需要的是软件上的运行，即各种服务平台的支持。包括实时教学系统、教务管理平台在内的服务平台不但具有教育的功能，还具有管理的功能。对网络课程或者网络课件进行管理，也为下一个环节——传递与销售做了良好性的铺垫。在这个环节中，价值链的增值继续进行。随着市场的进一步成熟，也出现了专门提供课程或课件制作的公司或机构，因此，提供专业的教育资源成为该环节未来发展的趋势。

紧接的环节是网络课程或课件的数字化传递和销售，这是网络教育价值链的核心环节和战略性环节，当然教育网络的实现是必不可少的前提条件。硬件设施、软件支持以及网络连接，构成了网络教育顺利进行的物质基础、技术基础和网络基础，为网络课程或课件的传输、网络教育的运行提供了一个可行性的大环境。在这个环境中，被整合的教育资源以网络课程或者网络课件的形式进行数字化传递、销售，满足投资者投资价值的实现，也满足接受者学习的需求。

最后一个环节是目标客户群——最终用户。认知心理学认为，学习的发生是学习者积极主动地构建主观图式的过程，学习者才是学习的主体。面对社会和形势的发展，越来越多的人们认识到网络教育作为一种教育形式具有的优势和带来的便利，纷纷选择接受网络教育以满足不同的需要，因此，这个群体的数量日益庞大。目标客户的增加，市场规模发展的平稳增长，吸引了众多的投资者，也进一步完善了网络教育的整个体系。

作为一个全新的产业，网络教育市场中还是存在着很多未知的问题。价值链结构还并没有完善，各环节的发展也不协调。但是随着多媒体网络技术所提供的技术基础网络和网络教育自身发展的内在需求新的时代，无论是学生还是在职人员，学习型社会的观念都深入人心，终身教育成为一种必需，网络教育市场被普遍看好。网络教育已成为全球性教育、培训的潮流和机构，也成为世界的投资热点和新的经济增长点。

四、关于网络教育投资的评价和建议

（一）国家政策法规的支持

网络教育的发展离不开国家的支持，无论是政策上还是资金上。自从网络教育正式拉开序幕，教育部先后制定了《关于发展我国现代远程教育的意见》（1999年1月）、《教育网站和网校暂行管理方法》（2000年7月）、《关于支持若干所高等院校建设网络教育学院，开展现代远程教育试点工作的几点意见》（2000年7月）、《关于加强高校网络教育学院管理提高教学质量的若干意见》（2002年7月）等一系列法律文件来促进网络教育的发展。但是对于网络教育的投资，相关的政策法规几乎空白。网络教育的前景吸引了投资者，但是国家也要出台相应的政策法规来对网络教育的投资加以规范，对网络教育的市场加以监管，在维护市场秩序稳定的前提下促进产业的发展。

（二）积极探索企业与学校合作的最佳方式

企业对网络教育的投资，充分体现了网络教育产业已经积极地融入了市场，通过市场机制来对资源进行合理的有效配置。但是并非所有的企业都熟悉网络教育产业的特点，投资上的盲目性会引起整个市场的混乱。在这种情况下，"企业＋高校"的模式受到了关注。利用企业的资金和技术，来调动高校丰富的教学资源，形成优势互补的"双赢"。在投资的过程中，应该积极探索企业和学校合作的最佳方式，更好地完善网络教育的投资体系。

（三）网络教育与传统教育的有机融合

与传统教育相比，网络教育打破了时间、空间的限制，资源共享的巨大优势，正在成为一种全球性的教育模式并得到了快速的发展。但是传统教育中融洽的师生关系、亲密的同学之情、浓郁的学习氛围、种种人文学习环境都是在网络教育中不能够真实再现的。所以，网络教育只能作为传统教育的一种有益补充，并不能取代传统教育。在投资中也应该注意如何促进网络教育与传统教育更有效的融合，形成优势互补。

（四）处理好经济效益和社会效益的关系

网络教育的产业化使得企业投资想从中获取经济利益。企业的最终目的是追求利润，而网络教育的最终目的则是社会效益的最大化。企业的目的和教育的初衷是背道而驰的，在网络教育的发展过程中也会受到此方面的影响。所以网络教育的投资过程中要注意到企业和教育的追求不同这个根本的矛盾，需要政府和相关部门给予政策上的引导和法律上的规范，通过严格管理商业利益之上的企业和教育质量保证的有机结合来实现经济效益和社会效益的和谐发展。

参考文献：

[1] 武法提.网络教育应用[M].北京：高等教育出版社，2003.

[2] 应卫勇，钱自强.现代远程教育学习概论[M].上海：华东理工大学出版社，2008.

[3] 南国农.信息化教育概论[M].北京：高等教育出版社，2004.

[4] 张剑平，杨传斌.Internet与网络教育应用[M].北京：科学出版社，2002.

[5] 王以宁.网络教育应用[M].北京：高等教育出版社，2003.

[6] 郑凡强.当前市场经济条件下网络教育市场——教育投资的热点[J].商场现代化，2008（6）.

[7] 孙琦，黎明军.电子商务在网络教育中的应用研究[J].商场现代化，2008（7）.

[8] 陈宜.高等网络教育的问题及完善[J].内蒙古电大学刊,2008(6).

[9] 郎春辉.网络教育投资的趋势、价值和风险[J].中国远程教育,2006(11).

[10] 钟钢.网络教育投资前景广阔[J].经济窗,2003(2).

[11] 吕玲,唐光松.建立我国高等教育投资体系的思考[J].理工高教研究,2005(8).

[12] 高耀辉.网络教育:互联网投资新热点[J].北方经贸,2001(9).

[13] 中华人民共和国教育部:http://www.moe.edu.cn/.

[14] 中国网络教育:http://www.chinaonlineedu.com/prospect2004/01.asp.

[15] 中国艾瑞网:http://www.iresearch.cn/.

网络教育的价值链分析[1]

张爱民 杨 颖[2]

摘要： 哈佛大学商学院教授迈克尔·波特于1985年提出了"价值链"的概念，他认为，每个企业都是在设计、生产、销售、发送和辅助其产品的过程中进行种种活动的集合体，所有的这些活动可以用一个价值链来表示。网络教育在产业化的过程中也形成了自己的作业链和价值链，本文尝试着对网络教育的价值链和作业链进行分析。

关键词： 网络教育 价值链 作业链

一、网络教育产业化发展历程

广义上的教育，泛指影响人们的知识、技能、身心等方面发展的各种活动；狭义的教育，是根据一定社会的现实和未来的需要，遵循年轻一代的身心发展规律，有目的、有计划、有组织地引导受教育者获得知识技能、陶冶思想品德、发展智力和体力，以便把受教育者培养成为适应一定社会（或一定阶级）的需要和促进社会发展的人的一种活动。如果提及教育的本质，很多大师对此都有自己的理解。"格物，致知，诚意，正心，修身"，形成完善的人格，是孔孟一脉相承的教育思想。"教育即生活"，"教育即生长"，"教育即经验的改造"，又是杜威教育理论中的三个核心命题。从理论上分析，教育的本质是指教育要素之间的相互联系和教育作为一种社会活动所区别于其他的根本特征。教育的本质是一种培养人的活动，作为人类特有的一种活动，也具有生产力属性、上层建筑属性等多种属性，其经济、政治、文化等各种功能也随着社会经济、政治、文化的发展而不断发展。

---

[1] 本文完成于2009年。
[2] 作者简介：张爱民，华东理工大学商学院会计学教授，校审计处处长；杨颖，华东理工大学高等教育学2007级硕士研究生，导师张爱民。

1992年6月16日，中共中央、国务院颁发的《关于加快发展第三产业的决定》中，根据国情对我国的国民经济按三次产业做了如下划分：第一产业是农业；第二产业是工业和建筑业；第三产业是除此之外的其他各产业，主要包括流通部门、为生产和生活服务的部门、为提高科学文化水平和居民素质服务的部门。教育事业被界定为"对国民经济发展具有全局性、先导性影响的产业，是加快发展的第三产业"。

"产业"原是一个经济术语，是介于宏观经济（国民经济）和微观经济（企业）之间的一个集合概念。产业本来的意义是指国民经济的各种生产部门，随着"三次产业"的划分和第三产业的兴起，泛指各种制造提供物质产品、流通手段、服务劳动等相关的企业或组织，产业的形成是逐步的过程。

当某种职业发展到一定阶段，便具有了一定的专业化程度和规模等产业的基本特征，自然而然地从其他行业或部门中脱离出来，形成独立的产业。随着我国市场经济体制的建立和完善、综合国力的不断提高，随着网络教育本身的发展，网络教育的产业化条件日趋成熟，产业特征日益明显。网络教育的产业属性，也起源于将网络教育作为一种有偿服务，受教育者支付一定的"成本"，用以接受网络教育。所谓"网络教育的产业化"，就是按照"教育规律、产业机制、市场需求"来实施网络教育的行为，也就是说按照教育本身的规律，以市场需求为导向，以学校为依托，企业和学校加强合作，共同发展网络教育产业，实现社会效益和经济效益的双赢，再将网络教育的诸环节连接起来，形成一系列的产业共同体的经营活动。网络教育既是一项具有公益性的事业活动，也是一项产业性活动。

然而网络教育也并非一般的产业，网络教育本质是教育，是一种培养人的活动，其教育产品表现为受教育者接受教育后品格的形成、劳动能力的练就，综合起来指个人价值的大幅度增值，所以说这个构成既是物质生产的过程，也是精神提升的过程。从这个意义上讲，网络教育的产业与其他产业相比，有本质的不同。发展网络教育的产业化，有利于满足日益增长的教育需求，有利于教育资源的优化配置，有利于带动相关产业的进一步发展，具有重要的时代意义和现实意义。

二、网络教育的价值链构成

（一）背景介绍

美国哈佛大学商学院教授迈克尔·波特提出了将价值链作为一种寻求确定企业竞争优势的工具的分析方法。这种思想强调整体与全局，企业的价值创造过程是由一系列既相互独立又相互联系的多个价值活动组成的,这些价值活动形成一个独特的价值链。

价值链在经济活动中无处不在,组成价值链的各项活动之间都有着密切的联系,这些活动可以分为两类:基本活动和辅助活动。基本活动是涉及产品的物质创造、销售和售后服务的各种活动;辅助活动是辅助基本活动并通过提供投入、技术和资源来支持整个产品过程的顺利运行。基本活动和辅助活动共同构成了一个创造价值的动态过程,即价值链。不妨以钢铁行业为例来看价值链中个经济活动的具体构成。

钢铁行业是工业的支柱性产业,整个行业的价值链是从采矿到炼钢再到销售的一系列过程,如图1所示。

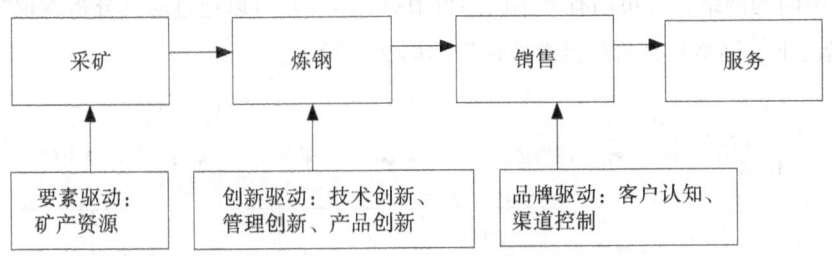

图1　钢铁行业的价值链

从钢铁行业的价值链中,我们可以看到产品在上下游之间的关联中逐渐增值的过程。价值链的组成不外乎以下几个方面:后勤(内部和外部),生产作业,市场营销,售后服务。

采矿环节涵盖了内部后勤,在这个环节中,矿产资源是关键要素,这是价值链的源头,实现着价值的增值。

炼钢的过程也是生产作业的过程,烧结、炼铁、炼钢一系列的步骤共同保证了价值链的运行,继续实现着价值的增值。在这个环节中,创新驱动下的技术创新、管理创新和产品创新,都可以创造更多的价值,也使得此环节成为整个价值链中的"战略环节"。

产品的销售,即将产品转移给客户。通过种种方式扩大目标客户群,并且提升客户对于品牌的肯定程度,努力建立稳定的供应销售渠道。

最后的环节是服务,尤其是售后服务部分。不同的行业,价值链的结构不同,对各个环节的要求也不尽相同。但是在许多工业机械行业以及对技术性要求较高的行业中,售后服务往往也是竞争成败的关键所在。

价值链的各个部分是一个统一联系的有机整体,一个环节经营管理的好坏直接影响到其他环节的成本和效益。比如说，如果在采矿环节中多花一点成本采购高质量的原材料，那么在炼钢环节中也就可以提高质量，少出次品，在下一个销售的环节中可以相应的取得更多的价值。

（二）价值链的简介及分析

网络教育的价值链，也就是网络教育在价值创造中的活动，通常是企业内部不同部门之间或者是行业内部不同企业之间、以产品或服务为最终目的指向消费者的一系列相关的活动，价值链所描述的是价值创造中涉及的环节。对于网络教育的价值创造来说，包含了网络教育中网络课程或网络课件开发、传递、销售等一系列的环节，不同的网络教育市场有着不同的价值链，但还是可以通过对其分析发现共性。一般情况下，网络教育价值链总体框架如图2所示。

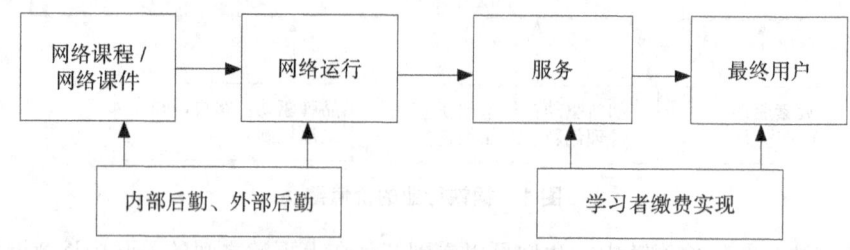

图2　网络教育价值链总体框架图

通过对网络教育产业价值链的分析可以看到，其实质也是一条将教育资源通过网络形式传递给学习者并且在此过程中逐渐增值的一系列活动。

1. 网络课程或网络课件的提供

网络课程或网络课件是价值链中产品和服务的单位，也是网络教育学习者接受学习的单位。在这个过程中，价值链的增值也在进行着。随着市场的进一步成熟，也出现了专门提供课程或课件制作的公司或机构，因此，提供专业的教育资源成为该环节未来发展的趋势。

2. 网络课程或网络课件在网络中的运行

硬件设施、软件支持以及网络连接，构成了网络教育顺利进行的物质基础、技术基础和网络基础，为网络课程或网络课件的传输、网络教育的运行提供了一个可行性的大环境。在这个环节中，价值链的增值继续进行。

3. 服　　务

服务是价值链中辅助性的增值活动。这里的服务是广义的，既包括网络课程或课件在传递运行中的技术性服务，也包括学习者在学习过程中所获得的非技术性服务。服务环节的中心是网络教育的最终用户,也就是目标客户。服务也往往是竞争中关乎成败的关键因素,服务环节的价值增值随着不同的经营主体亦有着不同的表现。

4.最终用户

即网络教育的目标客户群。面对社会和形势的发展,越来越多的人们认识到网络教育作为一种教育形式具有的优势和带来的便利,纷纷选择接受网络教育,因此,这个群体的数量日益庞大。学习者通过缴费来实现对网络课程或课件的购买和学习,来满足各自不同的需要。《2007—2008年中国网络教育发展报告》中的相关数字也表明,网络教育市场规模不断发展,用户规模持续增长。这也说明了网络教育这种教育形式逐渐得到了社会的认可,影响越来越大。学习者通过缴费实现着网络学习,也实现着价值链的增值,这也是网络教育价值链中的"战略环节"。

(三)作业链的简介及分析

作业,就是企业为了达到生产经营的目标所进行的与产品相关或者对产品有影响的各项具体活动,从产品的设计到产品的销售整个生产经营过程中,相互关联的一系列作业活动所组成的链条就是作业链。从生产经营的环节上看,价值链就是作业链,价值链是从货币和价值的角度反应的作业链。一般网络教育作业链的总体框架如图3所示。

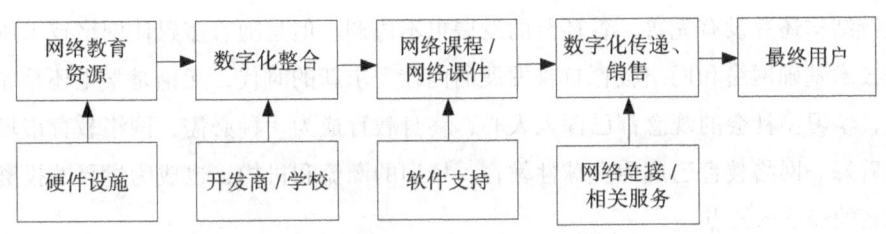

图3 网络教育作业链总体框架图

此链条的第一个环节是网络教育资源,也即网络教育作业链的增值源头。在这一个过程中,构成计算机电子或机械等物理实体的硬件设施的建设为其提供物质基础。社会的进步,技术的发展,网络可以提供的关于某种学科的资料浩如烟海,冗杂的信息也不乏其中。一方面,丰富的学习资源保证了学习者的需要;但另一方面,这种情况下,对于网络教育资源的加工也显得尤为必要。

其次是对网络教育资源所进行的数字化处理整合,也就是通过专业的组织、整理,通过课程或课件制作工具将相关的教育资源整合为可以进行多媒体传输的网络课程或网络课件。一般有开发商或者学校来承担这项任务，前者拥有资金方面的优势，而后者依托雄厚的师资力量、科研能力而走在发展的前端。正因为此，亦出现了"高校＋企业"联手打造网络教育服务的模式，充分利用各自的优势，达到"双赢"的目的。

对网络教育资源进行数字化整合处理后形成网络课程或网络课件，是网络教育的接受者进行学习的单位打包处理后成为价值链中产品和服务的单位，也就是网络教育的接受者进行学习的单位。这一过程中需要的是软件上的运行，即各种服务平台的支持。包括实时教学系统、教务管理平台在内的服务平台不但具有教育的功能，还具有管理的功能。对网络课程或者网络课件进行管理，也为下一个环节——传递与销售做了良好性的铺垫。

紧接的环节是网络课程或课件的数字化传递和销售，这是网络教育作业链的核心环节和战略性环节，当然教育网络的实现是必不可少的前提条件。在这个环节中，被整合的教育资源以网络课程或者网络课件的形式进行数字化传递、销售，满足投资者投资价值的实现，也满足接受者学习的需求。

最后一个环节，即目标客户群——最终用户。认知心理学认为，学习的发生是学习者积极主动地构建主观图式的过程，学习者才是学习的主体。目标客户的增加，市场规模的发展平稳增长，吸引了众多的投资者，也进一步完善了网络教育的整个体系。

作为一个全新的产业，网络教育市场中还是存在着很多未知的问题。价值链和作业链结构还并没有完善，各环节的发展也不协调。但是随着多媒体网络技术所提供的技术基础网络和网络教育自身发展的内在需求新的时代，无论是学生还是在职人员，学习型社会的观念都已深入人心，终身教育成为一种必需，网络教育市场被普遍看好。网络教育已成为全球性教育、培训的潮流和机构，也成为世界的投资热点和新的经济增长点。

参考文献：

[1] 武法提. 网络教育应用[M]. 北京：高等教育出版社，2003.

[2] 游泽清. 多媒体技术及应用[M]. 北京：高等教育出版社，2004.

[3] 应卫勇，钱自强. 现代远程教育学习概论[M]. 上海：华东理工大学出版社，2008.

[4] 南国农. 信息化教育概论[M]. 北京：高等教育出版社，2004.

[5] 张剑平，杨传斌. Internet与网络教育应用[M]. 北京：科学出版社，2002.

[6] 祝智庭. 网络教育应用教程[M]. 北京：北京师范大学出版社，2001.

[7] 王以宁. 网络教育应用[M]. 北京：高等教育出版社，2003.

[8] 尹美群. 价值链与价值评估[M]. 北京：中国人民大学出版社，2008.

[9] 任慧，李志峰. 从上市公司投资教育产业谈我国教育产业化发展[J]. 内蒙古工业大学学报（社会科学版），2002，11（2）.

[10] 王彬，王东华. 论我国高等教育产业化问题[J]. 科技·人才·市场，2002（6）.

[11] 王宝亮，于文. 我国电化教育发展的产业化趋势[J]. 电化教育研究，1994（1）.

[12] 张震. 现代远程教育产业化探析[J]. 商场现代化，2005（4）.

[13] 陈阳. 中国网络教育产业化刍议[J]. 扬州大学学报（高教研究版），2004（6）.

[14] 华冬梅，姚群峰. 非学历网络教育市场预测与价值链研究[J]. 科技和产业，2006（2）.

[15] 熊艳红，华冬梅，姚群峰. 高等网络教育市场与价值链研究[J]. 科技情报开发与经济，2005，15（24）.

[16] 姚莉. 教育信息化的价值链[J]. 互联网周刊，2004（8）.

[17] 华冬梅，姚群峰. 网络教育市场与价值链分析[J]. 技术与创新管理，2006（2）.

[18] 熊艳红，华冬梅，姚群峰. 普通网络教育市场与价值链研究[J]. 科技情报开发与经济，2006，16（2）.

[19] 陈家洪. 高等教育投资效益的综合评价[J]. 统计与决策，2006（9）.

[20] 中华人民共和国教育部：http://www.moe.edu.cn/.

[21] 中国网络教育：http://www.chinaonlineedu.com/prospect2004/01.asp.

第二部分 教育会计制度建设问题研究

高校地方性财务管理制度体系研究[1]

张爱民 朱杏龙[2]

中国高等教育实行中央和地方两级管理体制。国务院统一领导和管理全国高等教育事业。省、自治区、直辖市人民政府统筹协调本行政区域内的高等教育事业,管理主要为地方培养人才和国务院授权管理的高等学校。随着教育体制改革的深入,地方高校在高等教育中担负起更大的历史责任。随着"属地原则"应用范围的逐步扩大,教育部属高校越来越多地要接受地方政府相关规章制度的制约。因此,加强高校适用的地方性财务管理制度体系研究在当前显得越来越重要。

高校地方性财务管理制度体系是一个复杂问题,既要进行理论性研究,更要提供具体政策和制度建议的应用性研究。本文建议加强高校地方性财务管理制度体系建设的研究工作。

一、高校地方性财务管理制度体系的含义

高校地方性财务管理制度体系是由地方立法机构和地方行政机关制定的,以调整地方政府机关、高等学校和相关责任人在开展与高校财务管理工作中的行为为主要内容的地方立法和地方政府规章的总和。这个体系具有以下特点:

(一)地 方 性

高校地方性财务管理制度体系的主体特性是地方性。地方立法机构和地方行政机关是这些制度的制作者,是这个系统的主体,因此,高校地方性财务管理制度体

---

[1] 本文发表于上海市教育会计学会内部刊物《上海教育财会》2005年第2期,第18—19、23页。

[2] 作者简介:张爱民,华东理工大学商学院会计学教授,时任校财务处处长;朱杏龙,东华大学会计学副教授,时任东华大学财务处处长。

系具有地方特色。

（二）系统性

高校地方性财务管理制度体系的结构特性是多个制度并联的系统性。单一的立法或政府规章不能构成体系，多个立法或政府规章以一个共同的行为联系在一起，互为影响。

（三）专业性

高校地方性财务管理制度体系是以高校财务管理的专业性很强的行为为对象，具有鲜明的专业化特征。

二、地方政府在高校财务管理方面建章立制的法律依据

根据《中华人民共和国立法法》第七十三条的规定，地方政府规章所能规定的事项包括：①为执行法律、行政法规、地方性法规的规定需要制定规章的事项；②属于本行政区域的具体行政管理事项。

为有效行使地方组织法规定的有关地方政府的职权，并为具体实施《中华人民共和国立法法》关于地方政府规章可以规定的事项的规定，地方政府规章可以就以下具体事项做出规定：

（1）执行本级人大及其常委会的决议和上级国家行政机关的决定和命令，规定行政措施，发布决定和命令方面的事项。

（2）领导所属各部门和下级政府的工作；改变或撤销所属各工作部门的不适当的决定、命令；依照法律的规定任免、培训、考核和奖惩国家行政机关工作人员方面的事项。

（3）执行国民经济和社会发展计划、预算，管理本行政区域内的经济、教育、科学、文化、卫生、体育事业、城乡建设事业和财政、民政、公安、民族事务、司法行政、监察、计划生育等行政工作方面的事项。

（4）保护公有财产和公民私人所有的合法财产，维护社会秩序，保障公民的人身权利、民主权利和其他权利；保障农村集体经济组织应有的自主权；保障少数民族的权利和尊重少数民族的风俗习惯，帮助本行政区域内少数民族聚居的地方依法实行区域自治，帮助各少数民族发展政治、经济和文化的建设事业；保障宪法和法律赋予妇女的男女平等、同工同酬和婚姻自由等各项权利方面的事项。

（5）办理上级国家行政机关交办的其他事项。

根据以上引述，《中华人民共和国立法法》给予地方政府在教育行政管理、财务管理等方面具有制定行政规章的权力。

三、高校地方性财务管理制度体系的基本内容

（一）责任制度体系

包括中央级和地方政府在高校财务管理制度制定中的责任分工，地方立法机构和行政管理机构制定相关政策的责任分工。中央级颁发的规章制度是上位法，地方级制定的规章制度是下位法。地方政府制定的规章制度必须服从上位法的相关规定。

（二）程序制度体系

地方立法机构和行政机构在制定、修订和取消某项高校地方性财务管理制度时应遵守的立项、起草、讨论、通过、宣传等程序，应该制度化。因为高校地方性财务管理制度的下位法属性，在上位法不完善的情况下，会经常性出现补充、修订和修改某些内容的必要性。因此，地方行政机关必须建立能够快速反应的评估和修改规章制度的程序。

（三）内容体系

高校地方性财务管理制度可以从以下多个方面制定。

1. 从政府角色

政府在高校面前的角色有两个：出资人和管理者。对于公办高校，政府既是出资人，又是行政管理者；对于私立高校，政府只是行政管理者。因此，地方政府应该在制定高校财务管理规章制度时，必须区别不同对象，来分别制定相关的财务管理制度。作为出资人，其规章制度的效力只限于公办高校。作为行政管理者，其规章制度的效力可以覆盖全体高校。

2. 从行业规范

高校财务管理是一个具有鲜明特色的财务管理分支，必须对具有行业特征的财务管理问题制定公认的权威性规范。在中国，这些行业性财务和会计规范也是政府规章的组成部分。因此，高校财务管理的特色问题的行业规范也是地方政府制定规范的内容之一。

3. 内部制度

高校是自主办学的主体，应该拥有自行制定内部管理制度的责任和权利。但是

作为行政管理者，地方政府有权力和义务颁发相关规章，明确高校建立高校内部财务管理制度的程序、权力，同时也要明确各项内部管理制度的基本内容。这些内部管理制度可以根据实际情况逐步完善，从目前高校财务管理的任务来看，高等院校内控制度的重点内容应该包括财务风险控制与防范、财务预算管理、资金控制（管理）、专项经费管理、预算外资金管理等管理制度。

四、加强高校地方性教育财务管理制度体系研究

落实高校办学自主权和加强高校财务管理制度建设，是可以相互补充的。高校加强和行使办学自主权，需要遵守公认的财务管理制度。公认的财务管理制度需要高等学校财务管理的同行共同讨论制定。因此，地方教育行政管理部门和地方高等教育财会行业协会，为了保障高校教育经费的安全和有效使用，规范高校财务管理行为，应该将地方高校财务管理制度的研究和政策制定工作提上议事日程。

完善高校地方性高等教育财务管理制度体系应该作为重点课题，组织理论界和实务界的力量进行重点研究。高校地方性高等教育财务管理制度体系课题研究内容至少应包括：中央级和上海市现行高校财务管理制度体系现状分析，西方国家地方政府高校财务管理职权研究，高等院校内控制度的特点和主要内容，制订财务风险控制与防范、财务预算管理、资金控制（管理）、专项经费管理、预算外资金管理等管理制度，从而构建适应地方高等教育特点的财务管理制度体系。研究课题至少要分析高校地方性财务制度现状、高校地方性财务制度体系建设的必要性、高校地方性财务制度体系的建设目标、高校地方性财务制度体系的框架、上海市高校地方性财务制度体系的建设计划。

从研究方法上看，高校地方性高等教育财务管理制度体系研究应该采用多种形式。

（一）理论研究

高校财务制度建设责任主体有中央政府、地方政府和高等院校等，其中地方政府在高等教育财务管理制度中的建设责任应该从法学角度进行深入分析。从而从法学高度民主理清地方政府对高等教育财务管理制度建设责任。

（二）比较研究

通过对主要国家地方政府对高等教育财务管理制度的案例分析，总结和归纳地方政府对高等教育财务管理制度的经验和教训，提出适合上海市高等教育制度建设

的运作模式。

（三）对策研究

在综合研究的基础上，可以为上海市政府制定一个建立和完善高校地方性财务制度的行动计划。该计划可以建议上海市政府政策制定机关树立"大财务"的观念，分阶段地建立上海市高校地方性教育财务管理制度。

（四）应用研究

课题研究还要对近期需要制定的高校地方性财务管理制度进行重点研究，编制相关财务制度草案，供上海市有关部门采纳实施。近期，建议重点建设财务预算管理、专项资金管理、财务风险管理、基建经费管理、财务信息化管理、学校管理的绩效评价等专项财务制度。

中国公办和民办高校会计制度改革问题的研究 [1]

张爱民 [2]

摘要: 1997年颁布实施的高等学校会计制度已经不能满足公办高校会计核算的要求,更不能满足民办高校的一些特殊要求。中国目前应分别为公办高校改革会计制度,为民办高校编制专门的会计核算办法,其中要引进固定资产折旧、权责发生制、成本核算等新的会计方法。

关键词: 高等学校 公办高校 民办高校 会计制度

一、公办高校和民办高校

高等学校是承担高等教育的机构。西方国家一般将其区分为公立高校和私立高校。中国根据出资人的身份将高等学校划分为公办高校和民办高校。

（一）中国公办高校和民办高校的现状

中国公办高校和民办高校都是中国高等教育的组成部分,在经济社会中发挥着越来越多的作用。根据教育部统计,我国公办高校有1 614所,占普通高校的84.55%;民办普通高校有295所,占15.45%。如果将独立学院一起考虑,那么同属民办性质的民办普通高校和独立学院共有600所,占承担全日制学历教育高校的27.10%。从高校数量来看,公办高校依然是高等教育机构的主体。但是民办高校的比重提升到1/4强,已经从中国高等教育的补充,发展成为了一个必要的组成部分了。中国高校结构分析情况参见表1。

---

[1] 本报告是上海市会计学会2007年同名重点研究课题的研究报告。本文发表于《新会计》2009年第9期,第2—14页。

[2] 作者简介：张爱民,华东理工大学商学院会计学教授,校审计处处长。

表 1 中国高校结构分析表

		普通高校		普通高校＋独立学院		数据相关日期
		数量（所）	比例	数量（所）	比例	
普通高校	公办普通高校	1 614	84.55%	1 614	72.90%	2007年5月18日
	民办普通高校	295	15.45%	295	13.32%	2007年5月18日
普通高校合计		1 909	100.00%			
独立学院		305		305	13.78%	2008年9月
普通高校和独立学院合计				2 214	100.00%	

资料来源：根据中国教育部网站信息整理。

高校办学规模的基本指标是学生数量。教育部2007年10月份公布的高校学生数据中，民办高校（含独立学院）当年毕业生数占到了9.68%，招生数和在校生数则更高，招生数占到了18.79%，在校生数也占到了16.13%。民办高校和公办高校一起承担着中国高等教育的任务。中国高校学生情况参见表2。

表2 中国高校学生情况分析表

	毕业生数		招生数		在校生数	
	人数	同类比例	人数	同类比例	人数	同类比例
普通本专科	3 774 708		5 460 530		17 388 441	
本科	1 726 674	100%	2 530 854	100%	9 433 395	100%
专科	2 048 034		2 929 676		7 955 046	
民办高校	222 991	5.91%	498 562	9.13%	1 337 942	7.69%
本科学生	13 674	0.79%	42 659	1.69%	125 426	1.33%
专科学生	209 317	10.22%	455 903	15.56%	1 212 516	15.24%
独立学院	142 139	3.77%	527 284	9.66%	1 467 040	8.44%
本科学生	108 652	6.29%	455 163	17.98%	1 264 513	13.40%
专科学生	33 487	1.64%	72 121	2.46%	202 527	2.55%

资料来源：中国教育部网站信息。

（二）西方国家的公办高校和私立（民办）高校

美国有公办（立）高等院校近1 500所，私立（即民办）高校1 600多所，公立高校和私立高校在数量上平分秋色。一般来说，私立学校收费比公立学校贵一些。公立学校和私立学校都有质量很高、信誉很好的大学，不要只从私立或公立这个角度来判断学校的好坏。要判断一所大学的质量,应该了解它的师资、课程及其历史等情况。

根据《日本学校教育法》的规定,日本的学校依据设置者的不同分为国立、公立、私立三类,国立学校的设置者为中央政府,公立学校的设置者为地方政府。2004年4月1日开始,日本89个国立大学法人一同设立,有着一百多年历史的日本国立大学不复存在,这就是日本国立大学的法人化。私立学校的设置者为学校法人。日本大学分为大学[1]和短期大学两类。截至2003年(平成十五年),各类学校构成如表3所示。

表3 日本大学结构分析表(截至2003年)(单位:所)

	国立	公立	私立	合计
大学	100	76	526	702
短期大学	13	49	463	525

私立大学在数量上远远超过了公办的国立和公立大学之和。在日本人的心目中私立大学的教育质量和国立、公立大学是一样的,很多名牌私立大学甚至超过普通的国立和公立大学,早稻田大学、庆应大学还是世界名校,可见,私立大学是日本高等学校中的主要部分。

(三)公办高校和民办高校的特征分析

1. 共同的非营利组织性质

1998年8月29日通过的《中华人民共和国高等教育法》第二十四条规定:"设立高等学校,应当符合国家高等教育发展规划,符合国家利益和社会公共利益,不得以营利为目的。"这说明所有的高等学校,是一个不得以营利为目的的经济组织,也就是说是一个非营利性组织。

2. 办学经费来源的差异

《中华人民共和国高等教育法》第六条规定:"国家根据经济建设和社会发展的需要,制定高等教育发展规划,举办高等学校,并采取多种形式积极发展高等教育事业。国家鼓励企业事业组织、社会团体及其他社会组织和公民等社会力量依法举办高等学校,参与和支持高等教育事业的改革和发展。"但是,其中"社会力量依法举办高等学校"在界定标准上不具有操作性,这在此后2002年12月28日通过

---

[1] 日本汉字中的"高校"有高中的意思,所以涉及日本的讨论时不使用"高校",而直接使用"大学"。

的《中华人民共和国民办教育促进法》中得到进一步的规定。《中华人民共和国民办教育促进法》第二条规定："国家机构以外的社会组织或者个人，利用非国家财政性经费，面向社会举办学校及其他教育机构的活动。"

这条规定实际是区分公办高校和民办高校的标准。公办学校的办学主体是国家，办学经费来自财政性资金。民办学校的办学主体不是国家机构，办学经费不是国家财政性经费。当然，近年来，政府开始向民办高校划拨少量的财政性资金，以补助其高等教育活动。但是这种补助仅仅是开始，而且规模不大，在办学经费支出中比重很小。

3. 办学主体的差异

实际上，民办高校举办人的差异，在中国民办高校的规范化过程中，包括会计制度的建设过程中，成为了一个关键性的因素。

公办高校的举办人或出资人是国家，那么公办高校当然是事业单位，即公办的非营利组织。民办高校的出资人不是国家机关，因而民办高校不属于事业单位，应该归入民间非营利组织。如果中国的民办高校真的满足了民间非营利组织的特征，而且民办高校自愿地归入民间非营利组织的类别之中，那么民办高校会计制度也就自然适用《民间非营利组织会计制度》。但是，《中华人民共和国民办教育促进法》设定的"合理回报"条款，让民办高校会计不能简单地适用民间非营利组织会计。

民间非营利组织应当同时具备以下特征：①该组织不以营利为宗旨和目的；②资源提供者向该组织投入资源不得取得经济回报；③资源提供者不享有该组织的所有权。但是《中华人民共和国民办教育促进法》第五十一条规定："民办学校在扣除办学成本、预留发展基金以及按照国家有关规定提取其他的必需的费用后，出资人可以从办学结余中取得合理回报。取得合理回报的具体办法由国务院规定。"这条规定使得中国民办高校不具备民间非营利组织的第二个特征，使得民办高校可以理直气壮地拒绝适用《民间非营利组织会计制度》。

（四）小　结

无论是在西方国家还是在中国，公办高校和民办高校都是高等教育的承担者。中国民办高校通过以往的高速发展，已经成为了一个重要的力量。如果说公办高校经过了一个较长时间的发展，其管理经验和制度基本上形成了一个较为成熟的体系，目前是如何完善提高的问题，那么民办高校的管理经验和制度仍然处在一个摸索阶段。

二、公办高校会计制度及其改革

建国六十年来，公办高校一直是我国高等教育的主力军。我国现行的高校会计制度就是为公办高校而编制的。我国二十多年的经济改革对会计的影响首先是发生在企业会计领域，但是近年来在事业单位和民间非营利组织的会计领域，特别是中国公办高校和民办高校的会计制度，也酝酿着巨大的变化。

（一）日本国立大学会计准则改革的经验

2003年3月15日，日本政府颁布了《国立大学法人会计准则》，这是日本国立大学法人化改革的组成部分。

1. 法人化之前的日本国立大学会计制度

法人化之前，从外部来看，日本国立大学是由日本中央政府设置和管理的；从内部来看，日本国立大学的内部管理组织分为学术和行政事务系统，其内部管理与运作（主要包括学部的预算分配和人事调动等）主要依靠各学部的教授会执行。

日本国立大学的财政，在其法人化之前是通过国立学校特别会计进行管理的。日本的特别会计是以《日本财政法》第13条第2项为法律依据的，通常被分为事业特别会计、区分特别会计以及资金特别会计三类。而国立学校特别会计属于其中的区别特别会计范畴，所以国立学校特别会计不具有企业的或者独立核算管理运营的性质。

在国立大学法人化以前，日本国立大学的会计中，国立大学的教育研究活动而产生的收入和支出，都要接受国会的事前统一管理（预算）和事后统一管理（会计检查和决算审议）。而日本的公立大学和私立大学的收入中仅仅是由国家财政支援的一部分接受国会统一管理。

由于日本国立大学的管理运营和一般的政府机构行政事务之间，存在着许多不同之处，因此，根据国立大学按照一般会计的相关法令进行管理和核算，已经导致许多与实际相脱离的问题。

2. 新会计制度与日本国立大学的改革

日本《国立大学法人会计准则》及《国立大学法人会计准则注解》报告书共分为12个章节，它们分别是：一般原则，概念，认识和测定，财务报表体系，资产负债表，损益计算书，现金流量计算书，利益分配和损失处理的相关报告，国立大学法人业务实施成本计算书，附属明细表和注记，国立大学法人特有的会计处理以及合并财务报表。

在法人化以前，国立大学的财政主要依赖于国家的预算分配、事前规划和事后监督，因此，在资金的来源、使用用途和决算方法等方面都显得比较单一。而法人化以后，由于诸多行政改革措施的实施，大学的经营权限得以扩大，而国家在经费预算上的管制也进一步缩小。换言之，大学方面可以自主决定开展协同产业、学界、政府等方面的事业活动。例如，国立大学法人可以对外投资，也可以同时接受外来资金。由于采取了董事会制度，法人化以后的国立大学采取了民间经营的手法，所以其会计准则也与一般的企业会计相衔接。但同时应该注意到，国立大学法人化并不等于民营化，其运营主要还是依靠国民的纳税和国家财政的支持，改革的重点主要放在赋予大学更多的经营和自主管理的权限，其中也包括了相应的会计制度改革。

不难发现国立大学法人化改革对其会计制度的影响，同时也有不少改革的成果相继反映在准则的制定之中：首先，国立大学在由"国家设施型"向"法人型"转变的过程中，把财政和国家预算分开，作为独立组织，并采用企业的财务管理形式。具体体现在财源的拓展帮助国立大学获得更广泛的资金来源，除了一般的政府拨款和学费收入，还可以把捐赠类资金作为基本财产，通过财产周转产生的盈利来保障大学的日常运转。其次，通过对外投资，国立大学的自主经营权得到进一步体现，除了购买一般的有价证券之外，向一般企业注资参股或者设立关联公益法人也成为可能，这些变化通过准则中对合并财务报告编制的相关规定就可以窥视一二了。另外，通过国立大学法人等业务实施成本计算书可以发现，国立大学无论是在实施一般教学研究还是特有的业务时，发生的业务实施成本也必须作为信息披露的一个重要环节加以列示，从中不难得出日本国立大学法人化以后，更应该明确其说明责任和业绩评价的观点。

（二）中国公办高校会计制度的沿革

长期以来我国没有"政府与非营利组织"的组织分类，只有"事业行政单位"的划分。财政部 1988 年发布的《事业行政单位预算会计制度》是事业行政单位执行的会计制度。高等学校像行政机关和其他事业单位一样，执行的是《事业行政单位会计制度（试行）》。

在企业会计引进会计准则体系的影响下，财政部于 1997 年颁发了《事业单位会计准则（试行）》（财预字〔1997〕286 号），于 1998 年 1 月 1 日开始实施，同日，《事业单位会计制度》也开始实施。其中明确规定："本制度适用于中华人民共和国境内的国有事业单位。"作为同时期事业单位财务和会计制度改革的组成部分，

1997年国家教育主管部门和财政部颁发了《高等学校财务制度》，1998年又颁发了《高等学校会计制度（试行）》，建立了一套新的高等学校会计制度。该制度体系建立了预算内外资金统一核算的会计核算体系，规定了高等学校会计核算的一般原则，规范了会计要素，统一了财务和会计报告，改革了记账方法。这次改革重新启用了借贷记账法，记账基础一般采用收付实现制，经营性收支业务的核算采用权责发生制。现行制度在规范高校会计核算上起到了积极作用。

（三）中国公办高校会计制度存在的问题

《高等学校会计制度（试行）》施行十多年来，在规范高校会计核算方面发挥积极作用的同时，也暴露出一些不足，不能满足高校事业发展对会计核算的更新更高要求。这些不足大致如下：

1. 会计主体：基建会计和财务会计割裂

事业单位会计准则规定："事业单位有关基本建设投资的会计核算，按有关规定执行，不执行本制度。"公办高校至今执行这条规定，在校内设立两个会计主体：基建会计和财务会计。前者核算基本建设投资，后者核算教学科研等事业经费，两个会计主体割裂了一个高校的完整性。财务会计与基建会计分开核算，不能反映会计主体的整体经济活动。

而近年来，学校的基建投资逐年增长，基本建设项目的资金来源已经不是依靠或者不是主要依靠专项财政拨款，而是多元化筹集建设资金，其中包括学校贷款自筹一部分资金，贷款本金及利息由学校财务偿还。由于基建会计独立核算，由学校偿还本息的贷款没有体现在学校的财务报表上，造成学校负债状况不实，盲目扩大投资，可能给学校带来一系列的财务风险；同时贷款利息由学校支付没列入基建财务费用，也使基本建设项目的核算不准确，最后形成的固定资产价值偏少。

2. 记账方法：收付实现制容易造成信息不完整

《高等学校会计制度》规定："高等学校的会计核算一般采用收付实现制，但经营性收支业务的核算采用权责发生制。"高校通常为国有事业单位，过去政府拨款是其主要的收入来源，教育事业支出的内容相对简单，收支的规模也比较稳定，采用收付实现制既简单易于理解，又能满足管理上的需要。

然而，随着我国高等教育体制改革的不断深化，高校经费来源已形成政府拨款、学费收入、科研服务收入、社会捐赠等多元化格局，其支出范围也在逐步扩大。在收入和支出中不仅按照预算安排，而且还要根据合同约定管理收入和支出业务。因此，目前仍然单一采用收付实现制作为高校会计核算基础,会计信息中就会遗漏一些应收而未收到的收入、应付而未付的支出等业务和数据,不能给学校提供完整的信息,很难适应高校运行的实际需要。

3. 权责发生制:折旧的缺位与教育成本核算的需要

《高等学校会计制度》中规定,固定资产不计提折旧,用固定资产和固定基金同增同减来反映学校固定资产和固定基金的增减变化。固定资产科目的余额反映高等学校拥有资产的总额,固定基金余额反映高等学校用固定资产占用的货币资金量。高校会计科目中无固定资产折旧科目。同样的,与折旧相同性质的摊销、准备等会计估计都不在《高等学校会计制度》允许的范围内。

这些方法的缺位,使得权责发生制和配比原则不能发挥作用。具体而言,高等学校培养成本核算不能实现。

4. 会计科目:分类不尽科学

高等学校会计制度的会计科目脱胎于事业行政会计制度,不可避免地带着浓厚的行政单位的特色。在高等学校发展过程中,高等学校越来越具有特定的特征,与行政单位的差异越来越大。一些会计科目就不能很好地反映高等学校的实际情况。

在资产负债表中,"借入款项"排列在其他流动负债之前,位于负债类的第一项,似乎隐含着"借入款项"属于流动负债之意,实则不然。近些年来,高校进行大规模基本建设的资金大多来源于银行的长期借款。将长期借款和短期借款混合列入"借入款项"中,不利于有效揭示高校的财务风险和分析其偿债能力。

5. 财务报告:不能提供完整的会计信息

高校的基本报表主要是资产负债表、收入支出表和支出明细表。资产负债表报表内容与其名称不吻合,又和收入支出表重复。可能是没有成本核算的要求,高等学校的收入支出表和支出明细表,项目划分比较粗放。另外,现行的会计科目和会计报表不能满足与部门预算对比的需要。

(四)中国公办高校会计制度的改革前景

中国公办高校会计制度存在的问题由来已久,高校财务人员已经提出了问题和建议,但是修改《高等学校会计制度》尚未提到议事日程。其原因就是,《事业单位会计准则(试行)》和《事业单位会计制度》还没有修改。《事业单位会计制度》具有《高等学校会计制度》的"上位法"地位,是高等学校会计制度的制定依据。目前,《事业单位会计制度》的修改活动正在进行之中。只有在《事业单位会计制度》

修改思路确定之后，高等学校会计制度就可以根据十年来公办高校的实际情况进行彻底的修改。

那么高等学校会计制度应如何修改呢？学术界中存在以下不同的观点：

1. 与企业会计并轨的观点

目前，有一种建议就是事业单位与企业会计接轨。其理由是非营利组织会计准则与企业会计准则的大部分内容雷同，会计要素也相同（就是事业单位的"结余"，类似于企业的"利润"），会计报表也相似，绝大部分事业单位将减少或取消财政拨款。

根据这种观点，高等学校会计制度也可以直接采用企业会计准则和企业会计制度。实际上，这种观点还可以找到依据，就是美国非营利组织和企业适用的是同一套财务会计准则。

2. 改进观点

与企业会计并轨的观点在理论上存在一定的依据。但是，中国的现实决定着这种并轨观点是激进而冒险的，在中国不具有可操作性。其理由大致如下：①公办高校接受政府财政拨款的局面不会改变；②中国政府对高等学校的指导性管理导致高等学校的经济活动，具有明显的行政单位的特征；③高等学校的收入和支出科目与企业成本项目具有明显的差异；④即使在美国，财务会计准则（FAS）中仍然有专门的具体准则讨论非营利组织的特有业务的会计问题。

我们的观点还是一种改革的观点，建议对现行《事业单位会计制度》和《高等学校会计制度》进行修改，使之能够更好地反映事业单位和高等学校的财务状况与经济活动成果。

三、民办高校会计制度的改革

民办高校适用哪种会计制度，自其在中国诞生之日起，就是一个问题；随着民办高校的发展壮大，这个问题变成一个重要问题。

（一）西方民办高校会计制度的发展

西方国家高校会计制度是可以借鉴的资料。

1. 美国的经验

美国行业自律机构是美国非营利组织会计规范的最早倡导者和执行者。美国还将非营利组织按照行业标准，区分为高等院校、医疗保健组织等主要行业。全国高等院校事务官员协会（National Association of College and University Business Officers）印发的《财务会计和报告手册》，对高等院校会计准则的具体内容，发挥着重要作用。

在20世纪初的大部分年头,美国的高等院校不管私立还是公立,都采用完全一致的会计和报告方法。但是随着政府会计准则委员会(GASB)和财务会计准则委员会(FASB)并立成为美国制定公认会计原则的两大机构时,就产生了高等院校是采用政府会计准则委员会准则还是财务会计准则的争论。根据政府会计准则委员会成立的宗旨,是为州和地方政府的会计和财务报告制定准则,而公立高等教育属于州和地方政府职能的一部分,就有必要采用政府会计准则进行报告;另一方面,财务会计准则委员会从1979年起就承担起为政府以外的非营利组织制定准则的职责,尤其是第117号公告《非营利组织财务报告》,为包括私立非营利高等院校在内的所有非营利组织的财务报告规定了呈报内容。于是,美国高等院校的财务报告就根据是公立高校还是私立高校而分属两套机制。

表4 美国公立和私立高等院校在财务报告要求上的主要不同点

		公立高等院校	私立高等院校
准则制定机构		政府会计准则委员会	财务会计准则委员会
资产负债表	净资产分类	投资于固定资产、限定用途和未限定用途和永久限定用途	未限定用途、暂时限定用途和永久限定用途
收入、费用和净资产的变动表(业务表)	分类	不分别净资产类型报告净资产的变动	分别净资产类型报告净资产的变动
	是否报告解除限定用途净资产	否	是
现金流量表	分类	区别资本及相关筹资和非资本筹资活动	只区分经营、投资和筹资活动

资料来源:徐梅兰.美国公立和私立高校财务报告要求之比较[J].事业财会,2003(6).

美国注册会计师协会(AICPA)是美国独立审计师的职业组织,也是美国非营利组织会计和审计规范编制者中重要的权威机构之一,主要通过颁布审计和会计指南或行业审计指南的方式,规范非营利组织的会计实务。1973年,美国注册会计师协会颁发《大专院校审计》,直接提供了高校审计规则,至今仍然发挥着职业指导效力。最重要的是,1978年,美国注册会计师协会颁布了《特定非营利组织的会计原则和财务报告》,这些权威文献在美国财务会计准则委员会颁发非营利组织报告制度之前,对美国民办高校的会计制度发挥着重要作用。

1973年7月1日,美国财务会计准则委员会被授权为官方的财务会计准则制定机构，负责对营利组织和（民间）非营利组织制定相应的会计标准，也包括对现存有关公告的解释和修订。财务会计准则委员会有关非营利组织会计规范的公告有：①《非营利组织财务报告的目标》（1980年12月，财务会计概念公告第4号）；②《财务报告的要素》（1985年，财务会计概念公告第6号）；③《非营利组织折旧的确认》（1987年8月，财务会计准则第93号）；④《非营利组织折旧确认准则生效日期的推延》（1988年9月，财务会计准则第99号）；⑤《接受捐赠和捐赠的会计处理》（1993年6月，财务会计准则第116号）；⑥《非营利组织的财务报告》（1993年6月，财务会计准则第117号）；⑦《非营利组织的投资会计》（1995年11月，财务会计准则第124号）；⑧《其他组织将募集或持有的捐赠资产转交给非营利组织或慈善信托机构》（1999年6月，财务会计准则第136号）。财务会计准则委员会的上述公告构成了美国现行民间私立非营利组织，包括民办高校、财务会计规范体系的主要内容。

2. 日本的经验

早在1899年，日本政府就颁布了《私立学校令》。1949年，日本制定了新的《私立学校法》。《私立学校法》规定，申请成立学校法人，首先必须具有一定数量的资金（该资金是成立学校法人者无偿捐赠专门用来设置私立学校的）。

日本政府自20世纪70年代开始着手解决资助私立大学的问题，首先制定了《私学振兴财团法》和《私立学校振兴助成法》。《私立学校振兴助成法》规定政府可以拨款补助私立大学的办学经常费用，补助金额不超过办学经常费用的1/2。政府将私立大学的补助经费先按计划拨给日本私学振兴财团，各私立大学再向财团申请拨款。

1970年之前，日本私立学校会计没有统一的标准，各大学只是按照各自的标准行事，以参照企业会计准则为主。在实施国家补助制度下，日本私立大学有必要建立一个统一的会计处理标准。学校法人财务基准调查研究委员会于1970年5月制定了《学校法人会计基准》。《学校法人会计基准》最后是以日本政府文部省令（1971年4月1日文部省令第18号）的形式公布的，是日本政府规章的组成部分，成为日本所有私立学校，包括私立大学，必须遵守的会计标准。《学校法人会计基准》在此后的1976年、1987年和1998年进行了若干修订。

3. 外国私立大学会计制度的编制主体和主要特色

美国和日本是会计制度编制组织分别采取了民主和集中两种方式。在美国，私立大学会计制度更多的是民间会计和审计组织的自律行为，并通过民间组织的权威文献和相关实践，规范着民间高校的会计行为。在日本，私立大学会计制度制定工作，则是一种政府导向的行为，而且这种政府的会计制度编制工作，是在政府开始对私立大学实施财政资助政策的情况下开始的。

尽管西方国家私立大学会计制度的编制机构和编制背景存在着差异，但是还是具有鲜明的教育行业和非营利性的特征。

（1）行业特色。不管是在行业自主的美国，还是在政府主导的日本，私立大学实行的都是本行业的独立会计制度。私立大学，不仅区别于非教育行业，甚至独立于公办教育单位。

（2）非营利特征。虽然西方国家也存在着营利性的私立高校，但是西方国家私立大学会计制度仍然是主要针对非营利组织的运行特点而制定的。

（二）中国民办高校会计制度的现状分析

到目前为止，中国民办高校没有统一的会计制度。

《中华人民共和国民办教育促进法》第三十四条规定："民办学校应当依法建立财务、会计制度和资产管理制度，并按照国家有关规定设置会计账簿。"

但是，我国民办高校一直没有统一的财务管理制度和会计核算制度。中央政府的行政规章未对民办高校如何依法、依据什么法规制定相关规定。实际上，民办高校是根据各自的考虑选择了不同的会计核算制度。个别的民办高校执行了《高等学校会计制度》，但是该项制度是以《事业单位财务规则》和《事业单位会计制度》为基础制定的适用于公办高校的行业会计制度，不能反映民办高校出资人的出资关系和出资信息。少数民办高校执行了《民间非营利组织会计制度》，该制度能够较好地反映民办高校业务运行情况，但是该制度没有为民办高校出资人的出资及其合理回报等关键问题提供依据，也成为民办高校出资人担忧的问题。较多的高校执行了《旅游、饮食服务业企业会计制度》，该制度能够较好地满足民办高校直接地界定出资人的出资情况、进行成本和结余的核算等要求，但是该制度是为企业服务的行业会计制度，不能反映教育单位开展教育教学活动的一些特殊情况。因此，民办高校执行的会计制度是不统一的，导致民办高校提供的经济活动信息是不可比较的，这些会计制度不能完全满足民办高校会计核算的需要。会计制度不统一的现状，对于政府加强对民办高校的指导和管理，对于民办高校的自律和发展，都是不利的。

《民间非营利组织会计制度》的核算方法已经大大不同于《事业单位会计制度》、《高等学校会计制度》，而与美国非营利组织会计制度非常接近，但是民办高校基本上没有采用此项会计制度。

（三）我国民办高校会计制度建设的困局

我国已经颁布的《民间非营利组织会计制度》，由于引进了《高等学校会计制度》中没有的权责发生制、公允价值、折旧等会计原则和会计方法，能够从更大程度上满足民办高校会计核算需要。但是《民间非营利组织会计制度》生效后，在我国民办高校中不能普遍适用，主要有两个原因。

（1）行业特征不明显。《民间非营利组织会计制度》在会计科目设置等方面，对教育单位的教育经济行为反映得不够直接。

（2）与相关法规规定上的不一致，导致了民办高校出资人的担心。《中华人民共和国民办教育促进法》第五十一条规定民办学校出资人可以取得"合理回报"，这直接赋予民办高校出资人以分红权。而《民间非营利组织会计制度》中明确规定，民间非营利组织应当同时具备以下特征：①该组织不以营利为宗旨和目的；②资源提供者向该组织投入资源不得取得经济回报；③资源提供者不享有该组织的所有权。这三条规定与我国民办高校的实际情况不一致，根据此规定，第二条意味着出资人对出资所形成的资源没有经济上的收益权，第三条意味着出资人对非营利组织净资产没有所有权，当然对任何资产也没有要求权。民间非营利组织的出资人对非营利组织是不拥有产权的。如果民办高校使用了《民间非营利组织会计制度》，那么出资人是否不能享受《中华人民共和国民办教育促进法》第五十一条赋予的分红权力呢？

（四）民办高校会计制度建设的设想

1. *最终解决方案：全国行业性会计制度*

民办高校自行选用了多样化的会计制度，对民办高校会计信息质量以及政府对民办高校的管理带来了一定的困难。根据国外的经验和中国的实际情况，我们建议在财政部和教育部颁发民办高校会计规范之前，各省市可以编制地方性的民办高校会计核算办法（试行），以规范民办高校会计行为。

中国民办教育机构的会计制度的根本出路在于，教育部和财政部作为全国教育行政管理机关和会计事务管理机关，共同制定适合民办高等学校实际情况的《民办高校会计制度》，这是一个相当困难的工作，因为这首先必须解决其上位法《中华人民共和国民办教育法》缺失和《中华人民共和国民办教育促进法》设定分红权等难题。而这些难题不是短期内可以顺利解决的。可以预见，《民办高校会计制度》

的出台还会有一段相当长的时间。

2. 过渡解决方案：地方行业性会计规章

在教育部和财政部颁发全国性的民办高校会计制度之前，各个地方的财政部门和教育部门，可以依据《中华人民共和国民办教育促进法》、《高等学校会计制度》、《民间非营利组织会计制度》等法律规章和各地实际情况，编制当地的《民办高校会计核算办法（试行）》，以规范本地区范围内民办高校会计核算行为，使所有民办高校编制和提供统一的会计信息。

（五）民办高校的行业性会计制度的基本内容

各地区财政部门和教育部门希望能够在试点地方民办高校会计规章编制和试用的工作中，组织财政、教育行政、民办高校和教育会计等各方的力量，编制各地区《民办高校会计核算办法（试行）》。

地方性的《民办高校会计核算办法（试行）》是地方民办高校会计规章，可以在会计原则和会计方法上，侧重于吸收《民间非营利组织会计制度》中的相关规定；在会计科目设置上，侧重于应用《高等学校会计制度》的科目；同时，为了贯彻《中华人民共和国民办教育促进法》五十一条规定，对净资产做出一些相应的规定。

地方教育部门和财政部门，将在本市范围内的民办高校中试行该办法，并及时总结经验，报教育部和财政部，为制定全国的《民办高校会计制度》提供创造条件。

地方性民办高校会计制度包括两份文件：《民办高等学校会计核算方法（试行）》和《民办高等学校会计核算方法（试行）——会计科目和会计报表》（草案）。前者应注重原则性，规定民办高校会计原则、会计要素的核算方法；后者应注重操作性，详细规定各个会计科目的核算内容、主要会计报表及其编制方法。这两份文件是民办高校会计人员处理本校会计事务、进行会计核算、编制会计报表的指南，具有操作性。

（六）民办高校会计制度的基本要求

除了一般的会计原则之外，民办高校会计制度应特别注意做到以下几点。

1. 反映高校的实际情况

《高等学校会计制度》和《民间非营利组织会计制度》都不能简单地适用于民办高校。因此，民办高校会计规范的关键是要反映高校的运行规律，能够为民办高校所采用。

通过会计科目和会计报表的设计，民办高校会计规范可以实现为高校服务的宗旨。会计科目在总体上参照《民间非营利组织会计制度》的会计科目的基础上，参照了《高等学校会计制度》中的收入类会计科目，反映了高等学校的实际情况。

2. 采用了权责发生制

《高等学校会计制度》采用收付实现制。民办高校因为要进行全面的收入成本核算，必须采用权责发生制。民办高校会计规范对各类收入和费用按照权责发生制进行核算。

3. 加强资产核算

民办高校最大的操作性问题是资产管理问题。民办高校会计规范应加强了资产的管理，建立以学校为资产管理、核算的体系，对固定资产折旧的会计科目和会计核算做出详细规定。

4. 出资人的利益分配应给予会计处理

为执行《中华人民共和国民办教育促进法》的有关条款，民办高校会计规范不能对出资人的适当分红做出限制，应该留出会计上的操作空间，这需要对《民间非营利组织会计制度》做出一些突破。对于出资人根据政府的相关规定可以获得的回报，应当给予适当的会计处理。只有这样，才可以使出资人获得合理回报，既明确了政府管制的限制，也为民办高校出资人合理汇报进行会计处理提供了政策依据。

（七）一次尝试

上海市教育委员会为了解决上海民办学校的会计核算、财务管理、资产管理、内部治理等问题，组织了一系列的调研活动，起草了若干管理文件，希望作为今后规范民办学校管理活动的依据，成为民办学校编制统一的会计制度最好的突破点。因此，上海市教育委员会组成了两个课题组，分别研究和起草民办中小学校和民办高校的会计核算方法。这两个地方性的会计制度已经在全市民办学校中分别开始试行，将成为搞好民办教育的一个管理工具。

四、结束语

中国公办高校和民办高校同属于非营利组织，虽然在目前两者仍然被一系列不同的法律和行政范围隔离为两类经济组织。这导致中国公办高校和民办高校的会计制度仍然需要各自沿着不同的轨迹独立地改良、改进和完善。随着我国经济体制改革的深入，在一个较长的时间之后，中国公办高校和民办高校的地位肯定会趋同。事业单位和民间非营利组织的会计制度是其趋同的结果，更可以成为其趋同的一个技术手段。

参考文献：

[1] 高等学校会计制度编写组.《高等学校会计制度》讲座[M].北京：中国人民大学出版社，1998：32-38.

[2] 杨周复,施建军.大学财务综合评价研究[M].北京：中国人民大学出版社，2002：68.

[3] 徐梅兰.美国公立和私立高校财务报告要求之比较[J].事业财会，2003（6）.

[4] 王红娟.对高校会计制度改革的思考[J].财会月刊（综合版），2008（5）.

[5] 梁丽.《民间非营利组织会计制度》与《事业单位会计制度》、《企业会计制度》比较[J].财会通讯（综合版），2006（12）.

[6] 王倩.西方非营利组织会计与我国事业单位会计的比较及启示[J].预算管理与会计，2004（6）.

[7] 何巧白,黄惠青.企业与非营利组织会计准则"殊途同归"趋势分析[J].会计研究，2004（11）.

[8] 应益华.《民间非营利组织会计制度》与《事业单位会计准则》的比较与启示[J].财会月刊，2005（25）.

[9] 景宏军.关于我国事业单位会计制度改革的几点思考——借鉴《民间非营利组织会计制度》[J].哈尔滨商业大学学报（社会科学版），2006（3）.

[10] 姜宏青.《民营非营利组织会计制度》和国有《事业单位会计制度》的比较分析——兼谈对国有事业单位会计制度的改革设想[J].会计之友，2005（4）.

[11] 中国人民大学财务处.高等学校会计制度改革势在必行[J].财务会计（综合版），2008（4）.

[12] 张爱民,朱杏龙.加强高校地方性财务管理制度体系建设的研究工作[J].上海教育财会，2005（2）.

[13] 张爱民,万亮.非营利组织会计制度的比较研究[J].上海教育财会，2007（2）.

[14] 张爱民,张欣.日本大学法人化与大学会计制度的关系[J].上海教育财会，2006（4）.

[15] 陈士辉,张爱民.日本私立大学会计基准简介[J].上海教育财会，2004（3）.

上海市民办高校财务会计制度的编制和试行 [1]

张爱民　王从春　李　蔚　朱杏龙　张平伟 [2]

摘要： 民办高校财务会计制度是民办高校规范管理的重要依据。到目前为止，中国民办高校还没有统一的会计制度。上海市民办高校财务会计制度编制课题组比较了中国和美国、日本民办高校会计规范体系之间的差异及其差异程度，建议地方政府先行编制民办高校会计核算办法，然后由中央政府制定统一的民办高校会计制度。在此基础上，本课题组编制了《上海市民办高等学校会计核算办法（试行）》。该项研究成果被上海市教育委员会采纳为政府行政规章（沪教委财〔2008〕124号），于2009年1月1日起在上海市各高校中试行，在全国教育科学研究中属于首创成果。教育部已将该课题有关内容纳入教育部综合改革重点项目，鼓励上海市等试点省市进一步探索民办学校财务会计和资产管理制度。

关键词： 民办高校　会计制度　非营利组织会计　建议

到目前为止，中国民办高校还没有统一的会计制度。民办高校自行选用了多样化的会计制度，对民办高校会计信息质量以及政府对民办高校的管理带来了一定的困难。根据国外的经验和上海市的实际情况，我们建议在财政部和教育部颁发民办高校会计规范之前，上海市可以编制地方性的《民办高校会计核算办法》，以规范民办高校会计行为。

---

[1] 本文完成于2011年初，是《上海市民办高等学校财务管理办法》和《上海市民办高等学校会计核算办法》实施一阶段后的总结成果。本文没有发表过。

[2] 作者简介：张爱民，华东理工大学商学院会计学教授、校审计处处长；王从春，时任上海市教育委员会财务处副处长、高级经济师；李蔚，时任上海市教育委员会民办教育处副处长；朱杏龙，时任东华大学副总会计师、会计学副教授；张平伟，时任上海大学总经济师、高级会计师。

一、民办高校会计制度的中外经验

美国和日本是会计制度编制组织工作的民主和集中两种方式的代表。在美国，私立大学会计制度更多的是民间会计和审计组织的自律行为，并通过民间组织的权威文献和相关实践，规范着民间高校的会计行为。在日本，私立大学会计制度制定工作则是一种政府导向的行为，而且这种政府的会计制度编制工作，是在政府开始对私立大学实施财政资助政策的情况下开始的。

尽管西方国家私立大学会计制度的编制机构和编制背景存在着差异，但是还是具有鲜明的教育行业和非营利性的特征。不管是在行业自主的美国，还是在政府主导的日本，私立大学实行的是本行业的独立会计制度。私立大学，不仅区别于非教育行业，甚至独立于公办教育单位。虽然西方国家也存在着营利性的私立高校，但是西方国家私立大学会计制度仍然是主要针对非营利组织的运行特点而制定的。

我国民办高校一直没有统一的财务管理制度和会计核算制度。《中华人民共和国民办教育促进法》第三十四条规定："民办学校应当依法建立财务、会计制度和资产管理制度，并按照国家有关规定设置会计账簿。"中央政府的行政规章未对民办高校如何依法、依据什么法规制定相关规定。实际上，民办高校是根据各自的考虑选择了不同的会计核算制度。民办高校执行的会计制度是不统一的，导致民办高校提供的经济活动信息是不可比较的，这些会计制度不能完全满足民办高校会计核算的需要。会计制度不统一的现状，对于政府加强对民办高校的指导和管理，对于民办高校的自律和发展，都是不利的。

二、我国民办高校会计规范的困局

《民间非营利组织会计制度》，由于引进了《高等学校会计制度》中没有的权责发生制、公允价值、折旧等会计原则和会计方法，能够从更大程度上满足民办高校会计核算需要。但是《民间非营利组织会计制度》生效后，在我国民办高校中不能普遍适用，主要有两个原因：①行业特征不明显。《民间非营利组织会计制度》在会计科目设置等方面，对教育单位的教育经济行为反映得不够直接。②与相关法规规定上的不一致，导致了民办高校出资人的担心。《中华人民共和国民办教育促进法》第五十一条规定：再次"民办学校在扣除办学成本、预留发展基金以及按照国家有关规定提取其他的必需的费用后，出资人可以从办学结余中取得合理回报。取得合理回报的具体办法由国务院规定。"这直接赋予民办高校出资人以分红权。

而《民间非营利组织会计制度》中明确规定,民间非营利组织应当同时具备以下特征:①该组织不以营利为宗旨和目的;②资源提供者向该组织投入资源不得取得经济回报;③资源提供者不享有该组织的所有权。这三条规定与我国民办高校的实际情况不相符,根据此规定,第二条意味着出资人对出资所形成的资源没有经济上的收益权,第三条意味着出资人对非营利组织净资产没有所有权,当然对任何资产也没有要求权。民间非营利组织的出资人对非营利组织是不拥有产权的。如果民办高校使用了《民间非营利组织会计制度》,那么出资人是否不能享受《中华人民共和国民办教育促进法》第五十一条赋予的分红权利呢?

三、民办高校会计规范的制定思路

（一）最终解决方案:全国行业性会计制度

中国民办教育机构的会计规范的根本出路在于,教育部和财政部作为全国教育行政管理机关和会计事务管理机关,共同制定适合民办高等学校实际情况的《民办高校会计制度》。这是一个相当困难的工作。因为这首先必须解决其上位法《中华人民共和国民办教育法》缺失和《中华人民共和国民办教育促进法》设定分红权等难题。而这些难题不是短期内可以顺利解决的。可以预见,《民办高校会计制度》的出台还会有一段相当长的时间。

（二）过渡解决方案:地方行业性会计规章

在教育部和财政部颁发全国性的《民办高校会计制度》之前,各个地方的财政部门和教育部门,可以依据《中华人民共和国民办教育促进法》、《高等学校会计制度》、《民间非营利组织会计制度》等法律规章和各地实际情况,编制当地的《民办高等学校会计核算办法（试行）》,以规范本地区范围内民办高校会计核算行为,使所有民办高校编制和提供统一的会计信息。

（三）行业性会计规章的基本依据

各地区财政部门和教育部门希望能够在试点地方民办高校开展会计规章编制和试用的工作,组织财政、教育行政、民办高校和教育会计等各方的力量,编制各地区《民办高等学校会计核算办法（试行）》。

地方性的《民办高等学校会计核算办法（试行）》是地方民办高校会计规章,可以在会计原则和会计方法上,侧重于吸收《民间非营利组织会计制度》中的相关规定；在会计科目设置上，侧重于应用《高等学校会计制度》的科目；同时为了贯彻《中华人民共和国民办教育促进法》第五十一条的规定，对净资产做出一些相应的规定。

地方教育部门和财政部门，将在本市范围内的民办高校中试行该办法，并及时总结经验，报教育部和财政部，为制定全国的《民办高校会计制度》提供创造条件。

（四）民办高校会计规范的基本内容

地方性民办高校会计规范包括两份文件：《民办高等学校会计核算方法（试行）》和《民办高等学校会计核算方法（试行）——会计科目和会计报表》（草案）。前者应注重原则性，规定民办高校会计原则、会计要素的核算方法；后者应注重操作性，详细规定各个会计科目的核算内容、主要会计报表及其编制方法。这两份文件是民办高校会计人员在处理本校会计事务、进行会计核算、编制会计报表的指南，具有操作性。

除了一般的会计原则之外，民办高校会计规范应特别注意做到以下几点。

1. 反映高校的实际情况

《高等学校会计制度》和《民间非营利组织会计制度》都不能简单地适用于民办高校。因此，民办高校会计规范的关键是要反映高校的运行规律，能够为民办高校所采用。

通过会计科目和会计报表的设计，民办高校会计规范可以实现为高校服务的宗旨。会计科目在总体上参照《民间非营利组织会计制度》的会计科目的基础上，参照了《高等学校会计制度》中的收入类会计科目，反映了高等学校的实际情况。

2. 采用了权责发生制

《高等学校会计制度》采用的收付实现制。民办高校因为要进行全面的收入成本核算，必须采用权责发生制。民办高校会计规范对各类收入和费用按照权责发生制进行核算。

3. 加强资产核算

民办高校最大的操作性问题是资产管理问题。民办高校会计规范应加强资产的管理，建立以学校为资产管理、核算的体系，对固定资产折旧的会计科目和会计核算做详细规定。

4. 出资人的利益分配应给予会计处理

为执行《中华人民共和国民办教育促进法》的有关条款，民办高校会计规范不能对出资人的适当分红做出限制，应该留出会计上的操作空间，这需要对《民间非营利组织会计制度》做出一些突破。对于出资人根据政府的相关的规定可以获得的回报，应当给予适当的会计处理。只有这样，才可以使出资人获得合理回报，既明确了政府管制的限制，也为民办高校出资人合理汇报进行会计处理提供了政策依据。

四、上海民办高校财务会计规范制度的编制和试行情况

为了规范民办高校会计和财务行为，上海市教育委员会设立专题咨询课题、组织各方面专家研究主要国家和地区的私立大学财务会计制度，起草了具有中国特色的、适合上海区域特征的民办高校财务会计制度。

（一）起草过程

1. 起草阶段：2007年10月—2008年12月

2007年10月，成立课题组。2008年年中，完成了《上海市民办高等学校财务管理办法（试行）》和《上海市民办高等学校会计核算办法（试行）》（以下简称"上海财务与会计两办法"）起草工作。其中，教育行政管理部门、财政管理部门、社团管理部门参与了起草讨论工作；各民办高校的出资人、行政管理人员、财务人员，以各种形式参与了具体内容的起草工作；教育研究和会计研究人员也提出了一些有益的理论依据。2008年年末，"上海财务与会计两办法"获得政府采纳。

2. 执行阶段：2009年1月1日—2010年3月

2009年1月1日上海市教育委员会颁发通知，在上海市行政区域内的民办高校中试行"上海财务与会计两办法"。在此之前，对各民办高校财会人员进行了系统的培训。

在2009年的试行过程中，教育行政机关的职能部门和起草人员一直指导各民办高校的应用工作，发现问题、解答问题、解决问题。

3. 总结阶段：2009年4月至今

在2009年年度财务报告出来之后，市教委在检查民办高校年度财务工作的同时，搜集"上海财务与会计两办法"的应用效果和反馈意见。

（二）基本内容

本课题的研究成果是提交了《上海市民办高等学校财务管理办法》和《上海市民办高等学校会计核算办法》的草稿。2008年12月31日上海市教育委员会采纳了这两份建议稿，以该建议稿为蓝本，上海市教育委员会颁发了《关于印发〈上海市

民办高等学校财务管理办法（试行）》和《上海市民办高等学校会计核算办法（试行）》的通知》（沪教委财〔2008〕124号），2009年1月起在上海市各民办高等学校中试行。作为上海市地方行政规章，要求上海市民办高校遵照执行，规范民办高校的基本财务管理行为和会计核算行为。

《上海市民办高等学校财务管理办法（试行）》分为十章：总则、财务管理体制、预算管理、资产管理、负债管理、收入管理、支出管理、学校结余及其分配、附则，对民办高校财务管理中的各类行为进行了规范。

《上海市民办高等学校会计核算办法（试行）》分为两个部分：正文包括总则、资产、负债、净资产、收入、费用、财务会计报告、附则等八章，分别详细地介绍了民办高校各类业务的会计处理方法；另外，该文件还附有《上海市民办高等学校会计核算方法—会计科目和会计报表（试行）》，详细地说明了民办高校设立的会计科目及其使用方法、会计报表及其编制方法。

"上海财务与会计两办法"内容的总体思路是：①以《民间非营利组织会计制度》为体。根据现行法规，民办高校是"不以营利为目的"的组织，民办高校在形式上仍然是民间非营利组织，因此，《民间非营利组织会计制度》是民办高校应遵循的基本规范。②以创新来满足《高等学校会计制度》和《中华人民共和国民办教育促进法》的特殊要求。在"上海财务与会计两办法"的具体设计中，应该通过创新的思路和方法，增加相关的程序，为民办高校的教育业务核算和合理化政策提供会计的服务。

（三）理论创新

"上海财务与会计两办法"在会计学理论和会计核算方法方面有了一些创新。

1. 民办高校财务管理办法和会计核算办法应分开编制

起草过程中，有人提出将财务管理办法和会计核算办法合二为一。课题组经讨论认为：①高校财务管理和会计核算是两项工作；②公办高校的两项制度是分立的；③上海市民办高校规模较大，经济活动频繁，财务会计机构健全，因此，民办高校的两办法分开，在财务管理和会计核算的精细化建设中存在有利条件。

2. 民办高校会计核算办法的主要依据

在起草过程中，《民间非营利组织会计制度》和《高等学校会计制度》都被提议作为《上海市民办高等学校会计核算办法》的主要依据。课题组最后以《民间非营利组织会计制度》为形式上的主要依据，即《上海市民办高等学校会计核算办法》

的总体框架和一般会计科目采用《民间非营利组织会计制度》的内容；以《高等学校会计制度》为行业特征的依据，即《上海是民办高等学校会计核算办法》的收入、支出等科目设置和核算方法借鉴《高等学校会计制度》的相关内容。

3. 民办高校出资人出资的会计核算

《民间非营利组织会计制度》和《高等学校会计制度》均没有出资人出资的核算要求和信息披露方法。《企业会计制度》中为类似的情况设立了"实收资本"科目予以反映，课题组认为不能直接采用该科目。课题组在草案的"限定性净资产"科目下专门设置了"开办基金"二级科目，用于反映民办高校出资人的出资情况；在财务会计报表中也单独披露"开办基金"。

4. 民办高校出资人的合理回报的会计核算

"民办高校出资人的合理回报"，是"上海财务与会计两办法"的难题。课题组认为，"民办高校出资人的合理回报"是政策性问题，而《上海市民办高等学校财务管理办法》是程序性规章。因此，课题组在《上海市民办高等学校财务管理办法》中写明了完成审批程序的合理回报的账务处理方法。因此，还应对"民办高校出资人的合理回报"做出规定。

（四）政策创新

"上海财务与会计两办法"改变了以前核算方法不统一的现象，所有民办高校第一次一起采用同一套会计制度，各个高校的会计信息第一次实现了直接比较。这为教育行政部门落实公共财政对民办教育资助政策、检查民办高校是否遵守相关的财经纪律等提供了正确有效的信息。当然，在反馈意见中发现了部分内容需要进一步修改。通过及时的完善，"上海财务与会计两办法"已经能够满足教育部门和民办高校的会计信息需要。

上海市编制和试行的民办高校财务管理方法和会计核算方法在全国教育科学研究中属于首创成果。近年来，各省市也在尝试为民办高校建立健全财务会计制度做出努力，这些努力大多是制定加强财务管理的原则性意见，这对民办高校有一定的指导作用，但是大多数省份没有编制系统的民办高校会计制度。本课题形成了一个系统的民办高校会计制度。"上海财务与会计两办法"以《民间非营利组织会计制度》为依据，结合民办高校自身的特点进行了创新和探索，为民办高校内部管理、行政部门依法监督、社会公众了解信息提供了有效的衡量标准和规范的核算模型，值得在民办高校中推广和运用。

本项成果得到了国家教育部的肯定和重视。教育部分管领导在上海进行民办教育专题调研的时候，对上海在民办学校财务管理制度方面的先行先试和积极探索予以高度评价；教育部已将该课题有关内容纳入教育部综合改革重点项目，鼓励上海市等试点省市进一步探索民办学校财务会计和资产管理制度。

参考文献：

[1] 张爱民.中国公办和民办高校会计制度改革研究[J].新会计，2009（9）：2-6，14.

[2] 李蔚.公共财政扶持与民办高校宏观管理[J].教育发展研究，2010（15）：3-7.

[3] 李蔚.大力扶持民办教育发展[J].上海教育，2010（8）：21-22.

[4] 美国财务会计准则委员会制定.美国财务会计准则（上、中、下）[M].王世定等译.北京：经济科学出版社，2002.

[5] 阎凤桥.试析我国民办学校的产权形式和治理结构——基于对非营利组织特征的分析[J].教育研究，2006（2）.

[6] 文东茅.论民办教育公益性与可营利性的非矛盾性[J].北京大学教育评论，2004（1）.

[7] [美]弗里曼，肖尔德斯.政府与非营利组织会计理论与实务（第7版）[M].赵建勇等译.上海：上海财经大学出版社，2004.

[8] [美]厄尔·R·威尔逊，苏珊·C·卡特鲁斯等.政府与非营利组织会计[M].北京：中国人民大学出版社，2005.

[9] 赵建勇.政府与非营利组织会计[M].上海：复旦大学出版社，2005.

[10] 张爱民.非营利组织资产产权[J].上海立信会计学院学报，2007（5）.

[11] 张国生.非营利组织会计要素"净资产"的解读[J].财会通讯（综合），2005（4）：53-54.

[12] 张爱民，张欣.日本大学法人化与大学会计制度的关系[J].上海教育财会，2006（4）.

[13] 张爱民，朱杏龙.加强高校地方性财务管理制度体系建设的研究工作[J].上海教育财会，2005（2）.

[14] 陈士辉，张爱民.日本私立大学会计基准简介[J].上海教育财会，2004（3）.

[15] 徐梅兰.美国公立和私立高校财务报告要求之比较[J].事业财会，2003（6）.

关于高校总会计师管理体制的文献研究[1]

张爱民　陈涛琴[2]

摘要： 2011年总会计师制度成为加强高校财务管理的政策。教育部已经两次公开选拔直属高校总会计师。但是如何完善高校总会计师委派制的管理模式也成为亟须解决的问题，本文对截至2012年年末的高校总会计师制度研究文献进行了分析。迄今为止，学者们对高校总会计师的研究出现了两次热潮，但是关于总会计师管理体制的研究仍将是今后的研究重点。

关键词： 高校　总会计师　委派制　管理体制　文献研究

一、引　言

我国于1956年从苏联引进总会计师制度。1978年改革开放后教育领域出台了一系列政策和法规推动总会计师制度建设，明文规定高校设置总会计师的文件有23个。第一份文件是1979年11月22日由教育部颁发的《教育部部属高等学校（会计人员职权条例）实施细则》，第五章的第十四条、第十五条、第十六条分别规定了总会计师的设置、职责和权限。当然最重要的两份文件是：1997年《高等学校财务制度》（第六条）规定"符合条件的高等学校，应设置总会计师"；2011年4月教育部、财政部联合颁发《高等学校总会计师管理办法》规定高校设置总会计师。2013年1月1日实施的新《高等学校财务制度》（第六条）规定"高等学校应当设置总会计师岗位"，把总会计师设定为"应当"有的岗位。到目前为止，教育部已举行了两次直属高校总会计师公开选拔。2011年12月，教育部从80名报名者中为

---

[1] 本文完成于2013年9月。

[2] 作者简介：张爱民，华东理工大学商学院会计学教授，校审计处处长；陈涛琴，华东理工大学商学院2012级会计学硕士研究生，导师张爱民。

东南大学等6所直属高校选聘了总会计师。2013年3月，教育部第二次为10所直属高校选拔总会计师，报名者297人。教育部公开选拔直属高校总会计师为全国高校全面推行总会计师制度起到了引导作用。

基于以上制度背景，学者也进行了一系列的文献探讨。那高校总会计师的相关文献到底研究到何种程度？随着政策的颁布，文献的研究又有何变化？以及随着2011年12月和2013年3月教育部的两次公开选拔直属高校总会计师，如何完善总会计师的管理模式？到目前为止，还没有这方面的文献分析。因此，本文主要是对高校总会计师方面的文献进行了分析，并以总会计师管理体制为重点进行了分析，以期能为未来的研究和实践提供指引。接下来，本文将首先对文献的分布做整体概述，然后重点对总会计师管理模式的文献进行了分析，最后谈一下笔者的看法。

二、文献分布概述

笔者在CNKI通过多次不同的关键词检索，总共得到417篇文献，排除2013年已有的21篇文献，然后通过逐篇阅读筛选，得到有效文献198篇。其随着时间的分布如图1所示。

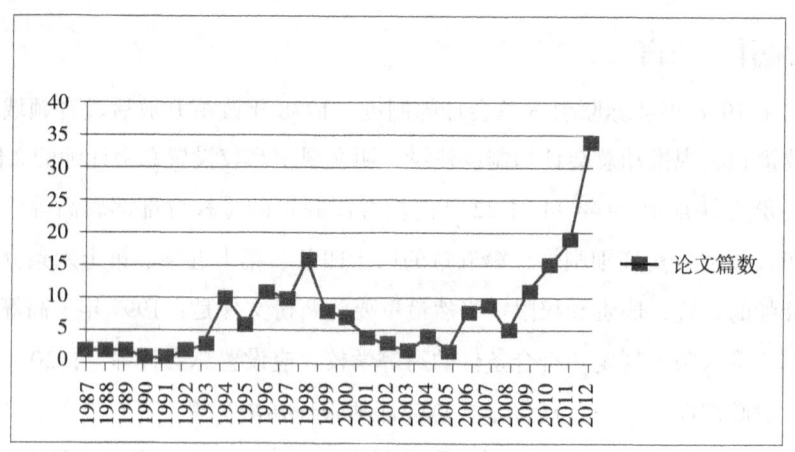

图1　高校总会计师论文分布图

（一）两个波峰

从图1中，我们可以看出文献的分布有两个波峰，即1998年16篇，2012年34篇。这两次文章数量波峰正好是1997年和2011年教育部两份关于总会计师文件的次一年出现的，说明这两份制度引起了广泛的关注和研究。而且，2012年的研究文章数量远远大于1998年，这说明大学总会计师已经形成了更广泛的关注，甚至达成了广泛共识。

（二）两类研究内容

总的来说，文献应该分成两类：一类是纯粹围绕总会计师的必要性、职位与任职条件、职责和权限、保障措施等展开研究，共49篇，其随着时间的分布如图2所示；另一类是围绕高校财务工作中出现的一些新元素，这些新元素的出现导致了某些问题，原因之一是没有重视总会计师设置，为了完善高校财务管理，应该设置高校总会计师制，协助校长管好学校的财务工作，共149篇，其随着时间的分布如图3所示。

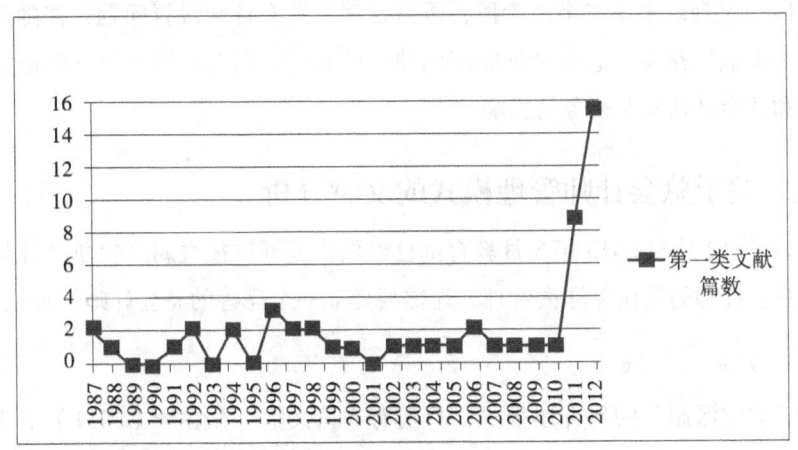

图2 高校总会计师第一类文献分布图

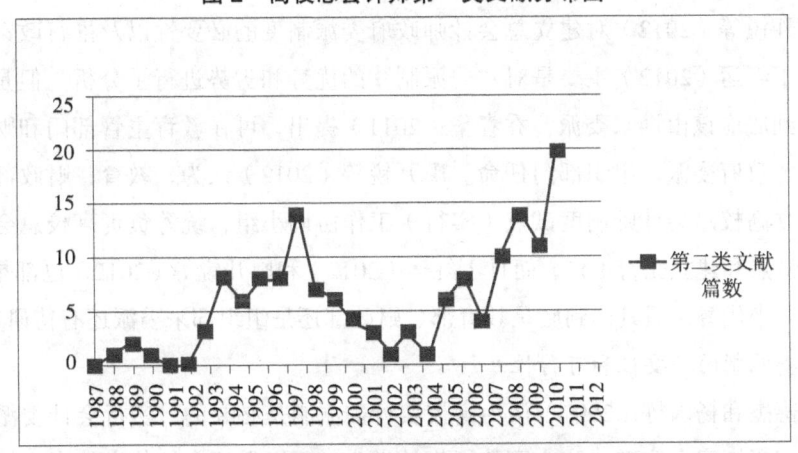

图3 高校总会计师第二类文献分布图

第一类文献数量较少，而且分布也较稳定，除了2011年和2012年急剧上升外。其中2011年8篇，2012年达到14篇。2011年和2012年分别有5篇和6篇主要从总会计师制度的可行性、重要性、依据等问题进行了研究，但是缺乏进一步的有利于总会计师制度具体建立的研究。总会计师制度的建立迫在眉睫，我们应该加强对于总会计师制度的具体建立的研究。

第二类文献较多，所占比例达到75.6%。分布与文献总体分布类似，1998年和2012年是两个波峰，即1998年14篇，2012年20篇。其中，1998年主要研究了高校财务管理的改革，2012年主要研究了高校内部控制的问题。

总而言之，就所有有效文献而言，前期的文献专门研究了总会计师设置问题后，在紧接着的第一个波阶段，涌现了一股运用总会计师来解决一些财务问题的热潮。随后遇冷，直到后来第二个波阶段，重新探讨了总会计师设置问题，伴随着政策而生的"委派制"热潮，总会计师制度的建设的问题，以及运用总会计师制去解决财务问题和总会计师制对财务的影响。

三、关于总会计师管理模式的文献分析

2011年12月和2013年3月教育部已经两次公开选拔直属高校总会计师，但是具体的总会计师的委派怎样去管理，还需要建立一个完善的总会计师管理模式。

（一）委　　派

关于"委派制"的研究还很少，目前有3篇文献。乔春华（2011）主要是对政府委派公办高校总会计师的依据，以及政府委派公办高校总会计师的运作进行了研究；廖开锐等（2012）对建立总会计师政府委派制度的必要性以及推行政策进行了研究；丁红运（2012）主要是对"委派制"的优势和劣势进行了分析。但是高校总会计师到底应该由谁来委派？乔春华（2011）提出，可在教育主管部门和财政部门中推荐，政府委派，组织部门任命。廖开锐等（2012）认为，教育、财政部和相关部门成立高校总会计师制度试点（实行）工作协调小组，统筹负责高校总会计师制度改革试点和建立完善工作，而且丁红运（2012）和廖开锐等（2012）也都是以"政府委派"来代替，但具体到底是教育部、财政部还是组织部来委派还有待研究。

1. 委派制的必要性和可行性

周德杰和杨国栋（2007）认为高校实行委派制是必要的，实行会计委派制可以保障国有资产安全完整，防止腐败行为的滋生，可以保证会计信息的真实性，可以提高会计队伍的整体素质。王莉和王高玲（2008）认为，建立高校总会计师董事会委派制，健全机构独立的财务部门和培养高素质的会计人员是高校法人治理结构的

财务良好运作的保障。

夏友芝（2003）明确指出，高校会计师委派制是有法律依据的，并且国有企业试行会计委派制的成功经验为高校实行会计委派制打下了坚实基础，实行高校总会计师委派制是可行的。另外，乔春华（2011）运用委托代理理论和教育经济理论解释了我国高校总会计师委派制的可行性。王卫琪（2008）强调会计委派制的实行要求会计委派人员的人事管理和经济利益独立于基层核算单位，脱离与基层核算单位的依附关系。委派会计人员不受基层核算单位行政领导的约束，从而排除人为干扰，消除后顾之忧，使会计人员能够严格按照《中华人民共和国会计法》及《事业单位会计制度》进行会计核算，以保证会计信息的真实和准确性。

2. 委派制的优势和劣势

陈从江和周军（2006）对高校会计委派制进行了研究，高校会计委派制有利于加强会计监督、规范高校经济秩序，有利于高校内部加强财务统管，有利于对国有资产保值增值的监督，有利于提高会计信息质量，有利于从源头治理腐败，有利于提高会计人员的素质。但是也存在许多弊端，会计委派制与《中华人民共和国会计法》的部分条款相违背，会计委派制与建立现代企业制度的目标相违背，会计委派制容易产生新的矛盾。丁红运（2012）也对高校会计委派制进行了分析，从优势来看，高校会计师委派制具备充分的法规依据，选择人才的范围更广，能够更好地发挥监督职能。从弊端来看，委派的会计师可能会不熟悉学校的环境，包括文化环境、人际环境、制度环境，总会计师可能难开展工作，另外，受委派高校总会计师接受双重领导，影响决策。

3. 委派制的完善

为了保障被委派的总会计师能有效开展工作，周德杰和杨国栋（2007）认为：首先，要学校高度重视，部门密切配合，全力推行会计委派制；其次，明确会计委派制的主体和客体，明确会计人员的职责权利；最后，要建立有效的考核激励机制，建立高校总会计师制度。夏友芝（2003）提出引入竞争和激励约束机制。王卫琪（2008）还提出，实行会计岗位轮换制度，建立健全财会法规，使会计委派制有法可依，建立重大事项汇报制度和责任追究制度，提升高校会计委派人员素质。丁红运（2012）建议，建立专门的管理机构，加强高校总会计师的组织化管理。廖开锐和李洁雯（2012）建议，平衡好政府监督与高校自主权之间的关系。

（二）职　　数

中南在线于 2009 年 4 月 25 日披露，"中国重点大学校级领导人最高相差达 12 人"。但是委派单位将总会计师委派到高校，而且已经明确了总会计师岗位为"副校级"。但是总会计师的职数是应该新增，还是应该包含在现有校级领导职数之内？如果包含在校级，是否会导致有些高校不愿意设置总会计师。乔春华（2011）通过比较总会计师与主管财务的副校长的职责，认为高校有必要设置总会计师，校级职数应有总会计师。

（三）人事关系

丁红运（2012）在研究政府委派的弊端时，提出委派高校总会计师应接受委派单位和驻在高校的双重领导。但是对于总会计师应该如何处理好高校和委派单位的人事关系，还没有人进行研究。

（四）考核权

对于委派总会计师的考核，廖开锐等（2012）认为应该建立总会计师年度考核，建立科学的总会计师评价体系，完善高校总会计师评价标准和评价方法。但是对于总会计师的考核权问题还没有文献涉及，如：①高校对总会计师进行考核；②委派单位对总会计师进行考核；③双重考核，即高校提交考核报告，委派单位进行复核确认。对于考核权问题的研究还有待深入。

（五）薪酬管理

对于委派总会计师的薪酬管理，还没有文献涉及。委派总会计师的薪酬有三种管理方式：①由高校进行发放；②由委派单位发放；③双重管理，以委派单位为主，高校为辅。对于委派总会计师的薪酬管理还应该与总会计师的考核相匹配。对于这些领域的研究，在未来还有待加强。

四、结　　论

总的来说，从理论角度看，关于高校总会计师委派制的文献研究还是有限的，尤其是关于管理模式的讨论很少；从实践角度看，高校总会计师委派制没有一个完善的管理模式，委派的高校总会计师效果如何也尚不清楚。研究者应该加强对高校总会计师委派制的管理模式方面的理论研究，以期对实践能有所指导。同时，对于已经实施总会计师委派制的实施效果，各级政府应该组织管理者和学者开展充分的调查研究，及时发现问题和完善高校总会计师制度。

参考文献：

[1] 丁友刚，李姗. 美国高校 CFO 权责及其对我国高校总会计师权责定位的启示 [J]. 高教探索，2012（9）：146-147.

[2] 丁友刚，文佑云. 我国总会计师制度建设若干问题研究 [J]. 会计研究，2012（8）：72-77.

[3] 丁永红. 高校财务管理内部控制存在的问题和对策 [J]. 经济师，2013（3）：113-115.

[4] 方运发. 高等学校财经管理体制的一项重大改革 [J]. 武汉大学学报，1987（4）：34-38.

[5] 郭勇. 高校总会计师应处理好的几个关系 [J]. 事业财会，1998，52（2）：16-18.

[6] 胡文英，赵健慧. 高等学校亟待实行总会计师制度 [J]. 经济师，1992（7）：57-58.

[7] 胡燮群. 略论高校建立总会计师制 [J]. 教育财会研究，1997（2）：38-40.

[8] 韩波，张国华，张彬. 高校建立总会计师制度的必要性及框架研究 [J]. 哈尔滨商业大学学报，2009，4（107）：89-93.

[9] 廖开锐，李洁雯. 政府委派高校总会计师制度建设初探 [J]. 财会通讯，2012，9（1）：117-118.

[10] 李士忠. 在高等学校中建立总会计师经济责任制的探讨 [J]. 安徽教育学院学报，1987，12（3）：108-110.

[11] 罗霞倩. 高校设置总会计师的探讨 [J]. 广西高教研究，1998，（2）：65-67.

[12] 李清玲，韩玉珍. 基于经济管理标准化核算高等医学院校会计师制度探讨 [J]. 中国卫生产业，2011，8（8）：20-22.

[13] 李娟，邹晓红. 新形势下高校总会计师制度在现代大学制度建设中的价值 [J]. 长春理工大学学报，2011，24（8）：83-84.

[14] 李春华. 总会计师制度对高校财务管理影响的研究 [J]. 财会研究，2011：245，247.

[15] 彭宇飞. 关于我国高等学校总会计师资格认证的探讨 [J]. 中国总会计师，2012，111：134-135.

[16] 乔春华. 政府委派公办高校总会计师研究[J]. 中国总会计师, 2011, 90（1）: 82-85.

[17] 乔春华. 关于高校总会计师设置的思考[J]. 教育财会研究, 1994（1）: 31-34.

[18] 苏佳萍, 宋利宏. 高校总会计师制度研究[J]. 绿色财会, 2011（9）:37-39.

[19] 尚所林. 浅谈高校建立总会计师制度及其保障措施[J]. 云南电大学报, 2011, 13（2）: 86-89.

[20] 汪以春. 适应市场经济实行总会计师负责制[J]. 中医药管理杂志, 1994, 4（6）: 28-29.

[21] 魏乾梅. 广西高校总会计师培养创新模式研究[J]. 山西财经大学学报, 2012, 34（4）:88-89.

[22] 谢远东. 高校总会计师制度初探[J]. 淮海工学院学报, 2011, 9（20）: 34-36.

[23] 余雯. 高校设立总会计师的思考[J]. 审计与理财, 2012（12）: 45-46.

[24] 赵恒礼. 谈高校总会计师制[J]. 有色金属高教研究, 1988: 82-85.

[25] 章道云. 高等农业院校应尽快实行总会计师制度[J]. 高等农业教育, 1996:8-11.

[26] 张冀志, 王静. 关于高校建立总会计师的作用的探讨[J]. 中央政法管理干部学院学报, 1999（3）:64.

上海地方公办高校试行总会计师制度可行性研究[1]

张爱民[2]

一、背　景

(一) 我国总会计师制度

《中华人民共和国会计法》是我国国家机关、社会团体、企业、事业单位、个体工商户和其他组织办理会计事务必须遵守的专业法律，制定于1985年，修订于1993年和1999年。1985年和1993年《中华人民共和国会计法》（第二十一条）规定"大、中型企业、事业单位和业务主管部门可以设置总会计师"。这一阶段首次以法律的形式明确了设置总会计师的要求。

1999年《中华人民共和国会计法》第三十六条规定："国有的各国有资产占控股地位或者主导地位的大、中型企业必需设置总会计师。"前几次都是对符合条件的单位规定"可以"设置总会计师，也就是说，是否设置总会计师，是单位内部自己的事，本单位可以根据业务需要自行决定，没有做硬性规定。1999年新《中华人民共和国会计法》的出台，对我国大中型国有企业建立总会计师制度提出了硬性的法律要求。

1990年12月，国务院发布了《总会计师条例》，对总会计师的地位、职责、权限、任免与奖惩做了完整、全面、系统、具体的规定。1989年中国总会计师研究会成立，1991年成为全国性一级组织，1994年更名为中国总会计师协会。

目前，我国已经在企业界建立了比较完善的总会计师制度。

---

[1] 本文完成于2013年9月。
[2] 作者简介：张爱民，华东理工大学商学院会计学教授，校审计处处长。

（二）我国高校总会计师制度

1997年《高等学校财务制度》（第六条）规定："符合条件的高等学校，应设置总会计师，协助校（院）长全面领导学校的财务工作。凡设置总会计师的高等学校，不设与总会计师职权重叠的副校（院）长。"2011年4月，教育部、财政部联合颁发《高等学校总会计师管理办法》规定高校设置总会计师。2013年1月1日实施的新《高等学校财务制度》第六条规定："高等学校应当设置总会计师岗位。总会计师为学校副校级行政领导成员，协助校（院）长管理学校财务工作，承担相应的领导和管理责任。凡设置总会计师的高等学校，不设与总会计师职权重叠的副校（院）长。"

教育部已举行了两次直属高校总会计师公开选拔。2011年12月，教育部从80名报名者中为东南大学等6所直属高校选聘了总会计师；2013年3月，教育部第二次为10所直属高校选拔总会计师，报名者297人。教育部公开选拔直属高校总会计师为全国高校全面推行总会计师制度起到了引导作用。

（三）公开选拔领导干部制度

1. 公开选拔总会计师是公开选拔党政领导干部制度的要求

中央先后颁布《党政领导干部选拔任用工作条例》、《公开选拔党政领导干部工作暂行规定》，教育部党组先后出台《关于进一步加强直属高校领导班子和干部队伍建设若干问题的通知》、《关于在直属高等学校试行公开选拔副校（院）长的通知》等一系列文件和规定，这些文件和规定为公开选拔校长提供了主要政策依据。2002年以来，教育部先后在20余所直属高校进行了副校长公开选拔、竞争上岗工作，为这次公开选拔校长工作奠定了基础、积累了经验。

中央《2010—2020年深化干部人事制度改革规划纲要》要求，要加大公开选拔、竞争上岗工作的力度。从实践看，公开选拔、竞争上岗等竞争性选拔干部方式，是当前干部群众普遍认可、行之有效的干部人事制度改革措施之一。

2. 落实国家中长期教育改革和发展规划纲要的具体举措

建立高校总会计师制度是落实《国家中长期教育改革和发展规划纲要（2010—2020年）》的具体举措。《国家中长期教育改革和发展规划纲要（2010—2020年）》提出要"完善教育经费监管机构职能，在高等学校试行设立总会计师职务，提升经费使用和资产管理专业化水平"，"公办高等学校总会计师由政府委派"。

3. 选拔总会计师是推动高校科学发展的现实需要

《国家中长期教育改革和发展规划纲要（2010—2020年）》提出："坚持依法理财，严格执行国家财政资金管理法律制度和财经纪律。建立科学化、精细化预算管理机制，科学编制预算，提高预算执行效率。"高校财务管理是一项专业性很强的工作。总会计师是学校行政领导班子中具有财务管理经验的专业性成员，能够体现和加强对高校财务工作的专业化领导。

二、国际经验

"总会计师"是一个外来词汇。"总会计师"的提法源自前苏联的计划经济体制，当时是一个既对国家负责又对厂长（经理）负责的职位。进入市场经济之后，我国企业一般都是在"对总经理负责"这一含义上定位总会计师的职责。随着形势的发展，我国企业总会计师的职能与地位已与国外的"首席财务官（CFO）"（又称"财务总监"）相同。中国总会计师协会中"总会计师"的英文译名就是"CFO"。

（一）美国高校的"财务总监"

美国高校设立了"财务总监"一职。有中国学者研究分析部分美国高校的财务总监的职责：不仅负责学校的财务会计、管理会计和财务管理工作，而且普遍承担了战略与风险管理任务，甚至还担负了审计、信息系统建设与管理的任务。

表1 美国高校财务总监的职责

	战略与风险管理	财务会计	管理会计	财务管理	审计	信息系统建设与管理	其他综合管理
芝加哥大学	√	√	√	√	√	√	√
加利福尼亚大学	√	√	√	√	√		
哥伦比亚大学	√	√	√	√			
迈阿密大学	√	√	√	√			
匹兹堡大学	√	√	√			√	
波士顿大学					√		
弗吉尼亚大学	√	√	√	√			
辛辛那提大学	√						√

资料来源：丁友刚，李姗. 美国高校CFO权责及其对我国高校总会计师权责定位的启示 [J]. 高教探索，2012（3）：67-70.

（二）日本大学的财务负责人

日本高校校级领导团队精干，没有专职的校级财务负责人。但是日本数量居多的私立大学中，理事会中聘请了有财务背景的理事履行财务控制的职责。如札幌大学，在其最高权力机构理事会中，不仅有校外监事，还曾经选聘本校经营学部的一位会计学教授担任理事，其职权相当于我国的财务副校长或现在的总会计师。

2003年10月，日本国立大学根据《国立大学法人法》实行法人化之前，大学财务管理的权利是由教授会实际行使的。法人化之后，大学校长（一般一正二副）通过董事会行使最高权力，董事会成员除了文部科学省委派的两名监事之外，均由校长任命。在此制度安排中，政府委派的监事因为一般不是教育专家，大多将工作的重点集中于预算分配等财务问题。从这个角度看，政府委派的董事会监事履行了总会计师的职能。

（三）德国大学的校务长

德国实行联邦制，高等教育的立法权和管理权属于各州。根据2007年颁布的黑森州教育法，主席团是高校的领导机构。该州的马堡菲利普斯大学的主席团共有6人，包括1名主席、4名副主席以及1名校务长（也有翻译成行政主任，甚至会计主任），作为主席团中的一员，校务长由主席提名，经评议会一致通过后任命，任期8年。

校务长的领导工作必须遵循主席团的指导方针，主要负责学校的财经、人事以及法律事务。校务长不一定非得是学校教授，但需要具备法学职务或者高级行政管理的能力，并有多年的科学、经济、行政管理或者法律事务等方面的工作经验。

笔者曾经访问过德国路德维希港经济大学，其校级行政领导只有3人：校长、副校长和校务长（也称会计主任）。行政主任负责处理学术性以外的所有行政和财务问题。

西方高校最高层级的管理团队组成形式存在着较大的差异，但是总有一位相当于副校级领导主管学校的商务和财务工作。由于管理体制的差异，这个职位的名称也是不同的，不仅包含了狭义上的会计或财务管理业务，甚至也包含了经济性管理业务，具备了"大财务"管理者的特点。

三、国内经验

（一）教育系统公开选拔党政领导干部的经验

党中央一直在倡导公开选拔党政领导干部的制度。教育部党组先后出台一系列文件和规定，为公开选拔高校校级领导提供了主要政策依据。2002年以来，教育部先后在20余所直属高校进行了副校长公开选拔、竞争上岗工作，2012年又进行公开选拔校长的工作，为公开选拔党政领导奠定了基础、积累了经验。

（二）教育部直属高校总会计师公开选拔

教育部在总结2011年公开选拔6所直属高校总会计师试点工作经验的基础上，于2013年3月面向全国公开选拔武汉大学等10所直属高校总会计师。2013年的选聘工作设定了报名、资格审查、职业素养综合评估、面试、组织考察等遴选阶段，每一个阶段都有相应的配套办法。比如，在职业素养综合评估环节，依据《公开选拔校长职业素养综合评估办法》；在面试环节，依据《公开选拔校长面试试题产生办法》、《公开选拔校长面试、民意测验和面谈办法》、《公开选拔校长建议考察人选产生办法》；在考察环节，依据《公开选拔校长考察工作方案》等。聘请了教育部领导、财政部有关部门负责人、教育部人事司和财务司负责人、试点高校党委书记或校长、熟悉财经管理的高校在任和离任主要负责同志、高校总会计师代表以及会计专业中介机构高管人员等21人组成面试考评委员会。直属高校总会计师公开选拔走上了公开化、制度化的成熟之路。

（三）其他省市高校总会计师的选任制度

我国一些省市对地方公办高校实行总会计师制度。据不完全统计，广东、浙江、陕西、黑龙江、吉林等省在部分地方公办高校中建立了总会计师制，根据公开选拔干部的制度制定了本地选拔总会计师的具体制度和操作程序。

浙江省部分高校建立高等学校总会计师制度改革试点的总体目标是建立健全高等学校总会计师准入、培养、选拔等机制，创新并界定总会计师制度在现代大学管理制度中的职责内容与履职范围，增强高校财经工作的科学性、专业性和高效性。

（四）上海市级公立医院总会计师的委派管理

上海申康医院发展中心（以下简称"申康中心"）是上海市政府设立的国有非营利性的事业单位，是政府办医的责任主体。为深化医药卫生体制改革，切实履行出资人职责，强化市级公立医院财务管理和监督，上海市有关方面决定在市级公立医院实行总会计师委派制度。2013年3月12日，上海市财政局、上海市卫生局、上海申康医院发展中心联合颁发了《上海市市级公立医院总会计师委派管理试行办法》，由申康中心组织面向社会公开招聘市级公立医院总会计师岗位25人。本次招聘并委派的市级公立医院总会计师职位，属事业编制。

四、其他可行性条件

（一）上海市高校总会计师后备人才的储备和培训

从2012年开始上海市财政局委托上海国家会计学院举办了"行政事业单位中高级会计人员培训班"，按照财务总监的培训大纲进行培训，结业之后颁发财务总监资格证书。已经完成了第一期培训，接受培训的人员共计50人，其中包括上海地方公办高校系统的财务人员12人。目前正在进行的第二期培训班学员中，还有高校系统财务主管3人。在沪教育部直属高校、与教育直接相关的行政机关中，还有一批符合相关条件的财务人员。上海高教系统内部已经积聚了一批高素质的总会计师后备人才。

（二）干部职数条件

上海高校不可能一下子全面实行总会计师委派，只能是先选择3—4家地方公办高校进行试点，采用公开选拔的形式，通过规范和科学的程序确定相关高校的总会计师拟任人选，逐步建立高水平的上海市地方高校总会计师选拔制度。

按照《高等学校总会计师管理办法》，地方高校总会计师是学校行政管理班子成员，按照教育部现行安排也是在驻学校党委常委，必须专门占用该校一个校级领导职数。该校级领导职数专门用于安排总会计师。

教育部直属高校中已经委任了总会计师的6所高校和拟委派总会计师的10所高校，这些学校校级领导职数总体上大于上海地方公办高校校级领导职数。但是这些部属高校中也有一些规模较小的高校实行了总会计师制度，其校级领导职数与规模较大的上海地方高校校级领导职数相差不大。

因此，上海在地方公办高校试行总会计师制度期间，总会计师的领导职数由试点学校在现行定额中调整安排，也是可行的。

五、结　　论

上海地方高校试行总会计师制度的基本条件已经具备。总会计师制度将是地方高校加强治理的一项基本管理制度。总会计师将是高校领导班子中必备的、专业性背景很强的一个成员，也将承担着与其他班子成员不太一样的专业管理职责。因此，上海市地方高校建立总会计师制度既要符合我国教育系统领导干部的管理要求，也要体现上海市建设教育高地事业发展的特色要求。

论高校二级单位的经济责任制 [1]

张爱民 [2]

摘要：高校对高校二级单位应按照其功能、部门、学科进行合理的分类并分别制定经济责任制，建立各类二级单位的责任指标体系、责任指标的预算和决算的公开制度。高校二级单位的经济责任制可以和校级干部经济责任制一起，促进建立节约高效的高校运行机制。

关键词：高校　二级单位　经济责任制

高等高校在事业规模和经济活动体量越来越大的现实情况下，有必要按照现代高校运行的内在机制对高校二级单位按照功能、部门、学科进行合理的分类，针对不同类别的二级单位提出不同的经济要求，制定不同的经济政策，分类进行经济报告和经济评价，即建立二级单位的经济责任制。实施二级单位经济责任制，可以在全校范围内实行精细化的财务分析和管理，充分发挥二级单位的积极性，提高各类资源的利用效率。

一、二级单位经济责任制的原则：统一协调、分类指导

高校一般实行"统一领导、分级管理"的财务管理体制。统一领导是指高校要统一财经方针政策，统一财务收支计划，统一财务规章制度，统一财经资源调配，统一财经业务领导。分级管理是指高校财经工作和财务收支根据财权划分、事权与财权相结合的原则，由高校和校内各级各单位进行分级管理。在操作层面上，财务管理工作将具体化为统一协调、分类指导。

在总结以往财务管理经验的基础上，高校可以不断完善对预算管理、会计信息、

---

[1] 本文完成于2006年初。
[2] 作者简介：张爱民，华东理工大学商学院会计学教授，时任校财务处处长。

资金管理、绩效考评、政策调整等财务管理的统一协调机制，加强党委常委会、校长办公会议、高校财经领导小组等领导机构对高校财经工作的统一协调能力。

高校二级单位的职能是多元化的，因此，建立经济责任制必须对高校二级单位按照其功能、部门、学科进行合理的分类。高校要区分教育、科研、管理、后勤、产业等大的功能类别，要区分本科教育、研究生教育、继续教育、网络教育等同一功能内部的不同层次类别，分别报告和考核各大功能的资源占用和经济贡献水平。高校要区别科技、教育、管理部门和后勤、实验室与装备等服务部门，分别报告和考核各个管理和服务部门的资源占用水平和对高校主要功能的服务支持水平。高校要对专业学院按照学科类别分成若干大类，分类报告和考核专业学院的资源占用水平和教育、科研等主要业务活动的经济贡献水平。

二级单位的分类是为了高校更好地提供精细化的财务服务和指导。高校财务部门将加强对高校二级单位的经济活动进行分类的分析、报告，高校决策部门将根据各类二级单位的运行实绩进行考核，对高校财经资源分配政策进行适当的调整。传统做法上，我们已经对以行政建制组织形式为标准划分的学院、部处等二级单位，给予了相对独立的经济核算和政策管理。我校将继续加强对学院、部处等二级单位的财务管理，根据这些二级单位财务运行的具体特点，进行针对性的指导，引导这些二级单位更好地发挥本单位各项财力资源的作用，提高本单位工作的效益和效率。

为了更好地发挥二级单位财务管理水平和效果，高校根据教育、科研、服务等不同职能划分若干类别，研究各类二级单位或经济行为的特点，为各类事业活动的财务报告、责任预算和考核评价制定相应的要求。有些单位同时从事多类事业活动，高校将分别按照高校对各类事业活动的财务要求，进行指导和管理。

通过以上几个方面的努力，高校将逐步建立高校各类经济体和具体二级单位经济体的会计核算、财务管理和综合考评的二级单位经济责任制。

二、二级单位经济责任制的手段：责任分担、绩效考核

二级单位经济责任制的核心就是明确各类责任中心的责任，记录和评价这些责任中心的责任履行情况，并根据责任履行程度给予奖励或进行资源配置的调整。

高校要建立的二级单位经济责任制将根据各二级单位的工作特征，为二级单位制定明确的经济责任。高校二级单位的经济责任主要是事业发展目标，如教学任务、科研任务、学科发展任务、人才培养任务等。高校可以制定与《三年行动纲要》类似的中期事业发展目标。根据中期事业发展目标制定的年度计划就是二级单位具体

执行的短期计划，这些计划是各个二级单位的目标，汇总成为高校事业发展目标。高校将继续加强围绕中短期事业发展计划的财务管理工作。

从财务管理的角度来看，二级单位经济责任制更注重的是要加强对各类责任单位在资源利用方面的绩效评定和考核。考核绩效就是要反映各个责任单位的资源利用水平，更好地了解高校资源在各个责任单位中的使用情况。在此基础上，高校可以根据事业发展的要求和各个责任单位利用资源的能力，制定出更加合理的资源分配方案和政策，使有限的资源发挥尽可能大的效益。

为此，高校二级单位经济责任制应该逐步建立各类二级单位的责任指标体系。责任指标体系可以帮助高校分析二级单位的投入产出效益，并在此基础上对各类单位进行考评和提出新的责任目标。二级单位经济责任制的责任指标体系要适应各类二级单位的业务特征，并且要能够体现和传递高校整体的财务责任。所有的二级单位必须建立资源占用和经费支出的考核指标；与同时经办收入和支出业务的二级单位，不仅要建立资源占用和经费支出的指标，而且要建立和加强完成收入的目标指标。为此，我们将通过高校财务预算等途径落实责任指标。

三、二级单位经济责任制的政策：经济信息和经济政策的公开化

信息公开是一种管理行为。二级单位经济责任制的一项重要内容就是经济信息公开，经济信息公开包括经济政策公开、责任指标公开、预算公开、经济指标执行情况公开。

经济政策是高校财经工作的灵魂和活的杠杆。因此，经济政策必须是公开的，高校经济政策是可以公开查询、自由评议和按照程序修订的；经济政策是有导向的，经济政策体现了当前高校资源分配的趋向，是可以向事业发展的重点和有活力的新增长点倾斜的；经济政策是有力量的，经济政策可以推进人才的成长、事业的迅速发展；经济政策是可变的，根据事业发展和导向的需要，高校将适时调整经济政策。

经济行动表现为一定的经济数据信息，如科研经费。教育经济行动表现为教学、科研的具体成果信息。二级单位、各个课题组甚至各个教师的教育经济行为都可以定量分析，也就应该可以公开信息。高校将尝试建立各类事业发展指标的自动公开制度。高校财务管理是一个重要的信息资源，在保证信息安全的前提下，高校财务可以成为信息公开的重要窗口，在高校局域网范围内分层次公开可以公开的财务信息，并按照一定的类别和标准进行分类披露。高校教职员工可以自行获取、分析和

评价任何公开信息。

信息公开更包括二级单位责任指标的执行情况。为了便于比较，应该划分类别进行分类报告。分类报告制度可以帮助二级单位全面了解高校各单位的责任履行情况，更直观地认识本单位的实际水平，更加主动地加强本单位的经济进步的责任感和事业发展的荣誉感。

四、二级单位经济责任制的目标：落实科学发展观、建立节约高效的高校运行机制

党的十六届三中全会从全局和战略的高度，深刻阐述了坚持以人为本、全面协调可持续的发展观。高校要以科学发展观来重新思考财务管理思路，重新设计高校的财务运行机制。科学发展观在高校财务管理工作中的具体应用就是"有所为、有所不为"的原则。在政府对高校投入不足的客观情况下，高校拥有的资源不能满足各类二级单位和各类经济活动的全部需求，因此，高校只能根据人、事、物的顺序进行投入，并通过提高资源利用效率，使有限的经济资源发挥尽可能大的经济效益。

高校要始终坚持事业的理性健康增长。所谓"健康的增长"一般指在相应的发展阶段内，选择适当事业增长和扩大的方式，使高校财政能够满足高校在自控、自律等理性约束下的需求。

高校要全力提高发展的质量。高校发展质量就是学生结构、学科结构、师资结构、成果结构要不断合理与优化，在高校各项事业发展过程中，在资源消耗上要越来越低，在总体效益的获取上要越来越好。高校要维持、扩大和保护资源的使用效率。高校的资源是在不断增长的，但是相对高校各项事业发展的需求，高校的资源是有限的。科学发展观既然规定了必须保持财富的增长并满足人类的理性需求，那么我们就必须建立高效节约的运行机制，要充分做好高校资源的维持、高校资源的深度发现、高校资源的合理利用。

高校要继续深化资源分配机制的改革，在资源分配中引进"收支两条线"原则，对各单位占用资源实行有偿使用制度，形成资源性收入；同时根据各单位实际承担的教育、科研和服务任务，安排一定量的资源占用经费，用以支付资源占用费用，节余奖励，超支自理。通过资源有偿使用制度，加强各二级单位的节约意识和效益意识，形成一个追求高效节约的运行机制。

综上所述，坚持以人为本、全面协调可持续的发展观，不仅适合于全校事业发展规划，而且也是高校财务管理工作的指导方针。我们要不断地总结财务管理工作

中的经验教训，不断地改进财务管理思路和方法，探索出能够满足我校持续健康发展需要、节约高效的财务管理体制。

参考文献：

[1] 张爱民（执笔）.高校二级单位资金集中管理的理论和实践[A]//薛沛建.高校后勤社会化全球视野[C].上海：华东师范大学出版社，北京：北京师范大学出版社，2000：355-369.

[2] 伍松涛.强化责任意识，规范财务管理——从"经济责任制"看如何加强高校二级单位财务管理[J].中山大学学报论丛，2005（6）：435-437.

[3] 祝红霞.高校二级院（系）绩效评价体系探讨[J].教育财会研究，2006（2）：24-27.

[4] 祝红霞，张美华.高校二级院系财务管理运行机制研究[J].事业财会，2005（2）：21-24.

[5] 刘彦伟.大学应建立以院（系）为中心的管理体制[J].中国高等教育，2001（23）：47-48.

第三部分 普教系统国库集中支付问题研究

财政国库集中支付的理论分析[1]

张爱民 郭 坤[2]

财政国库集中支付是中国财政体制改革的重要组成部分。为什么要将财政国库集中支付作为公共财政体制建设中的一项重要内容呢？除了国库集中支付的经济效果之外，还存在着一些深刻的理论背景。本文简要介绍财政国库集中支付的相关理论。

一、公共财政理论

（一）公共财政理论的概念

亚当·斯密在18世纪后期至20世纪30年代，从市场缺陷所引致的社会公共利益缺失的角度来分析财政活动，从而以"公共性"来把握和认识财政问题、财政理论和财政制度，创立了公共财政理论。亚当·斯密虽然没有给公共财政一个明确的定义，但就公共财政的范围或社会公共需要的范围限于"夜警国家"较窄的活动领域，其目的是为了维护自由竞争的市场秩序，基本内容包括国家的费用、公共收入、公债，与现代公共财政的内容基本一致。这一时期还有一个具有代表性的人物——英国经济学家巴斯塔布尔，他在1892年出版了《公共财政学》一书，书中写道"财政是关于公共权力机关的收入和支出并使其相适应的事务"，其基本主张仍是维护自由竞争的市场经济。可见，公共财政的定义及其范围是随着市场化国家政府职能的不断拓展而不断丰富和发展的。公共财政理论的核心观点是：公共财政是弥补市场缺陷

---

[1] 本文是张爱民承担的上海市浦东新区社会发展局（现教育局）委托的《浦东新区社会发展局资金集中拨付中心建设方案》课题成果之一。本文曾发表于上海市教育会计学会内部刊物《上海教育财会》2007年第3期，第1—4页。

[2] 作者简介：张爱民，华东理工大学商学院会计学教授，校审计处处长；郭坤，本文执笔人，华东理工大学商学院2006级会计学硕士研究生，导师张爱民。

或市场失灵的财政。也就是说,政府及其财政只能活动于市场失灵的领域,比如支持行政、国防、市政设施等这样共同消费性质的活动,提供相应的公共产品和公共服务。

(二)公共财政理论对国库集中支付制度改革的理论启示

在1998年年底的全国财政工作会议上,财政部提出了逐步建立公共财政理论框架的改革目标,开始了公共财政理论与我国社会主义市场经济制度的结合发展。

1. 共财政理论为财政国库集中制度的建立提供了理论基础

公共财政理论最大的特点是公共性,这一特征是由公共产品理论决定的。具体来说,在市场经济有些领域中市场本身无法通过自身的调节机制对经济活动进行有效的调节,达到市场高效率的目的;在这些领域中,政府部门就应该体现自己的宏观调控职能,对市场经济行为加以有效引导。市场本身失灵的这一领域,就是社会公共需求领域,即公共产品和准公共产品,如国防、市政设施、行政等,这类政府活动领域都是难以通过市场提供的,只能由政府部门通过自身的收支满足社会公共需要。

具体到现在实施的国库集中支付制度,就是将所有财政性资金收入上缴给国库,所有财政支出都通过国库单一账户进行直接支付。通过这种制度,可以将所有财政性资金的收支活动统一放置于国库单一账户下,实现财政的公共性,使财政资金在使用中实现高效、公开、透明,建立起严格的预算监督机制。由此可见,公共财政理论的公共性是建立集中支付制度的思想基础和理论前提,正是在财政公共性的理论基础上,集中支付制度才可以得到有效的发展和正确的实施。

2. 公共财政理论为财政国库集中支付制度的建立指明了方向和目标

公共财政理论认为公共部门是以满足社会公共需要并提供有效的公共产品为重要职责的,为此,其要求资源配置的效率和国民收入分配的公平。公共财政理论强调的一个重点是政府部门只有在市场本身不能有效自我调节的领域内才可以发挥宏观调控作用,对市场本身可以有效调节的行为不可以干预,否则会导致资源配置的低效率和无效率。事实上,我国存在着大量的预算外收支活动往往直接或间接地干涉了正常的市场活动,不利于社会公共财富的最大化。所以,公共财政理论要求资源要在各部门间、国民收入要在各政府部门间和政府部门与非政府部门间进行切实有效的分配,以达到公平和效率的目的。

之所以说公共财政理论为国库集中支付制度的建立提供方向和目标,是因为以下几点：①国库集中支付制度强调一个集中的含义，将各预算单位的财政性资金进行集中统一管理，对各单位的预算外收入同样集中收缴，综合考虑这些资金的分配问题。这样，通过集中、统一化管理，大大提高了财政资金的运行效率，有效地防范了非法挪用资金等违规现象的发生。②对于资金的统一集中分配，是在财政监督和社会监督这两个监督体系下同时进行的，同时财政国库集中支付制度是事前监督制度。这样，不仅提高了资金运用的效率，而且资金也被分配到最需要的地方，体现出了公平性的特点。③国库集中支付制度还为政府各部门之间财政资源的有效分配提供了可行性基础，大大地减少现在不同部门间存在的收入分配差距过大的不合理现象，既体现了效率，又反映出社会公平的目标。

3. 公共财政理论对财政国库集中支付制度的建立还起到了监督的作用

公共财政理论的重要价值往往体现在其对实践的指导意义，其对我国各级政府的财政改革和实践活动起到了重要的导航功能。例如，公共财政理论认为，公共产品的层次性往往决定了政府本身的层次性，从而为政府分级理财、分级管财体制提供了理论依据；公共财政理论认为，弥补市场缺陷是政府财政活动的核心，这为现行财政国库集中支付制度改革的深入发展和完善（如哪些项目该集中、哪些项目该支出等）提供了重要的理论依据。设想一下，对于那些行政权力部门的乱收费的收入，就不应是财政集中收入和集中管理的问题，而是依法坚决予以取缔的问题。

国库集中支付体系的建立是建立在公共财政理论的基础之上，但是在现实的发展过程中，总是会遇到各种各样的问题，而这些问题不可能全部在公共财政理论中找到直接的答案。这就要求我们根据我国现在实际发展的具体国情，结合理论创造出适合我们自身发展的社会主义收支制度和分配制度，找到能够解决我们自身问题的方法，丰富公共财政理论在社会主义国家的运用。

二、公共选择理论

（一）公共选择理论的概念

公共选择理论派作为西方经济学发展中的一个新的支流学派，起源于20世纪60年代初期的美国，以詹姆斯·布坎南和戈登·图洛克为代表。他们把经济问题的分析置于政治学研究的领域，特别注重对以个人为基础的社会秩序的研究，成功地用经济理论研究了政治活动中的许多问题。公共选择理论最大的一个特点是把经济人的假定作为分析的武器，来探讨在政治领域经济人行为是怎样决定和支配集体选择行为，特别是对政府行为的集体选择所起到的制约作用。他们认为一切传统模式都把经济决定视为制度的内在变化，而把政治决定视为外部因素，人们拒绝就这些外因的规律及其生产进行探讨，在这种情况下，公共选择论提出把人类行为的两个方面重新纳入单一的模式，该模式第一次提出承担政府决定的结果的人就是选择决策的人，从而修正传统经济学把政治制度置于经济分析之外的理论缺陷。

（二）公共选择理论对财政国库集中支付制度建立的理论指导意义

1. 公共财政理论为建立财政国库集中支付制度的必要性提供了理论支持

上面说到，公共选择理论最大的特点就是把经济人假设作为分析基础，研究公共决策的制定过程。这也就是说，在经济人利益最大化的驱使下，包括预算外资金和预算内资金使用权的相关政府部门会不断追求部门收益最大化，有时可能会达到盲目的情景，大大损害了社会公共利益。现实中，各政府部门争相创收现象就是这一理论的直接体现，而且，在经济人利益最大化的目标下，往往会导致政府部门利益收集泛滥，不利于社会的和谐可持续发展。而财政国库集中支付制度就是解决政府部门预算外资金恶性膨胀问题的有效途径，对于各部门的全部收入和全部支出（包括预算内和预算外）进行统一的管理和监督，同时还有效地控制了政府部门的违规操作可能性，减少了资金流动的环节，提高了资金的使用效率和社会的公共福利。

2. 公共财政理论对财政国库集中支付制度的深化有着指导意义

公共选择理论中强调着"政府失灵"，就是说市场在经济活动中存在不能够有效地调节经济活动的现象，同样，政府在对经济活动进行宏观调控的时候也因为经济人利益最大化的原因而存在着"政府失灵"的问题。财政国库集中支付制度的建立，对财政收入和财政支出进行统一安排，大大减少了不合理开支，对政府部门必要开支提供更强的保障。由此可见，深化财政国库集中支付制度以及建立相关辅助措施，使之形成一套完整有效的体系，可以在最大程度上减少"政府失灵"现象的发生。

三、委托代理理论

（一）委托代理理论的概念

随着生产力大发展和规模化大生产的出现产生了委托代理关系，在生产过程中，一方面，生产力的发展使得分工进一步细化，权利的所有者由于知识、能力和精力的原因不能行使所有的权利；另一方面，专业化分工产生了一大批具有专业知识的代理人，他们有精力、有能力代理行使好被委托的权利。但是，由于委托方和代理方在利益目标上往往不能达成一致，是存在矛盾冲突的，而且由于代理方会由于存在信息优势，所以在没有有效的制度安排下代理人的行为很可能最终损害委托人的利益。

委托代理理论的研究重点是如何提高管理制度的效率，对此首先要尽可能减少信息不对称的程度，降低获得信息所付出的成本。具体来说，可以建立完善的信息传递体系，使得信息的传递有规律、有保障；也可以减少信息反馈的环节，因为信息在传递过程中，所经过的传接点越多，就意味着更高的信息成本和不对称程度的增加。其次，要建立高效率监督和激励机制。对信息成本的减少是不可能将信息完全对称化的，而且永远是实际操作的代理方拥有的信息优于委托方的信息，在这个前提下，一定要存在一个高效率的监督机制或者奖励机制，使得代理方的利益目标尽可能的接近于委托方的利益目标，使二者的利益趋于一致。

（二）从委托代理理论看财政国库集中支付制度的建立

在财政国库集中支付制度的建立过程中，涉及的委托代理关系主要有以下几种：纳税人和政府之间、中央和地方之间、财政和各政府部门之间等。这些关系中都存在着委托代理关系，也就是说这些关系中都存在信息不对称的问题，如果没有一个好的机制来解决这些问题，会造成政府内部效率低下，有损于社会公共福利。而财政国库集中支付制度的建立，在一定程度上，减少了信息不公开带来的问题，有利于委托方和代理方进行有效的沟通，有利于委托方及时、准确地监督代理方的经济行为，有利于双方的利益目标趋于一致。

1. 从纳税人和政府之间的委托代理关系看财政国库集中支付制度

财政的收入主要来自税收，政府部门用这些财政收入进行公共产品的建设，也就是公共财政的经济行为。纳税人将资金以税收的形式交与政府，委托政府对其生活环境、国防、基础设施等进行建设维护，要求政府对财政的税收要做到支出的效率最大化。但是政府部门内部存在着财政和具体实施部门之间的委托代理关系和信息不对称的现象，那么政府需要有一个可靠的监督机制来保障财政税收在部门间的运转达到效率的最大化。财政国库集中支付制度的建立就可以缓解这一矛盾，提高纳税人税金的使用效率；同时，也有效地规范了政府内部的操作制度，为公众提供可行的手段来监督政府行为。

2. 从财政部门与预算单位的委托代理关系看财政国库集中支付制度

财政部门将税收按照预算支出的项目拨付给预算单位，预算单位使用这些资金按计划提供相应的社会公共产品服务，这样，在财政部门和预算单位之间存在着委托代理关系。在以前财政分散支出管理制度下，财政部门将资金划拨给预算单位后不能够有效地对预算单位的资金运作情况进行监督，从而导致很多预算单位滥用资金的问题产生。虽然在事后的调查中，财政部门可以通过事后监督发现预算单位存在的问题，但是给国家带来的损失往往是不可弥补的。财政国库集中支付体制的建立将对预算单位的事后监督转变为事前监督，预算资金不再像以前在年初全部拨付预算单位，而是在需要每一笔预算支出时，才通过国库的单一账户集中进行支付。对预算单位的事前监督，有利于减少委托方和代理方的信息不对称带来的利益冲突，有利于规范预算单位的经济行为，还有利于社会公共福利的提高。

总体来说，公共财政理论、公共选择理论和委托代理理论之所以能够在根本上对财政国库集中支付制度给予支持，是因为他们在根本上都体现出社会公平和福利的最优化，有利于促进财政资金的合理有效利用，也有利于社会公众监督政府的经济行为。财政国库集中支付制度的建立提高了财政资金的使用效率，保证了财政资金的安全使用，使得我国的市场经济制度更加完善。

财政国库集中支付改革实践综述 [1]

张爱民 肖慧敏 郭 坤 [2]

国库集中收付制度是市场经济国家普遍实行的国库管理制度，是许多市场经济国家尤其是西方发达国家经过长期的公共财政管理实践，证明为行之有效的财政国库管理制度。中国各级政府近年来也在推行国库集中收付制度，作为公共财政改革的一项重要措施。

改革开放以来，伴随着经济体制转轨的步伐，我国的财税体制也进行了几次重大的改革，其中尤以1994年的分税制财政体制改革，取得了较大的成功，标志了我国财政体制改革中有关"收"的部分基本得到了解决。而同等重要的财政支出方面则仍旧囿于计划经济条件下形成的基本制度框架下，导致我国财政支出体制改革严重落后于整个财政体制改革，财政支出管理中存在的问题十分突出。因此，随着1994年分税制改革的渐告一个段落，财政支出体制的改革便提上议事日程。在20世纪90年代末，我国明确提出了，要建立与社会主义市场经济体制相适应的公共财政框架，着手于进行在公共财政理论指导下的"支"的部分的改革。改革预算编制方法，建立国库集中收付制度，和推行政府采购制度是财政支出管理体制改革的三个主要组成部分。从财政预算管理的全过程来看，预算制度在财政支出管理体制中处于基础地位，为财政支出的实施起到指导作用；政府采购制度是财政支出的具体实施手段，通过控制支出方式为预算执行提供保证；国库集中收付制度则是从财政资金的管理环节上保证预算执行过程的控制及其执行结果。人们常说"良好的国库

---

[1] 本文是张爱民承担的上海市浦东新区社会发展局（现教育局）委托的《浦东新区社会发展局资金集中拨付中心建设方案》课题成果之一。本文曾发表于上海市教育会计学会内部刊物《上海教育财会》2007年第3期，第10—15页。

[2] 作者简介：张爱民，华东理工大学商学院会计学教授，校审计处处长；肖慧敏，本文执笔人，华东理工大学商学院2005级会计学硕士研究生，导师张爱民；郭坤，华东理工大学商学院2006级会计学硕士研究生，导师张爱民。

制度是良好的财政预算管理的一半",因此,改革传统的国库管理分散支付制度为与公共财政相适应的国库集中支付制度,是当前我国进一步深化财政体制改革的必然要求。

一、我国国库管理制度改革的必要性

我国传统的国库管理制度采用的是分散支付制度,即将预算确定的各部门和各单位年度支出总额按期拨付到各部门或单位在银行开立的账户,由其自主使用。这种支付制度存在的主要问题为:

(一)预算单位账户管理混乱

在传统的国库分散支付制度下,由于预算单位在代理银行重复和分散设置账户,财政支出通过财政部门和用款单位各自开设的存款账户层层拨付,导致财政收支活动透明度不高,从而不利于财政部门对其实施有效管理和全面监督。

(二)支出过程脱离财政监督

在传统的国库分散支付制度下,预算资金一经拨付给部门和单位,就脱离了财政监督,财政部门只能依赖各支出部门的财务报告进行事后审查监督,不能及时发现和制止支出过程中的违纪违法行为,各种挤占、截留、挪用资金的现象无法控制,特别是建设项目资金,经过层层截留,落实到具体项目上的资金往往少而又少,容易出现"豆腐渣工程"现象。

(三)资金拨付环节过多

在传统的国库分散支付制度下,年度预算批复后,财政部门即按月、按季或按进度向主管部门拨款,这些资金经过层层转拨和很长一段时间,才能到达用款单位账户,由于各单位资金都有个逐渐支付的过程,在预算资金按期拨付,由各单位分散保存的情况下,必然会使大量财政资金分散在各单位形成沉淀,而政府推动经济建设和社会事业发展缺少资金,却反过来还要向银行借贷或发行公债,加大了政府的运行成本;而另一方面,由于资金拨付出去以后便脱离了财政监督,导致大量资金处于各部门和单位的控制之下,何时使用以及如何使用,是否符合预算管理规定,有没有专款专用,都不在财政部门的监控下,由预算单位决定,容易固化财政资金从国库到单位就是单位所有的观念,造成财政部门和预算单位之间的博弈,从而导致预算约束软化,财政支出的执行结果容易出现偏差。

（四）财政资金运行的信息反映滞后

资金脱离财政监督导致财政收支信息严重失真，难以为预算编制、执行分析和宏观调控提供可靠的决策依据。一方面，大量预算外资金游离于政府预算管理之外，政府预算无法全面、准确、完整地反映政府财政收入的实际情况；另一方面，资金支出权实际控制在预算单位手中，预算单位若不按公共财政的要求使用财政资金，财政部门无法全面了解整个财政资金的运转状况，难以对财经形势做出及时、准确的判断。

在计划经济条件下，由于国家统一分配财政资金的使用，并且主要用于发展经济，即所谓的生产建设财政，财政支出项目较少，且目标单一，因此，形成了与之相适应的传统的国库分散支付制度。但是在现行的社会主义市场经济条件下，政府职能由指令性计划转变为公共服务，预算内财政支出转变为吃饭财政，主要解决市场缺陷以及政府自身的运转所需。财政支出项目庞杂，目标多元化，同时面对庞大的财政资金，由于缺乏支出管理经验，往往导致资金运用效率低，用老办法处理新问题，显然不利于财政资金的合理分配。所以改革传统的国库分散支付制度为适应社会主义市场经济条件的国库集中支付制度，正是为解决财政支出不合理不规范问题而进行的第二次财政体制改革。

综上所述，由于旧的财政支出管理体制，不仅严重阻碍了政府职能和角色的转换，政府工作的正常开展，而且也影响了其他体制改革的进程，给国家带来了损失。因此，财政国库管理改革是我国建立社会主义市场经济体制，建立公共财政体制，政府职能改革大趋势下的必然选择。

二、推行国库集中支付制度势在必行

针对传统国库管理体制存在的种种问题，从深化财政支出管理与监督的实际需要出发，借鉴国际经验，应建立和推行市场经济国家普遍采用的国库集中支付制度。所谓"国库集中支付制度"，即将所有的政府性财政资金全部集中存放到国库或国库指定的代理行开设的单一账户，所有的财政支出必须由国库单一账户集中支付的一种制度。在这种制度下，财政部门对各预算单位的经费不再事先预拨，财政资金的使用，由各部门根据细化的预算自主决定，财政部门核对后准予支出，财政资金将由单一账户进行转账结算。但在实际支付之前，所有的资金都集中在国库，财政部门可以统一调度。这种制度减少了财政支出的中间环节，杜绝了财政资金被挤占、截留、挪用等问题，确保了财政资金的使用效益。推行国库集中支付制度改革，是我国经济体制和财政体制转轨的一个重要组成部分，对我国具有重要的现实意义。

（一）加强账户管理

实行国库集中支付制度，有利于改多头开户为国库单一账户，彻底扭转账户管理混乱的局面。通过建立国库单一账户，能够有效地克服目前财政资金分散收付的局面，实现财政性资金集中化管理，有利于规范预算约束，促进政府部门依法行政和依法理财。

（二）降低资金运行成本

实行国库集中支付制度，有利于统一调度财政资金，减少财政资金的流转环节，降低其运行成本，提高其使用效益。实行国库集中支付后，可以有效解决过去财政资金向多头拨款、一次大量拨款以及由单位分散存放的问题，变层层下拨支出为国库直接支付。这将有效降低资金的划拨支付成本，并能保证财政部门最大能力地集中财力办大事，从而既能提高财政资金的使用效益，又能增强财政驾驭经济的能力，推进财政的振兴。

（三）健全财政监督机制

实行国库集中支付制度，有利于健全财政监督机制和强化财政预算执行，保障国家财政性资金的安全、完整和专款专用。实行国库集中支付制度，财政部门内部实行预算的编制、执行、监督相对分开，财政收支过程高度透明和公开，真正做到"管支的不管编，管编的不管拨，管拨的不管钱，管钱的不见钱"，预算监督由事后监督变为事前、事中、事后全过程监督，同时预算监督也把对支出预算总额的控制变为对每笔支出的控制，从而有利于财政部门全方位地加强管理监督，杜绝不合理的支出，提高财政资金的使用效益。同时，也有效地防止了利用财政资金牟取私利等腐败现象的发生。

（四）强财政的宏观调控能力

实行国库集中支付制度，有利于增强财政的宏观调控能力。财政是市场经济条件下政府宏观调控的基本手段之一。在财政国库集中收付的条件下，财政部门能够及时、准确地掌握资金运行情况，这可为预算编制、执行分析和调控提供准确依据，从而使财政的宏观调控能力增强。

（五）加强行政事业单位的国有资产管理

实行国库集中支付制度，有利于加强行政事业单位的国有资产管理。行政事业单位的国有资产管理是财政工作中的薄弱环节，资产的账实不符、有账无物或有物无账时有发生。在财政国库集中支付下，由财政拨款而购置的资产可以在账面上得到准确反映，国有资产管理将更为规范，这有利于行政事业单位国有资产的保值增值，防止国有资产的流失。

三、我国国库管理制度改革的实践

为了配合公共财政建设的步伐，克服传统的以预算单位设立多重存款账户为基础的分散收付制度的弊端，我国实施了国库集中收付制度改革。2000年，国库集中收付制度首先在粮库建设资金和车辆购置税交通专项基金上启动。此外，财政部还选择水利部、科技部、财政部、国务院法制办、中国科学院、国家自然科学基金会6个中央部门进行国库集中收付改革试点。2001年3月16日，财政部与中国人民银行联合颁布了《财政国库管理制度改革试点方案》，提出：争取在"十五"期间全面推行以国库单一账户体系为基础、资金缴拨以国库集中收付为主要形式的财政国库管理制度，由此拉开了我国第二轮财政体制改革的大幕。由财政部和中国人民银行印发的《政府采购资金财政直接拨付管理暂行办法》，配合《财政国库管理制度改革试点方案》，首先将政府采购资金实行直接支付作为国库集中支付制度改革的突破口，明确提出在代理银行按规定开设用于支付政府采购资金的专户，以便推进国库集中支付制度和政府采购制度的改革。2001年，财政部按新的运行模式和管理办法，拨付的预算资金达到8 859笔、114亿元。2002年，试点部门增加到23个，共计有612个基层预算单位、486亿元的资金纳入了国库集中收付的范围。2003年，82个中央一级预算单位实行了集中支付。2004年，在中央级160多个预算部门中，纳入国库集中收付改革范围的部门已达140个，70多个有非税收入的中央一级预算单位中已有47个纳入非税收入收缴管理制度改革范围，实施改革的基层预算单位达到2 600余个，涉及预算资金2 500多亿元。到2005年年底，全部中央部门的3 300多个基层预算单位、3 700多亿元财政资金纳入了改革实施范围，中央有非税收入的部门也全部纳入了非税收入收缴改革范围。此外，地方实施国库集中收付改革的进程也在不断加快。从2001年11月起，部分省市陆续开始进行试点。其中，四川、安徽、重庆三省市于2001年启动改革试点，起步较早；湖北、河南、广东、北京、广西、黑龙江等省市区推进改革力度较大；江苏、陕西、青海、内蒙、江西、河北、湖南、云南、新疆、甘肃等省区推进改革进度较快。2003年7月28日，财政部颁布《关于深化地方财政国库管理制度改革有关问题的意见》，要求：确保实现"十五"期间全面实行财政国库管理制度改革；2003年，省级都要实施财政国库管理制度改革试点；2004年，省级要进一步深化、规范和完善财政国库管理制度改革试点，地市级都要实施财政国库管理制度改革试点；2005年，各级财政部门都要按照国务院同意的《财政国库管理制度改革试点方案》的统一要求和部署，全面推行和完善财政国库管理制度改革。截至2004年年末，全国已有30个省区市、150个地市、200多个县进行了国库集中收付改革，纳入改革范围的省直预算单位达到1 500多个，省直基层预算单位达到5 800多个。2005年，中央本级、省级、市级开始全面推行国库集中收付改革，并加快了县级改革的进度。尚未改革的西藏、大连、天津、上海、浙江、青岛6个省区市也先后开始实施国库集中收付制度改革。截至2005年11月，全国36个省市区全面实施了国库集中支付改革，并将改革推进到200多个地市和500多个县。

国库集中收付制度改革的实施，实现了财政资金的使用由间接变为直接，账户管理由分散到统一，提高了预算执行的透明度，提高了财政资金使用的规范性、安全性和有效性，因此，被认为是"最终规范政府性资金收支的最彻底、最完善、最可靠的模式"。财政部部长助理张弘力在2006年全国财政国库工作会议上也特别肯定了从2001年开始进行以实行国库途中收付制度为主要内容的财政国库管理制度改革成绩，称其确立了国库集中支付制度在财政财务管理中的基础地位，初步实现了预算执行管理体制的根本变革。

但是必须看到的是，目前我国的国库集中收付制度改革仍处于初级阶段。①改革进展仍不平衡，即在改革过程中各地、各预算单位之间步调不一致，有快有慢，有好有坏，有成功有失败。②相关的配套改革尚未跟上，成为进一步推进国库集中支付制度改革的瓶颈。③建立国库集中支付制度后，对国库核算电算化提出了要求，但是在技术层面上还存在差距。因此，仍需要进一步深化国库集中收付制度改革。

四、上海市国库集中收付制度改革

关于国库集中收付制度的改革，上海市最早可追溯到1998年对国库集中收付制度改革的研究，但在其后的几年中与其他省市相比发展较慢，直到2005年上海才正式拉开了国库集中收付制度改革的帷幕。1999年，在政府集中采购项目实施中试行。

2001年3月，国务院办公厅发布《关于财政国库制度改革方案有关问题的通知》（国办函〔2001〕18号），要求各地建立以国库单一账户体系为基础、资金缴拨以国库集中收付为主要形式的财政国库管理制度，以规范财政收支行为，加强财政收支监督，提高财政资金的使用效率，从制度上防范腐败现象的发生。

鉴于国库管理制度改革是一项复杂的系统工程，上海市先从扩大国库直接支付着手。2001年，上海市制定了《上海市实行财政集中拨付工资暂行办法》，从2001年4月起，在市级行政机关和教育单位试行职工工资由国库直接支付到个人工资账户。据统计，参加财政集中支付工资的市级单位共191个，涉及46 650人；有16个区县开展国库集中支付工资试点，部分区县已在教育系统试点建立统一的财务结算中心。同时，逐步对部分市级预算单位的大型会展经费、重大外事经费、大型修缮及机构开办费等专项支出实行国库直接支付；对政府采购的建设项目，由国库直接支付到提供劳务、商品、材料的供应厂商。

2002年，本市进一步扩大试行国库直接发放工资的范围，市级预算单位已有586户、共计7.2万人的工资纳入国库直接拨付；着手调查市财政预算内外资金过渡账户开设情况，逐步规范财政收入收缴程序。

2003年，上海市继续推进国库管理制度改革。①成立财政国库支付中心，完善国库集中支付执行机构建设；②试行行政事业性收费收缴分离试点，对民防结建费、水资源费和排污费实行收缴分离，逐步规范财政非税收入收缴程序；③在宝山、嘉定等区推行国库单一账户体系改革试点。

2004年，在科技部门的大力支持下，上海市构建了"财政、国库、商业银行数据信息交换平台——上海市城市金融网"，实现了财政部门一点接入人民银行平台，即可实现与全市所有中资商业银行的横向联网，为国库管理制度改革的顺利开展奠定了技术和业务基础。

2005年是上海市财政国库管理制度改革正式拉开帷幕的重要一年。上海市政府正式发布《上海市财政国库管理制度改革方案》，决定用三年左右的时间，在本市建立完善以国库单一账户体系为基础，资金缴拨以国库集中收付为主要形式的财政国库管理制度。当年，上海市对部分市级机关先行试点国库单一账户体系，并推动有条件的区县扩大国库单一账户体系试点改革。同时，市和区县行政事业性收费先后全面实施收缴分离。

在国库集中收付制度改革的过程中，上海市按照中央精神和改革方案指导，结合自身实际情况和业务特点，务实求新、大胆变革，取得了五大创新举措。

（一）分库直接办理市级财政直接支付业务

2004年，在成功实行了市级财政预算拨款无纸化后，不断地完善和优化横向联网系统，经与市财政局研究决定，由分库比照财政预算拨款无纸化方式直接办理市级财政直接支付业务。

（二）自主选择代理银行

在现有条件下，择定代理银行的做法掺杂着错综复杂的利益关系。为体现"公平、公开、公正"的原则，营造一个良好的竞争氛围，推动改革的顺利开展，上海市实行由各预算单位自主选择，从而有效地维护了良好的金融秩序。

（三）合理计付商业银行垫付资金利息

在对商业银行垫付资金利息计付的设计上，参照《中央单位代理银行垫付资金计息管理办法》，以公平、科学、合理为原则，创新资金垫付计息范围，将商业银行办理预算单位零余额账户授权支付业务未及时清算的垫付资金与退票资金轧差反映。这在既解决预算单位及时用款问题的同时，又切实维护商业银行和财政部门双方的正当利益。

（四）实现国库集中支付清算信息化、网络化、无纸化

为了加快授权支付资金清算速度，对于商业银行向人民银行申请清算授权支付垫付资金的"授权支付申请划款清单"及相应凭证，上海辅以对信息文件加密、绝缘、单向传输等多重安全技术手段，依靠通过国家权威部门认证通过的"上海城市金融网"的安全网络层、应用层保护，率先引入授权支付申请清算过程"无纸化"操作。

（五）合理定制信息传送流程

上海市市级财政直接支付与授权支付清算业务，从预算单位清册下发、用款额度下达、预算单位授权支付指令签发，直至相应支付信息文件和对账文件传送，均通过人民银行上海城市金融网中心枢纽平台，实现了信息化。

可以看到，两年来上海在国库集中收付制度改革方面已经取得了长足的发展。今后，上海将进一步推进国库集中收付制度的改革，继续扩大其实行国库直拨的资金的规模和支付的范围，力争尽快地使更多的预算单位纳入到国库集中收付制度改革的范围中，从而有效提高国库集中收付制度改革的影响范围，促进上海公共财政体制的建设。

会计集中核算与国库集中支付的关系 [1]

——上海市闵行区国库集中支付调研报告

张爱民　肖慧敏 [2]

一、闵行区教育局国库集中支付情况的简介

随着公共财政改革的不断深入,根据财政部财库〔2002〕28号文件关于加快国库管理制度改革的精神,以及闵府发〔2002〕13号文件提出的实行财务集中管理的要求,在借鉴外地成功经验的基础上,结合闵行区的实际情况,区财政局对区级机关、事业单位预算内经费和预算外资金实行财务集中管理,并逐步推行"国库单一账户、财政集中支付"改革。这一次我们所调研考察的闵行区教育局国库集中支付中心,在这一背景下将其自身定位为由集中核算、事后监督逐步扩大到包含预算编制、为下属学校提供服务,即由记账会计向稽核会计的角色逐步进行转变。闵行区教育局国库集中支付中心目前的情况是,有87家区管学校,实行1个记账会计负责4或5所学校的核算业务,此外,还有65家镇管学校。可见,目前闵行区教育局实行的实则是会计集中核算制度。

二、会计集中核算与国库集中支付

会计集中核算是对一定范围的部门单位实行会计的集中管理、会计业务的集中核算和监督的一种做法。实施会计集中核算就是撤销纳入单位的会计核算岗位、会计核算人员、银行账户,并在政府财政部门内设立会计集中核算机构,在单位财务

---

[1] 本文是张爱民承担的上海市浦东新区社会发展局(现教育局)委托的《浦东新区社会发展局资金集中拨付中心建设方案》课题成果之一。本文曾发表于上海市教育会计学会内部刊物《上海教育财会》2007年第3期,第29—31页。

[2] 作者简介:张爱民,华东理工大学商学院会计学教授,校审计处处长;肖慧敏,本文执笔人,华东理工大学商学院2005级会计学硕士研究生,导师张爱民。

自主权、资金所有权、使用权不变的前提下,将单位会计核算和监督工作移交会计集中核算机构具体承担。会计集中核算机构按照"集中管理、统一开户、分户核算"的办法,通过对报账单位票据及其他材料的审核来监督预算的执行。

实行会计集中核算的优点在于:①有利于规范会计核算工作,提高会计信息的质量和会计工作的效率。实行会计集中核算后,纳入单位的会计业务由会计集中核算机构统一核算,会计集中核算机构配备有业务素质较高的专职会计,并运用会计电算化系统,严格按照国家统一制度进行核算,从而大大提高了核算工作的质量和会计工作效率,保证了会计核算资料的真实性、完整性、及时性和统一性。②有利于加强会计监督,减少单位财务支出中可能发生的违规违法行为。实行会计集中核算后,纳入单位所有支出都通过会计集中核算机构一个账户进出,进行会计统一核算,会计集中核算机构有权对各单位的支出事项和凭证进行合理性、合法性审查,对不符合政策、法规规定的支出和凭证可以要求有关单位纠正或拒付,从而在一定程度上减少部分单位在使用国家资金上的随意性,强化了预算约束。

但是,实行会计集中核算也存在着一些问题:①将各单位的会计核算工作上提导致了会计集中核算机构需投入大量人力用于报账、算账、记账、保管整理会计档案,以及向单位和有关管理部门提供会计信息等繁杂的日常事务,提高了政府的监督成本和行政运行成本,也不利于政府部门优化人力资源。②会计集中核算的核心停留在规范会计工作秩序、提高会计工作质量上,作用有限,且不说监督功能仍然局限在事后,而且也难以加强对财政资金的管理和控制,难以增强财政的宏观调控能力。③实行会计集中核算,在一定程度上牺牲了各纳入单位的特色和灵活性,从而使效率有所降低。这一问题在市场经济制度并不完善的情况下表现更为突出。

虽然会计集中核算与国库集中支付是两种不同的制度,但是会计集中核算制度通常被认为是国库集中支付制度的雏形。它们之间有很多相同之处:①制度设计的原因和目的相同,都是为了加强财政支出管理,控制和消除"跑、冒、滴、漏"及腐败现象;②集中支付和集中核算的内容基本一致,其目的都是加强财政资金监督;③服务的对象一样,都是行政事业预算单位;④两种制度的实施都需以计算机网络技术为依托。此外,会计集中核算制度的运行方式也为国库集中支付制度的实施创造了有利的条件。①在会计集中核算制度下,为了将各纳入单位的会计核算工作上提,已经在政府财政部门内设立了会计集中核算机构这一专门机构,并且取消了各单位原有的财政性资金银行账户,由会计集中核算机构统一开户,实行分单位核算,这从组织机构和账户体系设立方面讲都为会计集中核算制度向国库集中支付制度过渡提供了便利条件。②会计集中核算制度要求财政资金实行集中核算。要求单位收入直接进入财政专户或专储。在"三权不变"的原则下，由单位领导审核批准，经过会计集中核算机构审核无误后再统一办理各项收支业务。而国库集中支付制度要求收入通过银行清算系统直接缴入国库单一账户，支出通过财政直接支付或财政授权预算单位支付。两者同样要求收支两条线，因此，为会计集中核算制度向国库集中支付制度的过渡提供了条件。③会计集中核算制度要求统一实行计算机替代手工记账，使用统一的会计软件，并实现网络结算，而国库集中支付制度也要求应用计算机网络。因此，可以说，会计集中核算为国库集中支付奠定了应用计算机网络技术方面的基础。

三、关于会计集中核算制度向国库集中支付制度转变的思考

由上述分析可知，良好的会计集中核算制度为国库集中支付制度的推行创造了有利的条件。关于国库集中支付制度的建立，主要可从以下几个方面着手：①将国库集中支付机构设置在会计集中核算机构。②利用会计集中核算制度下建立的统一的银行账户体系，来建立国库单一账户体系，包括国库单一账户、财政零余额账户和预算单位零余额账户。通过改变国库资金拨付程序，取消中间过渡环节，来使财政支出直达商品、劳务的供应者。③对会计集中核算机构进行人员整合，使原会计集中核算机构可以成为国库支付执行机构。④利用原会计集中核算制度下的计算机网络系统，在此基础之上建立和不断完善适应国库集中支付需要的技术依托。不过，会计集中核算制度向国库集中支付制度的过渡并不是一蹴而就的，因此，有关部门应根据自身的具体情况来确定改革的步伐。我的观点是，把国库集中支付与会计集中核算相结合，实行"一套人马、两块牌子"的运作体制，然后逐步过渡到国库集中支付，是比较稳妥的一种做法。首先，会计集中核算机构下的原会计核算岗位可以成为支付机构的支付审核岗位，承担管理单位预算指标、审核单位提出的用款计划和支付申请、审核单位的报销单据、登记单位的支出明细账等业务。原有的资金会计和出纳岗位可成为支付机构的资金会计岗位，承担管理国库资金、支付机构零余额账户、单位零余额账户和小额现金账户，签发国库支付令，账户与国库之间的结算工作等业务。原有的稽核岗位可成为国库支付机构的稽核岗位。然后，在此基础上，逐步弱化机构的会计核算职能，加强其会计审核和监督的职能，使机构能从繁重的日常会计核算工作中抽身，更加注重对财政资金运动的全过程的监督。

上海松江区国库集中支付教育分中心调研报告 [1]

张爱民　肖慧敏　袁洪斌 [2]

根据财政部关于进一步加强财政管理、建立公共财政基本框架体系的指导思想，上海市松江区区委在2004年提出建立松江区行政事业单位预算会计集中核算管理中心的目标，并于2005年在松江区教育系统内推行财政国库集中支付会计核算业务，建立国库集中支付中心二级分中心。这个分中心承担着全区教育单位财务集中核算管理的任务，松江教育部门在这一改革过程中提出一个"三不变"的前提思想，即预算单位会计核算主体资格不变、预算单位资金使用权不变、预算单位的会计管理职责和核算权不变。在这个"三不变"前提下，在改革初期对于集中管理、支付和监督各预算单位的资金运作在一定的程度上起到了促进作用，也减少了因预算单位可能存在的抵触情绪带来的苦难。

一、松江区国库集中支付教育分中心的组织和岗位设置

在2005年刚成立时，松江区国库集中支付教育分中心编制只有5人，具体设置为：分中心主任1名，负责分中心全盘工作；会计主管（A岗）1名，负责中心总账和明细账的记账工作和下属单位网上申请的初审工作；中心会计（B岗）1名，负责中心事业账和人事工作、全区工资汇总工作以及协助会计主管做好记账工作；中心出纳1名，负责中心资金的支付；中心稽查会计1名，负责中心工作的日常检查与下属单位的对账工作、中心档案管理工作以及分中心其他事务的处理。

---

[1] 本文是张爱民承担的上海市浦东新区社会发展局（现教育局）委托的《浦东新区社会发展局资金集中拨付中心建设方案》课题成果之一。本文曾发表于上海市教育会计学会内部刊物《上海教育财会》2007年第3期，第20—28页。

[2] 作者简介：张爱民，华东理工大学商学院会计学教授，校审计处处长；肖慧敏，华东理工大学商学院2005级会计学硕士研究生，导师张爱民；袁洪斌，时任上海市松江区教育局计财科科长。

在分中心刚成立时,这5名工作人员负责了14家单位的财政收支,工作量非常大。随着纳入分中心的单位增加,人员上也有所增加,但是具体的资金收付流程基本保持不变,可以用图1来具体阐释。

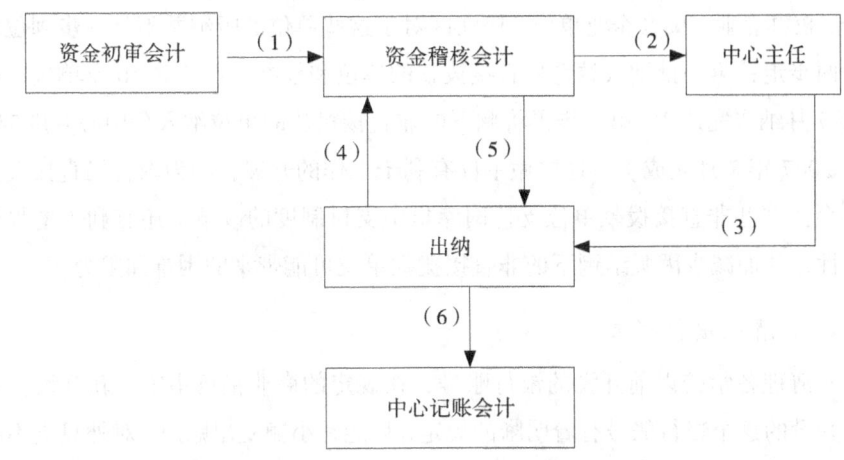

图1 松江区国库集中支付教育分中心资金收付业务流程图

图1中,具体的流程含义是:(1)代表资金初审会计将已经审批的各单位的资金需求申请提交给稽核会计审查;(2)代表资金稽核会计将稽核后的资金需求申请交至中心主任审批;(3)代表中心主任审批后,交于出纳制单;(4)代表出纳打印支付凭证,交由稽核会计复核、盖章;(5)代表资金稽核会计将审核完毕的支出凭证交由出纳送至银行;(6)代表出纳将银行取回的支出凭证回单交至记账会计记账。

二、松江区教育系统国库集中支付制度建设的基本做法

松江区教育系统国库集中支付中心二级分中心的建立,最重要和最基本的一个问题就是如何改变以前国库财政分散支付的体制,将其改变为现行的集中支付制度,也就是财政的流转、拨付和监督问题。这个新的集中支付系统首先集中在软件上的开发这个问题上面。松江区教育系统主要按照下面的步骤来解决:

(一)组织机构的建设

2005年11月成立松江区国库集中支付教育分中心,并将分中心与区财政支付中心、与下属单位的财务会计之间建立计算机网络信息数据库。主要是利用校园网络系统和政府内部网络系统承担教育系统财务资金的集中管理,进行人员工资、专

项资金、政府采购资金和其他零星项目资金的中心集中支付，以及教育资金的日常检查和管理工作。

纳入松江区国库集中支付教育分中心财政支付的单位集中在教育系统内部，包括学校、校办企业、民办企业单位。松江区对于这些单位的吸纳并不是一步到位的，而是分两步走：第一批纳入教育局直接拨款的单位和校办企业（共50家单位，已于2006年7月纳入完成），第二步再将剩下的非直接拨款的单位纳入分中心（共54家，计划在2007年7月完成）。这样做不仅有利于工作的开展，因为教育局直接拨款单位一定会比那些非直接拨款单位支持国库集中支付制度的改革，还有利于增强效果的显著性，从而减少因吸纳剩下的非直接拨款单位可能带来的困难和阻力。

（二）清理银行账号

统一清理各学校以前开设的银行账号，在规定的商业银行集中重新开设。对于各学校开设的这个银行账号有着明晰的规定，只能是小额支出账户（对外只支不收）和预算外收入账户（对外只收不支），从而成立一系列学校收入专户。之所以这样做而且存在明晰规定的原因是按照国库集中支付制度的核心思想，建立这一制度的关键是通过建立国库单一账户来实现集中支付，也就是各预算单位不再存在自己开设的账户。考虑到制度改革的循序性，松江区教育局还是分两步走：先允许各学校保留一个自己的账户，但是只能进行小额的支付，而且还要强制接受分中心的监督；下一步再将各学校的这一账户取消，实现真正意义上的国库单一账户支付制度。对于重新开设账户银行的选择，松江区国库集中支付教育分中心的做法比较有特色，对银行招标，允许学校在招标银行中自主选择。通过选择，第一批纳入分中心的50家学校中，有42家选择了农业银行、8家选择了建设银行。

（三）建立直接支付和授权支付制度

按照建立的支付制度对财政资金进行直接支付和授权支付。直接支付是由预算单位向财政部门提出支付申请，财政部门开具支付凭证，通过代理银行将资金支付给商品和劳务供应者，松江区国库集中支付教育分中心需要直接支付的主要包括统发工资、奖金和拨付的专项资金。改革前，教师的奖金由学校自行决定发放的时间和金额，不利于统一管理和有效监督；现在分中心每月把集中发放的工资、奖金汇总后，交由区财政核算中心统一按照教育局规定发放，直接划拨到各学校开设的银行账户上，对各学校的奖金发放起到了有效的监督和控制。对于专项资金，改革前在每年年初将所有符合预算的、经过批准的专项资金划拨给用款单位，由预算单位自行支配，现在分中心根据年初的预算安排和资金的使用时间安排，按计划将专项资金直接拨入项目最终承办单位，大大转变了学校私自改变专款用途的不良现象，也加强了分中心对学校的监督力度。

授权支付是由预算单位根据财政部门授权，在规定的月度限额内自行开具支付凭证，通过国库单一账户体系，将资金拨付到收款人，包括未实行统发的工资支出、分散采购支出和零星支出等。松江区国库集中支付教育分中心按照资金的所有权和控制权不变的原则，根据各单位的用款申请，将小额零星资金拨付到各单位账户，各单位自行对零星支出进行支付。由于各单位总是会有一些零星的支出，所以分中心的授权支付是必需的，但是分中心没有精力去核实每一笔零星支出的真实性，只要在总体上对每个学校的零星支付进行把握就可以了。

对于预算外资金的管理，关键在于控制好各学校的预算外收入的上缴，为每个学校开设的预算外收入账户（对外只收不支）就可以在很大程度上监督各学校的预算外收入，同时还可以通过这一账户监督学校的不合理收费现象。各学校的预算外账户中的资金统一集中到中心账户，但是对于学校的预算外资金使用的申请，分中心实施的制度是对于用款单位的合理申请，允许使用自己预算外账户的资金，资金不足的财政进行补给。举例来说，有一家用款单位符合规定的预算外资金使用量是100万，如果自己的预算外账户上有200万，则使用自己的资金，财政不予补给；如果自己的预算外账户上只有50万，则财政给予补给50万。总体来说，可以归结为"集中不集权，钱进自家账，自己有权用"。

三、以专用软件开发为抓手，建立一个稳定的集中支付信息系统

进行国库集中支付制度的改革后，由于支付的集中和账户的统一，给国库中心的工作人员带来比以前重得多的工作量。这些工作包括审核每一家用款单位的用款申请，对符合条件的用款单位要及时地将资金进行拨付，同时每天还要和银行的支付记录核对，等等，面对这么多繁琐的程序，一套安全、稳定、流畅的计算机网络系统是必不可少的硬件基础。

松江区国库集中支付教育分中心的网络建立比较完善，目前主要依赖的网络有校园网和政府内部网络，中心设置自己的小型服务器。每天数据在财政局、教育局和分中心实行三机异地备份，对出现的问题可以及时察觉和解决，保证了系统数据的准确性。同时由于拥有自己的服务器，数据在VPN（内部网络）中传送，和

Internet 不兼容的内网支持信息高传递速率，确保在所有中心吸纳的单位中每个办公室都可以设置信息点，为提高工作效率和方便资金的申请、审核提供了高效率的辅助。

整个计算机网络系统的维护主要依靠两家单位，即松江区教育局所属教育信息中心和财政软件供应商——新中大软件公司。教育局信息中心负责网络系统的硬件部分，即硬件设备维护和网络系统安全工作，包括中心初始阶段的网络测试和硬件的配置工作；新中大软件公司负责分中心的软件部分，即财务软件的编写、安装、调试、网络测试、财务人员的培训以及软件的日常维护和每日财政数据的备份工作。在与新中大软件公司的合作过程中，暴露出了一些问题，这些问题将在第三部分详细分析，解决这些问题有助于在未开展国库集中支付制度的地区更好地开展工作。

四、松江区教育系统推行财政国库集中支付制度所取得的初步成效

（一）宏观上，有利于强化财政监督管理，增加政府的宏观调控能力

集中支付、统一核算制度的开展，对资金的监控由以前的事后审查转向事前监督，由财政与同预算单位发生经济往来的供应商直接建立款项拨付关系，有效地杜绝了用款单位擅自改变预算用途和乱支滥用的现象。另外，由于计算机网络系统的不断完善健全，财政部门（在松江区体现为教育分中心）在日常管理过程中能够及时掌握各支出部门和用款单位每一笔资金的用途，可以随时和银行就某一笔款项进行对账，及时发现预算编制和执行过程中的各种问题，强化了财政的监督管理能力。

国库集中支付的另外一个方面体现在对所有预算单位预算外收入的集中管理，预算单位的预算外收入集中上缴财政，由财政根据具体的各单位用款申请和实际情况的核实统一分配安排。这种做法盘活了预算单位存在的巨额沉淀预算外资金，将预算单位的用款使用进行财政内部调剂，提高了财政内部资金使用效率，有利于政府合理调度、统筹安排资金，增强了政府对宏观经济的调控能力。

（二）精简了财政部门的人员编制，提高了财政部门的工作效率

由松江区国库集中支付教育分中心的自身例子来看，5个工作人员可以完成14家用款单位的日常资金使用申请、划拨支付工作，这些工作在改革前最少需要10人才可以基本保证完成；而将全区104家单位纳入中心后，也只需要25人左右的编制就可以完成。正是由于财政国库集中统一支付制度和单一账户（松江区目前是"准单一账户"）的建立，减轻了以前资金在多账户之间反复流转带来的效率损失。

（三）顺利地推行了集中支付制度

在实行国库集中支付制度的改革过程中，可以分多步进行操作，有利于改革的进展和制度环境的建立，这一点可以从松江区国库集中支付教育分中心建立的成功经验中得到体现。从严格意义上来说，松江教育分中心还不是真正的国库集中支付，最明显的一个理由就是没有建立单一账户进行核算，每个单位还在监督下保留属于自己的账户，但是松江的这一做法有其必然性和正确性。上海是全国最晚实施财政国库集中支付制度的地区之一，很大一部分的原因是由于地区经济的发达程度较高，各单位在长期内积累了较多的预算外资金沉淀，要在短期内将这一部分资金集中收缴是比较困难的事情。面对这一实际情况，松江区教育分中心在提出"预算单位会计核算主体资格不变、预算单位资金使用权不变、预算单位的会计管理职责和核算权不变"这个"三不变"原则下，首要工作是将用款单位纳入分中心里来，对于单一账户的建立可以在以后再集中处置，预算外收入也是在"集中不集权，钱进自家账，自己有权用"的基本原则下进行上缴。松江区的这一做法在很大程度上避开了因用款单位抵触心理造成不必要的阻碍，将改革有机地分成多个阶段，一步接一步、一环扣一环地开展工作，是值得提倡和思考的。

五、松江区国库集中支付教育分中心运行中的启示

（一）国库集中支付对建立稳定安全的计算机网络系统有比较高的要求

松江区国库集中支付教育分中心与新中大软件公司合作过程中主要存在以下几个问题：首先，在财务软件的编写上。软件公司内部编写程序的人员对财务知识比较匮乏，加上国库集中支付系统本身是一个新兴产物，在编写时需要程序人员和财务人员联合工作。由于在软件语言的交流上存在困难，需要在编写时不断调适，造成软件编写的效率降低。针对这一问题，我们建议财政部门可以通过和软件公司的合作，统一开发使用软件，既保证了软件的正确性和安全性，又有利于不同地区对集中支付制度的理解和掌握。

（二）国库集中支付制度下应研究和解决新的一些财务和会计核算问题

国库集中支付制度实施后，在具体的操作中某些环节还存在制度上的问题，需

要不断完善。举例来说,学校有些款项需要紧急支付,不然会直接影响到学校的教学和师生的正常学习,但是这些支出并没有在年初的预算中,而且也不属于零星支出这类可以授权支付的情况。按照改革后的集中支付制度,这类资金是没有办法进行支付但又必须进行支付的,毕竟不能耽误学校正常的教学活动。再譬如,学校接受了捐赠,而且这种捐赠不属于预算外收入,学校怎么将这笔捐赠入账?在具体的实物操作中还存在许多问题,这些问题都需要通过不断地完善制度来解决。

(三)人员的分流问题

上面说过,集中支付制度的建立可以在很大程度上精简人员编制,对于财政部门来说减轻了负担,但是财政原有多余人员的分流问题会给社会带来压力。松江区的人员分流压力比较小,因为原有财政人员比较少,多余的人员可以在教育局内部消化,减少了可能给社会带来的压力。但是对于其他原有编制比较庞大的单位来说,一定要充分做好改革后的多余人员分流问题,保证国库集中支付制度的安全、合理落实。

以会计服务外包为抓手,建立具有浦东特色的社发局财政国库集中收付制度 [1]

——关于建设浦东新区教育系统国库集中收付制度的设想

张爱民 张剑成 [2]

国库集中收付制度是我国建设和发展公共财政模式的重要内容之一,已经在中央政府和一些地方政府试用和推广。浦东新区开展国库集中收付制度试点已经列入上海市财政局和浦东新区财政局的2007年工作计划。新区财政局已经将我局教育系统列为国库集中收付制度试点对象。为了保证国库集中收付制度在我局教育系统试点的成功,我局与新区财政部门结合,利用高校学者的力量,开展了资料搜集、政策研究和实地考察等一系列的前期准备工作,拟定了以现行会计核算中心为基础,建立浦东新区国库集中收付社发分中心的基本设想。

一、实行国库集中收付制度的意义

通过深入研究国库集中收付制度的国际经验和我国相关政策,分析我局教育系统财政管理的现状,我局认为,浦东新区社会发展局应该也能够在浦东新区率先建立国库集中支付制度。

(一)国库集中支付制度是政府预算管理的一项新兴措施

国库集中收付制度是对传统的财政国库分散收付制度的改革。传统的财政国库分散收付制度,是通过征收机关和预算单位设立多重账户分散进行的。这种体制使

---

[1] 本文是张爱民承担的上海市浦东新区社会发展局(现教育局)委托的《浦东新区社会发展局资金集中拨付中心建设方案》课题的主报告。本文曾发表于上海市教育会计学会内部刊物《上海教育财会》2007年第3期,第20—28页。

[2] 作者简介:张爱民,华东理工大学商学院会计学教授,校审计处处长;张剑成,时任上海市浦东新区社会发展局计划财务处副处长。

得大量预算外资金游离在国库之外,达不到集中财力办大事的目的,也弱化了对预算单位的经费使用情况的监督和控制。国库集中收付制度,亦称"国库单一账户制度"(Treasury Single Account System,TSAS),是指政府在国库或国库指定的代理银行开设账户,集中收纳和支付所有财政性资金,财政收支均通过单一账户进出,从而实现对财政资金的流向、流量的全程监控。

2000年开始,我国相继进行了部门预算改革、"收支两条线"管理、国库集中收付制度改革、政府采购制度改革以及预算收支科目分类改革等。国库集中收付制度改革是在我国建设和发展公共财政模式的重要内容之一。

(二)我国关于国库集中收付的政策

根据国务院的批准(国办函〔2001〕18号),财政部、中国人民银行颁发了《关于印发〈财政国库管理制度改革试点方案〉的通知》(财库〔2001〕24号,2001年3月16日),明确提出了要"建立以国库单一账户为基础、资金缴拨国库集中收付为主要形式的财政国库管理制度"。

2001—2003年,全国各部门和各省市进行了大范围的试点。截至2003年年底,其他大部分省市都进行了省级单位试点改革。根据试点的情况,国务院领导同志指出:"国库集中收付制度是最终规范政府性资金收支的最彻底、最完善、最可靠的模式。"

(三)国库集中收付制度的建设目标

2003年8月4日财政部再次以《关于深化地方财政国库管理制度改革有关问题的意见》(财库〔2003〕68号)发文要求:确保实现"十五"期间全面实行财政国库管理制度改革;2004年省级要进一步深化、规范和完善改革试点,地市级都要实施财政国库管理制度改革;2005年各级财政都要全面推行和完善财政国库管理制度改革;要求省级、地市级和财政收支规模较大的县级已经实行会计集中核算的,要采取有效措施,积极稳妥地进行会计集中核算向国库集中收付制度的转轨。

(四)上海市国库集中收付制度的实施和目标

上海市自1999年开始按照财政部的要求探索实施国库集中收付制度改革,先从扩大国库直接支付着手,以后逐年扩大试行国库直接发放工资的范围,逐步规范财政收入收缴程序。2003年以来,本市成立财政国库支付中心,完善国库集中支付执行机构建设;试行行政事业性收费收缴分离试点,逐步规范财政非税收入收缴程序。2005年,市政府正式发布《上海市财政国库管理制度改革方案》(沪府〔2005〕36

号），决定用三年左右时间，在本市建立完善以国库单一账户体系为基础，资金缴拨以国库集中收付为主要形式的财政国库管理制度。2007年对全部市级机关先行试点国库单一账户体系，并逐步推广到市级事业单位，推动有条件的区县扩大国库单一账户体系试点改革。

二、浦东新区社会发展局率先实行国库集中收付制度的设想

上海市区县政府已经开始对政府采购、基本建设和工资实行了国库集中支付，但是对于政府部门、事业单位的公用经费仍然是实行各自管理、自行支付的管理模式，本次改革就是要把政府部门、事业单位的公用经费也纳入到国库集中支付的单一账户体系之中。社会发展局是浦东新区事业单位集中的系统，财务管理基础比较好，可以率先在浦东新区组建和运行国库集中支付制度。

（一）其他区属系统会计核算和国库支付的现状

财政部2004年下发了财库68号文，明确要求各地积极引导会计集中核算制度向国库集中支付制度转轨。由于没有明确规定转轨的具体方式，各地政府部门纷纷结合当地实际情况，探索适合本地区的转轨方法。

2005年9月，松江区教育局建立了松江国库集中收付教育分中心。此时松江教育系统没有实行集中会计核算。松江国库集中收付教育分中心直接实行集中国库收付制度，并带动会计集中核算的逐步推广。松江教育系统共有104个独立单位，目前纳入集中收付分中心的区管教育单位有54家。该中心现有编制4—5人，目前实际聘用人员11人。2006年分中心支付总额9亿多。

闵行区教育局国库集中支付中心，87家区管教育机构全部纳入集中收付系统，65家镇管教育单位尚未纳入集中收付系统。

（二）新区社会发展局会计核算现状

浦东新区社会发展局于2003年年底，在事业系统内建立起了会计核算中心、资产管理中心和工程管理中心。社会发展局会计核算中心成立后，首先对全区教育系统和局直属单位的会计核算进行统一运作和全面监管，并逐步扩展到卫生、体育等事业单位。目前浦东新区社会发展局会计核算中心集中核算教育343家、卫生10家、体育8家、计生中心1家的四条线共362家单位的会计核算业务。会计人员从350人减少至85人，但仅改变了核算的地点，并没有改变核算的形式、内容和方法。截至2007年3月，会计核算中心共计发生固定资产投入472.74万元，其中与财会工

作相关的设备计213.16万元。会计核算中心三年资金核算量约为308亿元，其中教育单位三年核算资金约298亿元，2004年约86亿元，2005年约100亿元，2006年约112亿元；卫生单位三年核算资金约10亿元，2004年约3亿元，2005年约3亿元资金，2006年约4亿元。会计核算中心承担了社会发展局有关部门委托的常规性经济管理工作、上级主管部门委托的专题管理工作。通过三年多来的制度建设、业务培训和队伍建设，会计核算中心推进社会发展局系统财务管理规范性工作。会计集中核算的三年实践为国库集中支付奠定了一个良好基础。

从上海的实际情况看，区县会计集中核算和国库集中收付的结合，目前还处于尝试和摸索阶段，还没有成功或者成熟的经验。因此，新区仍然要结合自己的实际，选择从会计集中核算到国库集中收付的转变之路。

（三）从会计集中核算到国库集中收付的三种形式

从会计集中核算到国库集中收付，目前有三种模式：①取消会计集中核算、单纯实施国库集中收付改革；②会计核算和国库收付内部独立的形式；③会计集中核算和国库集中收付内部融合的形式。

1. 单纯集中收付模式

单纯集中收付模式就是财政管理部门或者行业管理机关完全取消会计集中核算，单纯实行国库集中收付。此模式下撤销现有的会计集中核算机构，将会计职能交还预算单位，管理部门不再代理预算单位的会计核算与监督工作。因为管理部门取消行政事业单位独立会计机构，直接代理其会计业务，与现行《中华人民共和国会计法》及其他相关法律相抵触，但是会计集中核算制度的建立发挥了财政的监督作用。

2. 内部独立的并行模式

内部独立的并行模式就是会计集中核算与国库集中收付两种功能纳入一个共同组织，在该组织内部保持各自独立性。内部独立的并行模式实现了外部融合、内部独立。内部独立的并行模式只是会计集中核算与国库集中收付两种制度的简单合并。在这种模式下，将会计核算中心改名为国库集中收付中心，在保留会计核算中心的同时增设国库收付部门，会计核算与集中收付两种职能捆绑运行。

3. 内部融合的并行模式

内部融合的并行模式将集中核算与国库集中收付两种功能纳入一个共同组织，在该组织内部完全融合。会计集中核算与国库集中收付的内部完全融合，就是通过内部岗位职能的调整达到会计核算与国库收付的统一。

以上三种模式都可以实现国库集中收付的功能。但是各地区的财政管理、预算管理、会计核算的现实条件是不一样的,可以根据各自的实际情况选择实现国库集中收付的具体形式。

(四)我们的设想:带有会计核算指导功能的国库集中收付中心模式

带有会计核算指导功能的国库集中收付中心,就是成立国库集中收付社发分中心,同时通过对现行会计核算中心的会计服务外包,将会计核算中心缩减为小规模的会计核算管理中心,与社发分中心是两块牌子、一套班子。

在这种模式下,组建新的国库集中收付中心(正式名称:浦东新区国库集中收付社发分中心)。现有的会计核算中心的会计服务逐步实现外包,保留精干人员组成会计核算管理中心。在试运行阶段,一套人马、两块牌子,总体上集中管理,内部对会计核算和集中收付实行相对独立的建制和管理。

这种模式顺利地实行了会计集中核算向国库集中收付制度的转轨,也在会计服务功能外包上实现了创新。

根据我们的分析,带有会计核算指导功能的国库集中收付中心模式下财政国库集中收付制度体系大致构成内容如下:

(1)建立国库单一账户体系(参见图1)。

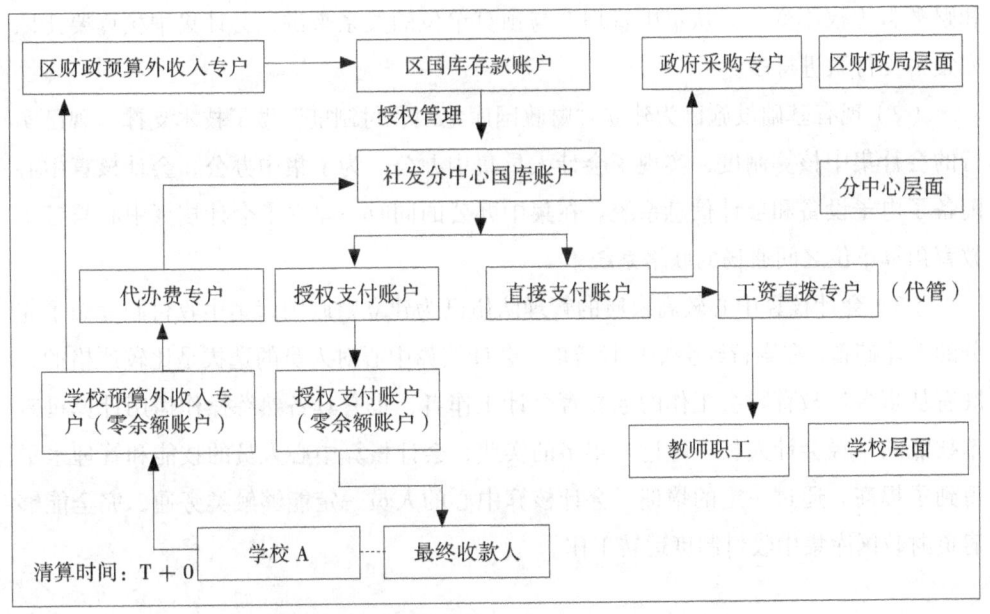

图1 浦东新区国库收付社发分中心账户体系

（2）收入缴库为直接缴库方式。

（3）支出拨付程序分为财政直接支付方式和财政授权支付方式。

（4）内部设立国库支付中心和会计核算管理中心（参见图2）。

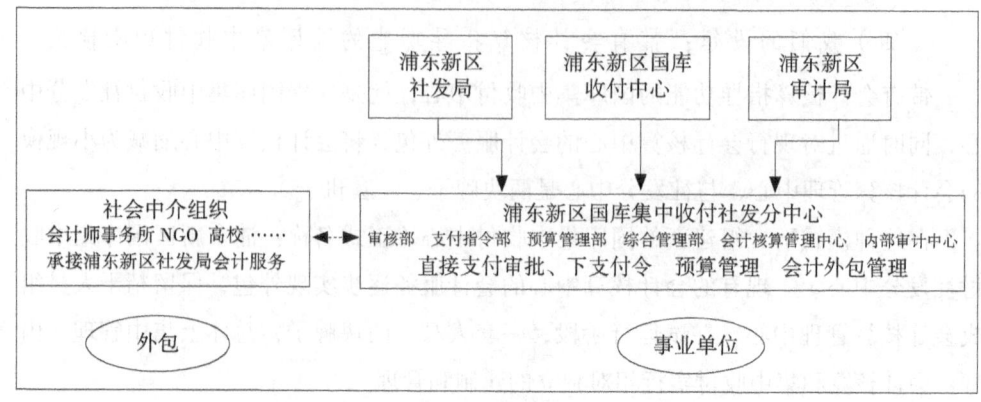

图2　浦东新区国库收付社发分中心组织图

（五）我局建立财政国库集中收付制度的有利条件

（1）会计集中核算已为财政国库集中收付制度奠定了坚实的基础。会计集中核算制度实际上建立起"会计主体与会计核算的分离，资金所有权与核算权的分离"的"两权分离"模式，并在此基础上实行"三权不变"，即"资金所有权、使用权和财务自主权不变"。从集中管理者与预算单位的关系来讲，会计集中核算要比国库集中支付激进得多。

（2）现有基础设施已为建立"财政国库集中收付制度"做了技术支撑。现已实行的会计集中核算制度，实现了会计人员集中办公。为了集中办公，会计核算中心配备了电子设备和会计信息系统。在集中办公的同时，建立了会计核算中心与各个教育预算单位之间通畅的联络系统。

（3）会计核算中心较高素质的管理队伍已为建立财政国库集中收付制度做了充分的人才储备。在实行财会集中核算时，会计核算中心对人员的选拔是比较严格的，既有从事多年教育财会工作的老教育会计工作者，也有具备熟练操作运用计算机基本技能的年轻会计人员。经过三年多的实践，会计核算中心人员的技能和管理水平得到了提高。通过一定的培训，会计核算中心的人员一定能够触类旁通，完全能够肩负财政国库集中收付制度运转工作。

三、国库单一账户体系的设想

国库集中收付制度的核心是国库单一账户体系。浦东新区国库收付社发分中心的国库账户体系包括浦东新区财政、社会发展局以及各个教育、卫生、体育、计生单位资金收付结算的所有银行账户。

（一）账户的类别

从横向来看，账户体系设计分为三个层次，分别为：①浦东新区财政局层次；②社会发展局收付分中心层次；③学校层次。

1. 区国库账户

在浦东新区财政局这一个层次中，区财政单一账户体系主要包括：区财政预算外收入专户、区国库存款账户。

其中，区财政预算外收入专户的功能是，收缴各学校存入预算外收入专户中的资金，只收不支。区财政预算外收入专户将学校上交的资金转入区国库存款账户，待学校有预算外支出发生时，再通过社发收付分中心存款账户下拨。

2. 社发分中心账户

在社发分中心这一个层次中，主要设立代财政的社发分中心存款账户、授权支付账户和直接支付账户。在单一账户体系下，进行直接支付的有政府采购专户和工资直拨专户，实行对政府采购和工资的直接支付。直拨专户由社会发展局收付分中心代管。对于分散采购支出和零星支出等需要授权支付的款项，由预算单位根据财政部门的授权，在规定的月度限额内自行开具支付凭证，通过区国库存款账户将资金下拨到社会发展局收付分中心，进而拨付到收款人。

社发分中心存款账户的功能是审核、下达支付令、核算和稽核。学校有用款要求时，向社发分中心提出申请直接支付或者授权支付，社会发展局收付分中心在接到用款申请后，首先对预算单位按季分月明细用款计划、用款计划余额、部门预算指标余额进行复核，判断是否符合预算要求。核算主要是核对银行已拨款凭证及收支日报表，按日处理收支结报并向国库处报送财政收支日报表，定期与国库处、预算单位、代理银行对账，负责各种账簿数据的查询、预算科目的核对及有关账务的调整。同时，对社发分中心的审核和支付令下达工作需进行稽核，全面分析各学校及总体的预算使用和控制情况，检查中心控制预算是否正确，杜绝中心内部对预算的非正常支配情况发生。建立完善的稽核体系，要从硬件和软件角度综合考虑，保证收付中心体系的合理、正常运转。

3. 学校的账户

在学校这一个层次中，学校的账户包括：学校预算外收入专户和零余额授权支付账户。两个账户均为零余额账户。

其中，学校预算外收入专户是只收不支，学校取得预算外收入后，将资金存入财政为学校在商业银行开设的学校预算外收入专户。其清算时间为 T＋0，当日营业终了前由代理银行将资金上交到区财政预算外收入专户。零余额授权支付账户的功能是，学校根据财政部门的授权，在批准的用款额度内，自行向代理银行签发支付令（填制"财政授权支付凭证"），代理银行根据支付指令，通过授权支付账户（零余额账户）将资金先行垫付给最终收款人账户，待当天清算时，再与分中心存款账户或预算外资金专户进行清算，清算完毕后，授权支付账户（零余额账户）资金余额归零。

（二）账户收付的资金流转

从纵向来看，账户体系设计分为两个程序：①学校将预算外收入上交财政的程序；②国库通过社发分中心将预算款项拨付给收款人。

1. 账户的收入流转程序

学校在取得预算外收入后，存入财政在商业银行为学校开设的学校预算外收入专户，银行在营业结束当天将款项转账到区财政的预算外收入专户，即实行 T＋0 清算。预算外收入统一收缴到区国库，由区国库对预算外收入进行集中支付。区财政预算外收入专户中应当设立各学校的明细账，不仅要对全区各学校预算外收入总额有全面的把握，也要对各学校的预算外收入进行明细管理，便于根据各学校的收入情况调整下拨预算款项。

2. 账户的支付流转程序

预算单位在政府集中采购、基建、工资和奖金方面的支出，是社发分中心根据预算规定于每月开出支付凭证，预算单位持凭证通过代理银行将资金支付给商品或劳务供应者。

预算单位发生其他费用支出时，先向社发分中心提出支付申请，社发分中心根据申请的款项用途和金额两个方面，判断是否符合财政上的用款要求。对符合预算的用款要求，按照预算类别实行直接支付或者向商业银行签发授权支付令。商业银行在接到支付指令后，先行代垫支付相关款项，当日营业结束后，统一和国库进行清算。

（三）学校"往来账款"

第一步：学校自行保持"往来账户"。

第二步：由社会发展局比照国库收付制度，自行集中管理所有教育单位的往来账户的资金。

第三步：在条件成熟后，纳入国库收付系统。

四、国库收付制度下的会计服务外包

国库集中支付是国库管理职能。浦东新区国库收付社发分中心的建立，是国库管理职能和财政部门职能在社会发展局系统的延伸和细化。更加具体的国库支付管理职能，涉及更多的社会发展事业财政管理特殊任务，社会发展局各职能部门将承担更多的指导和管理任务。这些具体的国库直接支付工作可以由会计核算中心的现有专业人员承担。会计核算中心的会计服务业务可以外包。

（一）会计集中核算和国库集中收付的选择

在会计集中核算制度下，会计核算中心的功能是会计核算和稽核等。在国库集中收付体系下，国库集中收付中心的功能是按照财政部门审批的预算进行支付前的审核和在审核合格后下达支付令。因此，会计核算是一种经济信息服务功能。国库集中收付是政府财政控制功能的一种具体形式。

在资源有限的条件下，政府部门应加强政府财政控制功能，那就是重点建设国库集中收付中心；适时地减少财务信息服务的直接生产和提供活动，利用市场的力量生产和提供这些财务信息，也就是说可以通过外包形式，利用市场的资源来生产和提供社会发展局系统内事业单位的会计信息。

实行国库集中收付体系后，会计集中核算和国库集中收付的主要职能可大致分为录入、审核、下达支付令、会计核算和稽核等功能。会计核算中心的现有人员显然不能承担这些新增的国库集中支付任务。因此，只有实现会计服务外包，才能更好更快地建设国库集中收付制度。

（二）可以外包的会计服务

会计服务不是随便可以外包的，只有在会计服务行为达到了一定规范水平才能外包。经过社会发展局会计核算中心近年来的努力，社会发展局教育系统的会计核算、会计信息等规范化建设取得了明显成绩，这为会计服务外包奠定了良好的基础。

在录入、审核、下达支付令、会计核算和稽核五个职能之中，会计核算和稽核是最适合外包的业务，可以使用外包的方式把工作外包给会计师事务所或者一些非盈利组织。目前，可以外包的会计服务如表1所示。

表1 可以外包的会计服务业务的状况分析

会计服务业务	类别	要求
会计信息收集	会计核算	组织：代理记账资格 人员：会计从业资格
会计信息处理	会计核算	
会计分析	会计核算	
会计稽核	稽核和审计	审计资格
会计培训和宣传	培训类	高校或有经验的培训机构
会计软件开发	软件类	获得软件认证
会计软件维护	软件类	
新会计人员的人事管理	人事代理	人事管理经验

这些会计服务是大量的事务性工作。会计服务外包后可以大大减少社发分中心的工作量和人员需求，同时提高对审核和签发支付令的工作效率。

（三）会计服务外包的基本设想

上述外包的会计服务业务，可以通过招标形式确定承接外包的中介组织。会计服务业务应该根据业务性质进行分类，如会计核算类、稽核和审计类、软件维护类、培训类。按照类别进行招标，分别选定外包单位。

在试行阶段，应该鼓励会计核算中心的现有职工，以组合创业形式，组建各种不同类型的会计服务组织，承接会计核算中心承担的会计服务工作。但是在试行阶段，也应该为其他社会中介组织保留一定的外包业务份额，建立竞争机制。随着外包工作的经验总结，可以逐步扩大其他社会中介组织可以招标的比重。

（四）会计服务外包后的人员分流问题

实行会计服务外包后，会计核算中可以保留一个会计核算管理职能，选留具有一定管理经验、会计业务比较强的人员，主持会计服务招标的具体工作，对会计服务外包机构的业务进行指导，检查和控制外包机构的工作质量。这些承担会计核算管理职能的人员，可以组建会计核算管理部，作为新的国库集中支付社发分中心的内设部门。会计核算管理部可以按照现在会计核算中心现有的5个办公点，每个点配备3个人的标准，进行公开聘任。因此，如果实行会计服务外包，可以继续直接聘用的人员为15人。

建立国库集中收付中心后，会计核算中心现有在岗人员85人面临着分流的问题。分流的去向分别有新区国库收付社发分中心、中心内的会计核算管理部、组建民间非营利机构或企业化的事务所承接会计服务的外包业务，或者自行选聘其他单位。

被国库集中收付中心及其会计核算管理部聘用的人员，继续保留事业单位的身份。但是没被国库集中收付中心及其会计核算管理中心聘用的人员，可以继续保留事业单位职工的档案身份，在达到退休年龄时按照事业单位职工办理退休手续。

五、新区国库收付社发分中心的设计

（一）社发分中心的职能

（1）具体办理社会发展局系统的财政支出业务。

（2）管理和使用社会发展局系统的国库单一账户体系有关账户，具体包括人行国库账户、财政零余额账户、特设专户等。

（3）负责办理社会发展局系统的预算单位零余额账户的开设、变更和撤销等事宜；监管零余额账户的使用范围；管理各预算单位直接支付和授权支付预留印鉴卡。

（4）接收财政局核批的部门用款计划，监控社会发展局系统的单位预算指标与用款计划余额。

（5）核算社发分中心的国库集中收付的执行情况。具体负责该中心财政零余额账户和预算单位零余额账户明细账的核算，定期与国库处、代理银行、核算中心对账。

（6）管理社发分中心的国库支付信息。汇总并及时向有关业务科提供财政资金支付和清算信息，受理预算单位查询有关支付信息和投诉。

（7）每日按规定填写直接支付和授权支付汇总清算额度单，报国库处盖章后，送人行国库实现清算。

（8）集中管理社会发展局系统的国库集中收付制度所使用的各种凭证和票据。

（二）国库集中收付中心的人员配备

实行会计服务外包后，国库集中收付中心主要执行的是预算录入、审核和下达支付令等功能。因此，任何一笔支付业务至少必须经过审核和下达支付令两个基本程序，而且必须由两个不同的岗位执行。362家社会发展局事业单位的集中收付业务需要一定数量的熟悉业务人员。

1. 审核部门

审核部门负责审核社会发展局系统单位的直接支付业务。一个审核人员大约可以同时负责 20 家机构的支付业务，因此，社会发展局现有 362 家机构，该部门需要配备 18 人。

2. 支付指令部门

支付指令部门负责根据审核部门审核意见，向银行下达可以为社会发展局系统单位直接支付业务付款的指令。一个下达支付令的人员大约可以同时负责 20 家的支付令签发工作，因此，该部门需要配备 18 人。

3. 综合管理部门

综合管理部门负责信息系统（机房和软件）的日常维护、各单位预算录入、银行对账、社发分中心的总预算会计、行政管理等。加强国库集中收付中心还要安排 15 人作为管理人员。

4. 预算管理部门

预算管理部门负责核定系统内各单位部门预算的各项支出标准，布置、编制、审核和管理系统内各单位的部门预算以及绩效评估。具体安排 20 人作为管理人员。预算管理部门受社会发展局计财处直接指导。

5. 会计核算管理中心

会计核算管理中心是会计外包后的管理部门，负责对外包的会计服务业务实行指导性管理、具体执行会计服务的招标事务、监督和检查承担会计服务外包的中介机构业务质量等，该中心配备 15 人。

6. 内部审计中心

内部审计中心负责系统内各单位的内审工作，该中心配备 10 人。内部审计中心受社会发展局审计室直接指导。

普教系统管理人员对教育财务知识需求的调查研究 [1]

——以浦东新区中小学为例

张爱民　林圣樾　干　瑾　张剑成[2]

摘要：本文通过问卷调查的方式，了解浦东新区普教系统管理人员对于胜任普教系统财务管理工作所需具备的相关知识的需求。调查显示，新区普教系统管理人员对普教系统会计专业知识需求最大。本文根据调查结论，建议通过适当方式开展对普教系统管理人员开展财务知识的宣传式教育。

关键词：普教系统　管理人员　知识需求　问卷调查　财务知识

一、研究背景

浦东新区义务教育规模在上海市各区县中最大。截至2012年年末，浦东新区共有各类基础教育机构604所，其中普通中学149所，普通小学165所，幼儿园261所，职业中学7所，特殊教育3所，工读学校1所，校外教育机构2所，教育学院1所，其他教育机构15所。浦东新区公办学校的在校学生总数为38万人，民办学校的在校学生总数为6.6万人。

浦东新区各类学校的教职工共37 398人，专任教师30 252人，其中，幼儿园教职工为9 325人，小学教职工为11 971人，普通中学教职工为13 696人，职业中学教职工为1 095人。浦东新区教育规模保持着增长的趋势。2012/2013学年，浦东新

---

[1] 本文完成于2013年8月。

[2] 作者简介：张爱民，华东理工大学商学院会计学教授，校审计处处长；林圣樾，华东理工大学商学院2011级会计学硕士研究生，导师张爱民；干瑾，华东理工大学高等教育研究所教育与经济专业2011级硕士研究生，导师张爱民；张剑成，时任上海市浦东新区教育局计划财务处副处长。

区教育事业法人单位增加了15所，在校学生增加了13 940人，教职工增加984人，专任教师增加1 161人。

浦东新区政府历来重视并加大对教育的投入，财政性教育经费投入呈逐年增长趋势，从2009年两区合并后到2011年，区财政投入分别为42.36亿元、47.62亿元和54.35亿元，年均增长超过12%，高于财政经常性收入增长的幅度。2012年，浦东新区教育经费投入总额为85.02亿元，比2011年的71.09亿元增加了13.93亿元，增幅为19.59%。预计，2013年浦东新区教育经费的投入总规模将达到100亿元。

在事业规模发展迅速、教育经费增长加快的形势下，对教育经费加强管理的要求越来越高。截至2012年年末，浦东新区教育系统共有财会人员619人，显然不能满足形势发展的要求。浦东新区教育系统建立了会计代理中心，对所有中小学校的会计核算工作实施了集中管理，加强了会计对学校收支的监督和服务功能。但是仅靠教育系统财会人员是不够的，教育系统的管理人员也应该掌握更多的财务财政知识，更好地参与到教育经费管理工作之中。

本文通过问卷调查的方式，了解浦东新区普教系统管理人员对于胜任普教系统财务管理工作所需具备的相关知识的需求。可以了解浦东新区普教系统管理人员和会计人员对于现行继续教育改革的需求、对于胜任普教系统财务管理工作所需具备的相关知识之需求，从而为制定下一阶段普教系统管理人员干部培训的教学计划、编写教学材料、培养教学师资力量，提出建设性的建议。

二、文献述评和研究设计

根据文献检索，对于普教系统管理人员胜任教育经费管理工作的知识需求方面的学术研究和政策研究，几乎是一个空白。

本次研究要通过调查问卷来调查普教系统管理人员对教育经费管理相关的各类知识的需求情况。本次问卷的第一部分是针对被调查人背景的4小题背景调查。第二至第五部分分别是针对人文知识、一般会计专业知识、普教系统会计知识、教育财政管理和学校管理相关知识四大类知识的需求调查题，共有37道问题。本次调查采取以封闭式问题为主、开放式问题为辅的方式。主要采用里克特量表进行计量，采用所谓"五点"量表："非常需要"、"需要"、"需要"、"不需要"、"非常不需要"5个选择，分别赋值"1"、"2"、"3"、"4"、"5"。

本调查问卷选取浦东新区的中小学管理者为样本，进行调查，共收回问卷113份，有效问卷110份。

三、问卷调查分析

（一）被调查对象背景情况分析

表1 接受调查的管理人员基本情况

被调查者性质		频次	百分比	累计百分比
性别	男	58	52.7%	52.7%
	女	52	47.3%	100.0%
年龄段	21—30	2	1.8%	1.8%
	31—40	18	16.4%	18.2%
	41—50	64	58.2%	76.4%
	51岁以上	26	23.6%	100.0%
所在单位类型	小学	51	46.4%	46.4%
	中学	44	40.0%	86.4%
	其他	15	13.6%	100%
所在单位职务	校领导	68	61.8%	61.8%
	主管财务方面领导	27	24.6%	86.4%
	其他	15	13.6%	100.0%

从表1可以看出被调查的管理人员中，男女比例相差不大，所在中学和小学任职的比例也差得不多。年龄段在41—50岁的人员最多，占58.2%。单位职务中，校领导的比例最大，占61.8%；担任"与财务工作有关的领导"的，也占了24.6%；两者累计占了86.4%。总之，被调查者是具有教育经费管理职责和经验的普教系统管理人员，是本次研究的合格调查对象。

（二）对各类知识的需求分析

表2 普教系统管理人员知识需求评分值

	最小值	最大值	平均值
人文综合知识需求			1.91%
BQ1 电脑运用能力	1	3	1.36
BQ2 网络使用能力	1	3	1.60
BQ3 口头表达能力	1	4	1.99
BQ4 写作能力	1	4	2.25
BQ5 礼仪知识	1	4	2.11
BQ6 心理学知识	1	4	2.24

续表 2

	最小值	最大值	平均值
BQ7 构建人际关系能力	1	4	1.89
BQ8 学习能力	1	3	1.86
会计专业知识需求			**1.83**
CQ1 新发布的会计准则	1	3	1.62
CQ2 会计电算化新技术	1	3	1.63
CQ3 管理会计的知识	1	4	1.79
CQ4 财务会计的知识	1	3	1.74
CQ5 审计知识	1	4	1.86
CQ6 税法知识	1	4	1.83
CQ7 财政金融等相关知识	1	3	1.94
CQ8 法律知识	1	4	2.02
CQ9 非营利组织会计的知识	1	5	2.08
普教系统会计专业知识需求			**1.70**
DQ1 学校预算编制方法	1	3	1.54
DQ2 学校收费政策	1	3	1.57
DQ3 学校支出管理	1	3	1.58
DQ4 政府采购管理	1	3	1.64
DQ5 教职工工资预算	1	3	1.71
DQ6 学校资产管理	1	4	1.73
DQ7 学校修缮管理	1	4	1.86
DQ8 学校招标管理	1	4	1.91
DQ9 银行结算知识	1	3	1.75
DQ10 国库集中支付结算方法	1	3	1.71
教育财政管理和学校管理知识需求			**2.19**
EQ1 公共财政知识	1	5	2.05
EQ2 公共财政改革政策和措施	1	5	2.12
EQ3 教育改革政策	1	4	2.14
EQ4 本地中小学教育管理改革政策和措施	1	4	2.15
EQ5 外地中小学财政和财务管理经验	1	5	2.50
EQ6 海外中小学财政和财务管理知识与经验	1	5	2.52
EQ7 本地中小学校长管理经验	1	4	2.43
EQ8 中小学财务报表分析方法	1	4	1.87
EQ9 中小学财务报表分析报告的写作方法	1	5	2.04
EQ10 中小学绩效评估方法	1	4	2.12

表2揭示了普教系统管理人员对人文知识、一般会计专业知识、普教系统会计知识、教育财政管理和学校管理相关知识四类知识需求的最大值、最小值和平均值。在人文知识需求方面的8个题中，最大平均值为2.25，最小值平均为1.36，8个小问题的平均值为1.91。在会计专业知识需求方面的9个题中，最大平均值为2.08，最小平均值为1.62，9个小问题的平均值为1.83。在普教系统会计专业知识需求方面的10个题中，最大平均值为1.91，最小平均值为1.54，10个小问题的平均值为1.70。在教育财政管理和学校管理知识需求方面的10个题中，最大平均值为2.52，最小平均值为1.87，10个小问题的平均值为2.19。

对知识需求的平均值可以反映出被调查者整体需求强度，平均值越小，需求越强。按照四类知识需求的平均值排序来看，第三类"普教系统会计专业知识需求"的平均值最低（1.07），对这类知识的需求最大；其次是第二类"会计专业知识需求"（1.83）；再者是第一类"人文综合知识需求"（1.91）；最后是第四类"教育财政管理和学校管理知识需求"（2.19），需求最小。

这一结论能够反映出目前普教系统管理人员知识结构的现状，及其与中小学教育经费管理要求之间的差距。普教系统管理人员大多是从优秀教师中选拔出来的，基本上没有接受过会计和财务知识的培训或教育，没有掌握比较专业性的普教系统会计知识；而且这类知识又是实际工作中最急需的，因此，普教系统管理人员对普教系统会计专业知识需求最大。普教系统管理人员年富力强（"41—50岁"和"51岁以上"两个年龄段的比例分别为58.2%和23.6%，合计81.8%），接受过中小学管理的培训和教育，也积累了比较丰富的中小学管理经验，相对来说，他们对教育财政管理和学校管理知识需求要低一些。

（三）管理人员和会计人员的知识需求比较

本次调查同时也对139名浦东新区中小学会计人员进行了同样的调查。现在将浦东新区普教系统的会计人员和管理人员对从事教育经费管理的知识需求的情况进行比较分析，参见表3。

表3 会计人员和管理人员知识需求平均值

	人文综合知识需求	会计专业知识需求	普教系统会计专业知识需求	教育财政和学校管理知识需求
会计人员	2.04	2.13	2.01	2.39
管理人员	1.91	1.83	1.70	2.19

表3反映了普教系统会计人员和管理人员对人文知识、一般会计专业知识、普教系统会计知识、教育财政管理和学校管理相关知识四类知识需求的平均值及其对比情况。

（1）普教系统管理人员对教育经费管理的各类知识的需求都高于会计人员，反映出管理人员更加注重知识的学习和补充，吸收教育经费管理知识的愿望更加强烈。

（2）普教系统会计人员在继续教育中和管理人员在工作时间中，对人文综合知识、会计专业知识、普教系统会计专业知识、教育财政管理和学校管理知识的需求都是比较强的（知识需求的平均值低于中间值2.5）。

（3）普教系统会计人员在继续教育中和管理人员在工作实践中，对人文知识、一般会计专业知识、普教系统会计知识、教育财政管理和学校管理相关知识四类知识的需求程度是不同的，从需求强度的排序从高到低分别为：

会计人员：①教育财政管理和学校管理知识→②会计专业知识→③普教系统会计专业知识→④人文综合知识。

管理人员：①普教系统会计专业知识→②教育财政管理和学校管理知识→③人文综合知识→④会计专业知识。

（4）无论是普教系统的会计人员，还是管理人员，对教育财政管理和学校管理知识的需求都是处于比较强烈的状态。这反映出教育事业的发展对教育经费管理的要求越来越高，从而使普教系统的管理人员和会计人员都产生了补充相关管理知识的共同性需求。

可见，补充教育财政管理和学校管理知识对会计人员的影响最大，补充普教系统会计专业知识对管理人员的影响最大；补充教育财政管理和学校管理知识对普教系统从业人员都有较大的影响。

四、结论与对策

本次调查的一个重要发现是，普教系统的管理人员对普教系统会计专业知识、教育财政管理和学校管理知识等财务和会计类的知识需求是非常强烈的，这对会计后续教育提出了一个很有意义的新课题。教育系统财务和会计工作，不仅是专职财会人员完成的，更需要所有教育系统的管理人员的共同努力。如果教育系统的管理人员懂得更多的财政经费管理的政策、教育经费管理知识、教育财会的特殊要求，那么他们就可以主动地配合、更好地支持财会人员的工作，能够大大地促进整个教育系统的财务管理水平和会计信息质量的提升。

因此，教育系统的财务管理部门，应该主动与教育局干部人事管理部门联络，探索一条面向教育系统管理人员的财会后续教育的新局面。对于新加入到管理队伍的干部，可以介绍教育经费管理、教育财会工作的特点和基本要求，使他们在今后的学校管理工作中能够更快地落实和遵循财务制度。要定期对在职干部进行知识更新的培训，介绍最新的教育经费管理政策和管理方法。

参考文献：

[1] 南京市财政局课题组.南京市会计人员知识结构现状的调查及优化路径[J].财务与会计，2011（10）：13-15.

[2] 刘玉廷.健全和完善会计人员知识结构体系，全面推进我国会计人才队伍建设[J].交通财会，2010（4）：6-9.

[3] 郭国卫.完善教育系统会计人员的后续教育促进会计人员知识更新的探讨[J].时代报告（学术版），2011（8）：11-12.

[4] 杨艳.浅议新形势下会计人员应具备的知识结构[J].新财经（上半月），2011（12）：362.

[5] 赵玉如.对中小学校长培训中一些问题的思考[J].北京教育学院学报（社会科学版），2009（5）：61-63.

[6] 赵海楠.信息化环境下的会计人员继续教育问题探索[J].中国乡镇企业会计，2009（8）：173-174.

[7] 杜玉霞，贺卫国.中小学管理人员信息化教育能力的发展探析[J].中国信息技术教育，2009（14）：4-5.

[8] 陈元芳.关于会计继续教育内容的调查与分析[J].财会月刊，2006（3）：79-80.

[9] 张艳辉，常明.铁路高级会计人员职业技能框架的调查与分析[J].中国铁路，2004（8）：14-15，29.

第四部分 日本大学财务和会计制度研究

日本大学会计制度体系：内容和比较[1]

张爱民 温建萍 张 欣[2]

摘要：日本的国立大学和私立大学分别执行《国立大学法人化会计准则》和《学校法人会计准则》，这些会计制度是在政府投入方式变化的情况下编制和修订的。日本大学会计制度体系与中国高等学校会计制度体系存在差异的情况下，中国高校会计制度的改革可以借鉴日本的有益经验。

关键词：大学 会计制度 会计准则 日本

日本的学校分为国立、公立、私立三类，国立学校的设置者为中央政府，公立学校的设置者为地方政府，私立学校的设置者为学校法人。日本大学分为大学和短期大学两类。截至日本国立大学法人化之前的2003年，各类学校构成如表1所示。

表1 2003年之前日本大学的构成情况

	国立	公立	私立	合计
大学	100所	76所	526所	702所
短期大学	13所	49所	463所	525所

日本高等教育会计制度的一个重要特征就是分类编制体系已经成熟。日本的国立、公立、私立三类大学是分别制定或选用会计制度的。日本所有私立学校遵守的会计标准是《学校法人会计准则》，国立大学执行的是《国立大学法人会计准则》，

---

[1] 本文系上海市教育科学研究项目（B05017）的成果。本文发表于上海市教育会计学会内部刊物《上海教育财会》2009年第3期，第29—31页。

[2] 作者简介：张爱民，华东理工大学商学院会计学教授，校审计处处长；温建萍，时为华东理工大学商学院2005级会计学硕士研究生，导师张爱民，现为上海电视大学金融与会计系教师；张欣，华东理工大学商学院2001级会计学本科生，导师张爱民。

而地方政府的公立大学则基本上还是参照企业会计制度。本文重点介绍日本国立大学和私立大学的会计制度。

一、日本国立大学会计基准

2003年3月15日，日本颁布了《国立大学法人会计准则》。从2004年4月1日开始，日本的国立大学获得了法人地位，因此，2004年日本国立大学法人化前后，国立大学实行不同的会计制度。

（一）法人化之前日本国立大学的会计制度

法人化之前，从外部来看，日本国立大学是由日本中央政府设置和管理的，从内部来看，日本国立大学的内部管理组织分为学术和行政事务系统，其内部管理与运作（主要包括学部的预算分配和人事调动等）主要依靠各学部的教授会执行。因此，法人化之前的日本国立大学既有中央集权管理的一面，在院校层次也存在一定的学术独立和自治。

在法人化之前，日本国立大学的财务收支是通过"国立学校特别会计"进行管理的。特别会计是日本政府会计的组成部分，适用于日本政府管理的一些特殊经济活动经费，其中也包括了没有法人地位的国立大学。根据《日本财政法》第13条第2项之规定，日本的特别会计通常被分为事业特别会计、区分特别会计"和资金特别会计三类，而国立学校特别会计属于其中的区别特别会计范畴。所以，国立学校特别会计不具有企业的或者独立核算管理运营的性质。

国立学校特别会计是以学校的自我收入、来自于一般会计的所得经费以及借入款项为主要资金来源，并以此来支付教育研究活动的支出。其中，年收入包括来自于一般会计的所得经费、大学附属医院收入、学生交纳的学费、产学合作等收入和借入款项等。与此相对，根据性质不同，年支出可分为人员经费、教育研究经费、医院诊疗经费和设施费等内容。

（二）法人化后日本国立大学的会计制度

在日本政府拟定国立大学法人化方案中，设立了法人化后的国立大学可能面临的组织业务、人事制度、目标评价和财务会计四个问题，进行了研究，并制定了具体方案。日本在制订国立大学法人化规划中，也对适用于国立大学法人化后的会计准则制定了明确的原则：法人化的国立大学应基本适用独立行政法人的会计准则。也就是说，要以日本的《独立行政法人会计准则》为参照，根据大学的特点来制定专门的国立大学会计准则。

2003年3月15日，日本颁布了《国立大学法人会计准则》。由于国立大学的法人化是在2004年4月实施的，所以在《国立大学法人会计准则注解》中，根据国立大学法人之后各方面事项变更和状况变化等问题，对《国立大学法人会计准则》进行相应的追加和修正。

日本国立大学法人化的中间报告，尤其在财政、财务方面，实质上继承了独立行政法人的制度设计，所以国立大学在法人化改革后的会计制度在很多方面都区别于改革前所适用的制度。

整个《国立大学法人会计准则》及《国立大学法人会计准则注解》报告书分为十二个章节，分别是：第一章"一般原则"；第二章"概念"；第三章"确认和计量"；第四章"财务报表体系"；第五章"资产负债表"；第六章"损益计算书"；第七章"现金流量计算书"；第八章"利益处分和损失处理的相关报告"；第九章"国立大学法人等业务成本计算书"；第十章"附属明细报表和注释"；第十一章"国立大学法人特有的会计处理"；第十二章"合并财务报表"。

（三）法人化前后日本国立大学会计制度的主要差异

在法人化以前，国立大学的财政主要依赖于国家的预算分配，接受政府的事前规划和事后监督。因此，在资金来源、资金的使用和会计决算方法等方面都显得比较单一。

而法人化以后，由于国立大学的经营权限得以扩大，而政府在经费预算上的管制也进一步缩小，大学可以自主决定开展协同产业、学界、政府等方面的事业活动。例如，国立大学法人可以对外投资，同时也可以接受外来资金。

由于国立大学法人化之后建立了董事会制度，国立大学采取了民间经营的手法，所以其会计准则也与一般的企业会计相衔接。但同时应该注意到，国立大学法人化并不等于民营化，其运营主要还是依靠国民的纳税和国家财政的支持，改革的重点主要放在赋予大学更多的经营和自主管理的权限，其中也包括了相应的会计制度改革。

二、日本私立大学会计制度

发展私立大学是日本高等教育制度的基本特征之一，其标志就是日本私立大学的数量占据绝大多数。早在1899年，日本政府就颁布了《私立学校令》，对私立学校的设置、办学、管理等做出了明确的规定。第二次世界大战之后的1949年，日本政府制定了新的《私立学校法》。《私立学校法》成为战后包括私立大学在内的日本私立学校办学、发展的基本法律根据。

（一）《学校法人会计准则》之前的日本私立大学会计制度

在《学校法人会计准则》公布之前，日本对学校法人没有建立统一的会计标准。日本的会计制度的核心是商法、证券交易法、税法三轴体制，即使在欧洲大陆法系的国家这也很难有类似的制度。日本的会计制度是由商法（法务省管辖）、证券交易法（前大藏省、现在的金融厅管辖）、法人税法（财务省管辖）分别制定的，相互之间很难协调。因此，日本企业会计制度（或准则）具有很强的税收管理导向。日本股份公司，为了计算向国家及地方自治体交纳税金和分配给股东的红利额度，就必须采用一般公认的会计基准来处理相关会计问题。

可是对于私立大学，既没有纳税问题，又没有分红问题（日本私立大学基本上没有分红行为），所以私立大学各自选择一定的会计制度，只是可以计算每年的收支就足够了。

（二）《学校法人会计准则》

1971年（昭和四十六年）4月1日日本文部省令第18号《学校法人会计准则》公布了，是日本政府规章的组成部分。《学校法人会计准则》适用于《私立学校振兴助成法》（1975年法律第61号）第14条第1项规定的学校法人（私立学校）。因此，国立大学和公立大学可以不适用本省令。"国立大学法人会计准则检讨会议"另行制定了适用于国立大学的《国立大学法人会计准则》。《学校法人会计准则》是日本所有私立学校，包括私立大学，必须遵守的会计制度。《学校法人会计准则》在此后的1976年、1987年、1998年和2006年进行了若干修订。

《学校法人会计准则》共38条，主要内容是：学校法人进行会计处理、制作会计文件时必须依据的原则是真实性原则、复式簿记原则、明晰性原则、一致性原则；私立学校从事盈利性行为的有关会计处理和计算文件的制作，必须遵循一般公认的企业会计原则，即"收益事业会计"；私立学校必须编制"资金收支计算书"、"消费收支计算书"和"借贷对照表（即资产负债表）"等会计报表；固定资产中要按定额法进行折旧计算；设立了四项"基本金"核算要求。

(三)《学校法人会计准则》产生的原因

1971 年《学校法人会计准则》的制定和公布,有两个方面的主要原因:①私立大学管理合理化的必要性,这是较长时间以来,日本大学发展中内在管理工作一直提出的问题;②对私立大学实行国家补助制度的必要性,这是催生《学校法人会计准则》的直接原因。

1967 年,日本文部省设立了临时私立学校振兴调查会,希望通过调查研究,提出相关的政策措施,使私立学校管理行为合理化、正当化。该组织提出要制定包括财务标准在内的一系列政策措施。首先是对私立大学实施国家补助制度,即对私立大学的经常项目经费,国家必须给予一定的财政补助。1969 年 8 月,文部省在编制第二年度的财政预算中,决定为私立大学增加包含人事补助的各类补助。1970 年度是实施国家补助制度的第一年度,实际补助金为 132.2 亿日元,这相当于当时大学经常项目费用的 7.2%。

为了公平合理地在所有私立大学之间分配政府补助金,有必要建立一种统一的会计基准,作为实施国家补助制度的信息依据和分配依据。因此,日本大学有必要建立一个统一的会计处理标准。学校法人财务基准调查研究委员会于 1970 年 5 月制定了《学校法人会计准则》。

三、日本大学会计制度与政府财政投入的关系

(一)日本国立大学会计制度与政府财政投入的关系

从形式上看,日本《国立大学法人化会计准则》降低了日本政府对国立大学预算的干预程度。但是,从根本上看,日本国立大学会计制度的调整也是日本政府投入方式变化的结果。

日本国立大学法人化主要出于以下几个原因的考虑:

1. 政府对大学干预过多的问题

在法人化以前,政府对国立大学的行政干涉过于频繁,国立大学自主性偏低。从大学的基础设施到教学设备,从学科设置到专业学分,从教师组织到人事安排,政府都通过《大学设置基准》进行了事无巨细的规定,这无疑阻碍了国立大学竞争力的提高和科研水平的发展。这种直接干预直接体现在国立大学特别会计之中,因为这就是把国立大学会计事务当作是政府会计的组成部分了。

2. 财政紧张的问题

一直以来，国立大学的经费依赖于国家的财政预算和企事业及社会团体的资助，其中政府又是主要来源，但是在日本经济增长减速的环境下，无论是国家还是其他社会组织都削弱了对国立大学的经济支持。因此，如何谋求更多的经费来源渠道便成为国立大学发展所面临的最重要课题。

在这个背景下，政府对国立大学不能供应其全部资金的需求，而是供应其需求的一部分资金。只能鼓励大学多元化地筹集更多的资金，也要更自主地提高所筹集到的资金的利用效率。政府在资金供应能力下降的同时，也必须放松对国立大学财务管理和会计核算的干预方式和干预程度。

国立大学法人化之后，在预算分配方面，政府根据目标评价结果交付给大学必要的预算经费，但不再限定其用途，大学自身可以灵活使用；还有诸如学费的收取、剩余金的使用、接受捐赠的规制等都得到适当的政策放宽，这些内容在其会计准则中都有所体现。总之，国立大学的预算与政府预算相对独立，另外，由校外财务专家对其财务内容进行审查，每年要向外界公开财务报告，这就需要不同于政府会计的新的会计制度了。

（二）日本私立大学会计制度与政府预算的关系

1. 思想基础：私立学校的公共性

日本比较好地解决了对私立学校的公共性的认知，并确保其得以实现。私立学校具有公共性之根据从理论上讲是私立学校也属国民教育体系的组成部分，与公立学校同样担负着为全体国民提供教育服务的任务。由于私立学校的个人（这里的个人应包括单个人和若干"个人"的组合）所有性质与公共性之间存在着现实的矛盾，因此，法律必须对私立学校公共性之实现做出相应的规定。例如，为了保证私立学校办学的民主性，《私立学校法》对私立学校的管理机构做了许多具体而明确的规定。私立学校的管理机构包括理事会、评议员会与监察员，理事会成员为5人以上，监察员为2人以上，所有理事会成员与监察员之间不得具有包括配偶在内的亲属关系。此外，私立学校必须设立人数为理事会2倍以上的评议员会。《私立学校法》还规定了理事、监察员与评议员的产生方法。

私立大学公共性的共识，是日本私立学校长期而健康发展的一个根本原因，也是日本政府对私立大学进行财政投入的依据，也是日本较早地颁发独立的私立学校会计制度的深层次原因。

2. 政府资助私立学校

以实现私立学校的公共性为前提,政府应该对私立学校的发展给予必要的支持与资助,这是日本《私立学校法》的一个基本精神。日本《私立学校法》第59条规定:"国家和地方政府在认为有必要振兴教育之时,可根据其他相关法律规定,对学校法人(私立)实施学校教育给予必要的补助。"

从私立高等教育具有公共性的观点出发,为了解决私立大学的经费不足,日本政府自20世纪70年代开始着手解决资助私立大学的问题。首先制定了《私学振兴财团法》和《私立学校振兴助成法》。《私立学校振兴助成法》规定政府可以拨款补助私立大学的办学经常费用,补助金额不超过办学经常费用的1/2。政府将私立大学的补助经费先按计划拨给日本私学振兴财团,各私立大学再向财团申请拨款。

日本政府给予私立大学经常费用的补助正式开始于1970年。日本政府对于私立大学办学经常费用的补助在20世纪70年代增长较快,1980年时达到最高点,当年补助金占私立大学经常费用总额的29.5%。进入20世纪90年代之后,由于受经济不景气等因素影响,补助金的年增长率较低,但补助金占私立大学年经常费用总额的比例仍然维持在10%以上,1997年为2 950.5亿日元。

除了拨付补助金这种对私立大学的直接经费资助之外,政府还以免税、减税措施对私立大学实施间接经费支持。

日本政府对私立大学在经费上的资助与支持缓解了私立大学的经费不足状况,在一定程度上改善了私立大学的办学条件,维持并促进了私立大学的发展。自20世纪70年代以来,日本私立大学的学校数与在校学生数始终占学校与学生总数的70%以上。

3. 小 结

可以看出,日本政府开始补助私立大学经常费用的时间(1970),和《学校法人会计准则》公布时间(1971年4月1日)是直接关联的。私立大学的公共性是政府拨款补助的理论依据,政府必须而且完全可以对私立大学投入财政补贴且对私立学校提出执行统一会计制度的要求。

四、日本大学会计制度特征的比较分析

日本国立大学和私立大学分别执行的《国立大学法人会计准则》和《学校法人会计准则》,构成了日本大学会计制度体系的主要组成部分。结合中国高等学校会计制度,可以更好地考察日本大学会计制度体系的特征。

（一）中日高校会计制度编制主体的比较

早期，日本高校会计制度是直接参照企业会计制度的，编制主体是财政部门。但是近年来，日本高校会计制度全面独立编制，编制主体回归文部科技省。中国高等学校会计制度，以高等教育行政管理部门为主编制，最后以财政部颁发。中日大学会计制度的编制主体，在实质上是相同的，但在形式上还存在差异。

（二）中日高校会计制度产生背景的比较

日本高校会计制度编制需求与相关类别高校的改革直接相关。日本私立大学会计准则的出台是因为日本政府加大了对私立大学的财政投入，必须对政府投入实施一种以会计信息为手段的间接监管。日本《国立大学法人化会计准则》则是直接与国立大学法人化改革联系在一起的，是改革方案的重要组成部分。中国高校会计制度的变革，虽然一直有着内在的要求，但是最终还是在一般财务会计原则的变化的大背景下，必须在企业会计制度和事业单位会计制度发生改革之后才能跟随性地改革。

（三）中日高校会计制度制定程序的比较

日本高校会计制度编制草案有一个公开讨论的过程，也有按照法定程序进行持续性的修订的修正机制。中国高校会计制度编制的公开讨论是在一定范围内进行的，目前修订机制还不是很正常。

（四）中日高校会计制度施行情况的比较

在此对日本大学会计制度中特色内容执行情况进行分析。日本高校对会计制度实行有较好的自律和监督机制。日本《私立学校法》规定，申请成立学校法人，首先必须具有一定数量的资金（该资金是成立学校法人者无偿捐赠专门用来设置私立学校的）；其次，必须根据文部省规定的手续，将成立人的目的、学校法人的名称、准备设置的私立学校的名称，有关理事会、评议员会、资产财务、解散等规则一并上报文部省。文部省在听取私立学校审议会或学校法人审议会的审议结果之基础上，做出是否准予成立的决定。可见，即使是对私立大学，日本政府也保留着必要的监管权力。同时，日本的私立大学有较完整的内部治理机制；法人化之后的国立大学实行了"董事会"制度、外部审计制度和财务信息披露制度，实行外部和内部相结合的监督机制。在政府、社会和内部监管条件下，日本大学会计制度得到了严格的执行。

中国公办大学的会计核算必须接受政府和内部监督,但是目前还没有法定义务接受社会审计监督,也没有实施面向社会的财务信息公开。中国民办高校尚没有独立的会计制度,这为开展政府、社会和内部监督带来了较大的困难。

中国公办高校会计制度的改革和民办高校会计制度的建设,可以借鉴日本大学会计制度的有益经验。

参考文献:

[1] 吴琦.日本国立大学的危机及其改革方向[J].日本研究,2003(3):91-95.

[2] 徐盛林.日本国立大学的行政法人化改革[N].中国教育报,2003-05-25(6).

[3] [日]山本清.日本大学财政的结构和课题——以国立大学为中心[J].教育与经济,2002(2):10-18.

[4] 张杨.中日高等教育政策与财政比较——中日高等教育政策与财政国际研讨会综述[J].教育与经济,2002(2):29-31.

[5] 张爱民,张欣.日本大学法人化与大学会计制度的关系[J].上海教育财会,2006(4).

[6] 陈士辉,张爱民.日本私立大学会计基准简介[J].上海教育财会,2004(3).

[7] 张欣.日本国立大学法人会计基准述评[D].上海:华东理工大学会计学系,2005.

[8] 温建萍.中日高校会计制度比较研究[D].上海:华东理工大学会计学系,2008.

[9] 日本国立大学法人会计基准报告书[S],2003-03-15.

[10] 日本国立大学法人会计基准及基准注解报告书相关[S],2003-03-15.

日本国立大学法人化与大学会计制度的关系 [1]

张爱民　张　欣 [2]

日本的大学种类分为国立、私立和公立三种。其中，国立大学在日本高等教育发展过程中所起的作用是十分重要的，国立大学在整个日本的高等教育体系中发挥着龙头骨干作用。2004年，日本国立大学法人化改革以后，从办学机制、管理权限、组织结构、财务管理和预算编制等方面发生了变化，尤其是在财务管理和预算编制方面，更加强调大学财务运转的自主性和透明性。在经费使用、开拓财源、制定学费标准、教职员工资和其他费用标准等方面，大学具有更大的自主权；而在财务运作，如预算分配、经费运用等方面，大学本身也将担当更大的责任。这些具体的变化都可以在本次改革中制定的《国立大学法人会计准则》中得到充分体现。本文将通过对《国立大学法人会计准则》及《国立大学法人会计准则注解》等相关内容的研究，明确其在日本国立大学法人化改革中所发挥的作用，以期对我国大学会计制度的改革与发展提供思路与启示。

一、日本国立大学法人化

在具体研究日本《国立大学法人会计准则》之前，有必要对日本国立大学法人化的背景、内容及相关环境进行适当的了解。

（一）法人化背景

日本国立大学法人化改革是伴随着全日本行政改革进行的。由于20世纪80年代繁荣一时的经济泡沫之后，日本经济曾一度一蹶不振，除了体现在国际竞争力的

---

[1] 本文系2005年度上海市教育科学研究项目（B05017）的阶段性成果。本文完成于2010年。

[2] 作者简介：张爱民，华东理工大学商学院会计学教授，校审计处处长；张欣，华东理工大学商学院2001级会计学本科生，导师张爱民。

下降上，日本累计的财政赤字和内债总额亦在不断增加。于是，以精简机构、削减预算、提高效率和整合功能等为内容的行政改革则呼之欲出了。虽然起初并未将国立大学作为行政法人化对象，但在1997年12月举行的日本行政改革会议上已经提出了改革的可能性。最终在2000年5月，文省部正式确定了国立大学法人化的改革方向并同时提出日程表。

将国立大学法人化主要出于以下几点考虑：

（1）在法人化以前，政府对国立大学的行政干涉过于频繁，从而显得大学自主性偏低。从大学的基础设施到教学设备，从学科设置到专业学分，从教师组织到人事安排，政府都通过《大学设置基准》进行了事无巨细的规定，这无疑阻碍了国立大学竞争力的提高和科研水平的发展。

（2）财政紧张的问题。国立大学的经费一直以来依赖于国家的财政预算和企事业及社会团体的资助，其中政府又是主要来源，但是在当时所处的低迷的经济环境下，无论是国家还是其他社会组织都削弱了对国立大学的经济支持。因此，如何谋求更多的经费来源渠道便成为国立大学发展所面临的最重要课题。

国立大学内部运营和管理体制也是改革的一大要点。其中又以人事制度最为诟病，有名的"终身雇佣，年功序列"制度造成教师与科研教学脱钩的现象已完全不能满足现代大学教育的发展。另外，由于国立大学基本上完全由政府把控，其与外界的产业结构的联系也不如公立大学和私立大学那么密切，更何况日本企业本身就具备一定的研发能力，这就愈发显出国立大学研究组织的封闭性了。日本大学的自治传统在国立大学体现得尤为突出，由此而产生的内部权利斗争也是不可小觑的。凡此种种运营和管理方面的漏洞，政府也希望能通过国立大学行政法人化改革试图填补。

另外，还有一些社会方面的外部原因，诸如生源危机、社会需要等因素在此就不再冗述。出于以上众多因素的考虑，1999年4月，政府在内阁会议上终于将日本国立大学法人化改革正式提到议事日程上来，并决定"关于国立大学的独立行政法人化问题，一方面尊重大学的自主性，同时作为大学改革的一环进行探讨，在2003年（平成十五年）之前拿出结论"。

（二）法人化过程与内容

根据2000年7月开幕的"国立大学独立行政法人化相关调查讨论会议"上做出的解释，日本国立大学法人化是作为大学结构改革的一个重要环节被正式提出的，整个大学结构改革分三步举措：国立大学的重组合并；国立大学的法人化；21世纪COE（世界一流水平的教育和研究中心）计划。

首先，国立大学合并重组作为法人化的前兆于2002年10月正式完成，4所2组大学顺利得以合并，它们是原山梨大学与原山梨医科大学合并组建成新的山梨大学，原筑波大学与原图书馆情报大学合并组建成新的筑波大学。这两组大学的成功合并，揭开了日本自1949年按照美国大学模式建立所谓"新制大学"以来大学重组合并的序幕。

国立大学法人化可以称为日本大学结构改革的核心，早在1971年中央教育审议会中就已被提出来，在1987年临时教育审议会中又被再次强调，但最终被作为正式议题提出时是在1997年全国实行行政化改革之际。在1999年7月国会通过《独立行政法人通则法》之后于2000年7月组成了"国立大学独立行政法人化相关调查讨论会议"，会上关于国立大学的法人化问题，就以下三个方面进行讨论：①建设特性丰富的大学和展开具备国际竞争力的教育研究；②重视对国民及社会的责任说明和竞争原理的导入；③通过经营责任的明确化，实现机动战略性的大学运营。经过一年八个月的努力，在2002年3月26日制定了《关于新国立大学法人形象》的最终报告。

最终报告对国立大学法人的组织、人事、目标与评价、财务会计等制度进行了详尽的研究，提出了相关配套的政策：主要研究法人化后的国立大学的"组织业务"、"人事制度"、"目标评价"和"财务会计"四个课题。以下就这四个体制设计方面的内容做简要的介绍。

组织业务，主要指组织结构，赋予大学法人化资格之后，国立大学的组织结构同时将发生变化：引进"董事会"制度，校长作为最终责任人是法人代表，设立监事2名（其中至少一位来自校外），招聘校外专家学者等作为大学运营的机构董事。同时设立大学运营协议会，用来审议和大学运营管理相关的重要事宜和方针政策，所以法人化以后，大学的部分业务和组织可以从国立大学本身独立出来，政府对国立大学的干预也从直接控制转变为间接干涉，大学可以根据自身的发展需要来选择实现其中期目标的业务，比如筹集教育研究经费、专利自主、研究成果的转移等在过去被明确制约的业务，在其法人化以后可以自由实施。

人事制度方面，将完全摒弃原有的旧制，教师不再是国家公务员，其聘用和选拔采用国际公开招聘的形式，所谓的"终身雇佣，年功序列"制度也不复存在，取而代之的是任期制。校长的选拔由校长选拔委员会提出候选人,通过听证会确定最终人选,再由文省部科学大臣任命。校长的任期长短和连任与否可以由大学本身决定,从一定程度上也反映出国立大学自主性的增强。

目标评价是指文部科学省根据国立大学评价委员会的审议,在法律上制定和公布各大学法人为期六年的中期目标和中期计划,各大学根据中期计划制定年度计划,并同时向外界公开。政府通过设立"国立大学评价委员会"对国立大学有关教育研究、学位授予、财务状况等业绩进行评价,并根据评价结果进行适当的资源分配,从而很好地调动了国立大学提高自身发展水平的积极性。

财务会计,也就是本文所要重点讨论的内容,与上述的中期目标和中期计划紧密联系,换言之,许多国立大学专有的会计政策和会计制度以及部分可以预见的重要业务和相关事宜都需要在中期计划里体现出来,甚至要求财务报告中披露的有关内容要与其产生一一对应的关系。除此以外,在预算分配方面,政府根据目标评价结果交付给大学必要的预算作为运营费交付金,但不再限定其用途,大学自身可以灵活使用;还有诸如学费的收取、剩余金的使用、接受捐赠的规制等都得到适当的政策放宽,这些内容在其会计准则中都有所体现。总之,国立大学的预算与政府预算相独立,基本上采用企业核算制度,另外,由校外财务专家对其财务内容进行审查,每年要向外界公开财务报告。

作为大学结构化改革的第三环节,"21世纪COE计划"对改革后日本国立大学的影响也是十分深远的。"21世纪COE计划"与以前日本政府高等教育政策的一个不同特点,是它基于第三者评价,强调竞争,根据评价结果而不是按照大学归属来重点分配政府的资金。这一计划也暗示了法人化后的国立大学,将同其他大学一样,更多地参与市场竞争。审查评价主要是看该博士学位点的研究和教育实绩及大学将来的计划等,同时也要看以校长为首的大学管理层的领导力。据相关资料显示,日本大学"21世纪COE计划"2002年度评审结果的前10名中有8所是国立大学,其中位于前三位的分别是京都大学、东京大学和大阪大学。这一计划主要支持在研究方面有潜力的基地,同时也期待能够促进优秀人才的培养和各大学个性、特色的形成,从而提高法人化后国立大学的整体水平及活力。

最后,将新的国立大学法人制度做个简单归纳:①赋予每个大学以法人资格,确保大学自主、自律的运营;②引进民间经营手法(引进企业会计原则);③使得由"校外人士的参与"的运营体系制度化;④公务员向"非公务员型"转换;⑤把"第三者评价"的结果反映在预算分配中。

二、国立大学会计准则的制定过程

在《关于新国立大学法人形象》的最终报告中,对于适用于国立大学法人化后的会计准则,做出如下说明:关于普遍适用于独立行政法人的会计基准,即《独立行政法人会计基准》被确定为参照,并基于大学的特点来讨论会计准则。

在"国立大学独立行政法人化相关调查讨论会议"之后的一年中,又通过八次对需要基于国立大学特点的会计准则的制定进行讨论,2002年8月22日,将截止于该日的讨论情况以《中间报告》的形式做出调整。该报告发表以后,实行以下决议:①修订以特殊法人为主体的《独立行政法人会计基准》;②国立大学法人法案及相关法案的确定。在本次讨论会议中,继续对这些问题进行讨论,并将讨论结果以《国立大学法人会计准则》和《国立大学法人会计准则注解》的报告书形式做出最终调整。这份在2003年3月15日颁布的《国立大学法人会计准则》报告书就是所谓的最终调整,也就是本文所要重点介绍的内容。另外一方面,由于国立大学的法人化是在2004年4月实施的,所以在《国立大学法人会计准则注解》中,将针对于成为法人之后各方面事项变更的讨论结果和状况变化等问题,进行相应的追加和修正。

这里需要补充说明的是:在本次的讨论会议中,作为讨论基础的《独立行政法人会计基准》是适用于独立行政法人的会计准则,根据《独立行政法人通则法》第37条,规定了"独立行政法人的会计原则上类似于企业会计原则"。但与此同时,由于独立行政法人在制度的前提和财政结构方面与企业不同,如果将企业会计原则应用于独立行政法人,那么可能无法传达或提供适当的会计信息,同时,考虑到以后即将设立的有关独立行政法人的多种业务实施的可能,所以对《独立行政法人会计基准》进行了一定的修正。

日本国立大学法人化的中间报告,尤其在财政、财务方面,实质上继承了独立行政法人的制度设计,所以国立大学在法人化改革后的会计制度在很多方面都区别于改革前所适用的制度。

三、大学法人化前后适用会计的差异

(一)制度地位的独立性

日本国立大学的财政,在其法人化之前是通过"国立学校特别会计"进行管理的。

根据《日本财政法》第13条第2项，特别会计通常被分为事业特别会计、区分特别会计以及资金特别会计三类，而国立学校特别会计属于其中的区别特别会计范畴。所以，国立学校特别会计不具有企业的或者独立核算管理运营的性质，它实际上是政府会计中的一个组成部分，执行的是《独立行政法人会计基准》。法人化后的日本国立大学适用独立的《国立大学法人会计准则》。

（二）收入和支出的自主权

在国立大学法人化以前，国立大学的会计中，伴随着国立大学的教育研究活动而产生的年收入和年支出的总额，都要接受预算的事前统一，会计检查和决算审议的事后统一管理。

日本国立大学特别会计是以学校的自我收入、来自于一般会计的所得经费以及借入款项为主要资金来源，并以此来支撑教育研究活动的支出。其中，年收入包括来自于一般会计的所得经费、大学附属医院收入、学生交纳的学费、产学合作等收入和借入款项等。与此相对，根据性质不同，年支出可分为人员经费、教育研究经费、医院诊疗经费和设施费等内容。

在收入方面，由于与私立大学相比，国立大学的学生交纳款项被控制在相对较低的水准，再加上国立大学进行的是最尖端的教育研究等原因，单纯依靠学费、附属医院收入等的自我收入，是无法维持国立学校的支出的。因此，国立大学形成了以租税等为资金来源，由一般会计来填补收支差的结构。除此之外，作为特别措施，当国立大学附属医院在购置和维修设施时，能以比民间金融机构更优惠的条件从政府的财政投资与贷款中得到借款。在支出方面，经过国会表决的年支出的科目是以"项"的等级单位来进行管理的。具体分为以下八个项：国立学校项、大学附属医院项、研究所项、产学合作等研究费项、设施购置、维修费项、船舶建造费项、转入国债整理基金特别会计的费用项和预备费八个部分。由于"项"是由国会表决而来的，根据《日本财政法》的规定，从原则上而言，项与项之间的挪用是不允许的。

与此相反，在这一点上，公立大学、私立大学只是在由国家财政资助的收入和支出部分接受国会统一管理，其他收入和支出具有一定的独立性。

法人化后的日本国立大学，与公立大学和私立大学相比，除了继续在政府资助的收入和支出方面继续接受国会的统一管理之外，一样具有了在执行《国立大学法人会计准则》前提下的较大的自主权。

（三）会计方法的特殊性

由于国立大学的管理运营和一般的行政事务间存在着许多相异点，因此，根据一般会计的相关法令进行经营管理，会导致许多与实际相脱离的问题。《国立大学法人会计准则》把原"国立学校特别会计"中所制定的财务会计特殊规定，予以了明确。这些特殊会计问题及其处理方法大致有：

（1）在预算构成方面各个大学的预算分配是以各国立大学的学生数、教师数和学科数为基础的，以期达到教育研究顺利有效进行的目的。

（2）引入借入金制度，但只有在必须支付附属医院的设施费和在支付上出现现金不足的时候才可以临时采用借入金制度。

（3）在剩余金的使用方面，当决算出现剩余金时，以收纳的金额（附属医院收入、学费以及入学金等的自我收入）超过年收入预算额的部分为限度，作为储蓄金积累。在这里，储蓄金意味着现金剩余的积累，作为年收入年支出以外的款项进行经营管理。当每一会计年度的年收入年支出的决算出现不足时，可以用这种储备金来补充决算的不足。

（4）当国立学校接受以奖学（学术研究支援以及学费支援等）为目的的捐赠款的时候，捐赠者把捐赠款交付于国立学校的负责人的同时也把捐款的经营管理权委托于国立学校的负责人。这项特别的制度从某种意义上来说确保了国立大学的运营管理的自由度，因为这笔称为"委托经营管理金"的款项不受预算科目的限制，更没有使用途径的限制，显得比较灵活自由。

（5）在国立学校特别会计中，国立学校为了达到财产的有效利用而出现的暂时的大额收入，不是在单年度结清，而是根据预算的规定保留在特别会计中：这笔收入作为稳定的资金来源应用于国立学校的设备更新中。

（6）其他弹性条款：比如像国立大学附属医院之类的收入在某一事业年度超过预算额时，根据《日本财政法》第22条第6项，以其增加额为限，根据其业务量的增加部分，医疗费支出也必须相应增加，从而保持收入与支出的联动关系。

（四）经营权利的扩大

在法人化以前，国立大学的财政主要依赖于国家的预算分配、事前规划和事后监督，因此，在资金的来源、使用用途和决算方法等方面都显得比较单一。而法人化以后，由于诸多行政改革措施的实施，大学的经营权限得以扩大，而国家在经费预算上的管制也进一步缩小。换言之，大学方面可以自主决定开展协同产业、学界、政府等方面的事业活动。例如，国立大学法人可以对外投资，也同时可以接受外来资金。由于采取了"董事会制度"，法人化以后的国立大学采取了民间经营的手法，所以其会计准则也与一般的企业会计相衔接。但同时应该注意到，日本国立大学法人化并不等于民营化，其运营主要还是依靠国民的纳税和国家财政的支持，改革的重点主要放在赋予大学更多的经营和自主管理的权限，其中也包括了相应的会计制度改革。

日本私立大学会计制度评析 [1]

张爱民　陈士辉　温建萍 [2]

摘要： 日本私立学校会计制度《学校法人会计基准》是私立大学管理合理化的产物，是日本对私立大学实行国家补助制度的一项重要举措。《学校法人会计基准》规定了反映私立学校资金收支、费用支出和财务状况的会计核算和报告方法。

关键词： 日本　私立学校　会计制度

根据《日本学校教育法》的规定，日本的学校依据设置者的不同分为国立、公立、私立三类，国立学校的设置者为中央政府，公立学校的设置者为地方政府，私立学校的设置者为学校法人。日本大学分为大学和短期大学两类。截至2003年（平成十五年），各类学校构成如表1所示。

表1　2003年之前日本各类学校构成情况

	国立	公立	私立	合计
大学	100所	76所	526所	702所
短期大学	13所	49所	463所	525所

在日本人的心目中，私立大学的教育质量和国立、公立大学是一样的，很多名牌私立大学甚至超过普通的国立和公立大学，早稻田大学、庆应大学还是世界名校，可见，私立大学是日本高等学校中的主要部分。因此，日本私立大学会计制度是日本高等教育会计的主要组成部分。本文简单介绍日本私立大学会计制度。

---

[1] 本文系上海市教育科学研究项目（B05017）的成果。

[2] 作者简介：张爱民，华东理工大学商学院会计学教授，校审计处处长；陈士辉，时任华东理工大学商学院教师；温建萍，时为华东理工大学商学院2005级会计学硕士研究生，导师张爱民，现为上海电视大学金融与会计系教师。

一、日本私立大学的法律环境

发展私立大学是日本高等教育制度的基本特征之一。早在1899年,日本政府就颁布了《私立学校令》,对私立学校的设置、办学、管理等做出了明确的规定。第二次世界大战之后的1949年,日本政府制定了新的《私立学校法》。《私立学校法》成为战后包括私立大学在内的日本私立学校办学、发展的基本法律根据。《私立学校法》规定了尊重私立学校的自主性、实现私立学校的公共性和政府资助私立学校这三条私立学校发展的基本原则。

（一）尊重私立学校的自主性

《私立学校法》的第一章第一条即为:"本法律考虑到私立学校的特性,以尊重私立学校的自主性,提高私立学校的公共性,使私立学校得以健康发展为目的。"尊重私立学校的自主性在法律上的具体体现就是对政府教育行政部门监督、管理私立学校的权限做出明确的限定。《私立学校法》第二章关于私立学校的教育行政条文中将政府教育行政部门对私立学校的主要监督、管理权限定在私立学校的设立与废止这一点上,而且规定文部大臣在批准新设私立大学和下达关闭私立大学的命令时必须事先听取咨询机构学校法人审议会的意见。

（二）实现私立学校的公共性

承认私立学校的公共性并确保其得以实现是关系到私立学校的性质与发展的另一个重要问题。私立学校具有公共性之根据从理论上讲是私立学校也属国民教育体系的组成部分,与公立学校同样担负着为全体国民提供教育服务的任务。由于私立学校的个人（这里的个人应包括单个人和若干"个人"的组合）所有性质与公共性之间存在着现实的矛盾,因此,法律必须对私立学校公共性之实现做出相应的规定。例如,为了保证私立学校办学的民主性,《私立学校法》对私立学校的管理机构做了许多具体而明确的规定。私立学校的管理机构包括理事会、评议员会与监察员,理事会成员为5人以上,监察员为2人以上,所有理事会成员与监察员之间不得具有包括配偶在内的亲属关系。此外,私立学校必须设立人数为理事会2倍以上的评议员会。《私立学校法》还规定了理事、监察员与评议员的产生方法。

（三）政府资助私立学校

以实现私立学校的公共性为前提,政府应该对私立学校的发展给予必要的支持与资助,这是《私立学校法》的又一基本精神。《私立学校法》第59条规定:"国家和地方政府在认为有必要振兴教育之时,可根据其他相关法律规定,对学校法人(私立)实施学校教育给予必要的补助。"除了上述三条私立学校发展的基本原则之外,《私立学校法》还用较多的篇幅规定了学校法人的设立、管理、解散等问题。

《私立学校法》规定,申请成立学校法人,首先必须具有一定数量的资金(该资金是成立学校法人者无偿捐赠专门用来设置私立学校的);其次必须根据文部省规定的手续,将成立人的目的、学校法人的名称、准备设置的私立学校的名称以及有关理事会、评议员会、资产财务、解散等规则一并上报文部省。文部省在听取私立学校审议会或学校法人审议会的审议结果之基础上,做出是否准予成立的决定。

《私立学校法》公布之后,日本政府又相继制定了《关于给予私立大学研究设置国家补助的法律》(1957)、《私学振兴财团法》(1970)、《私立学校振兴助成法》(1975)等有关私立学校的法律,文部省也为执行《私立学校法》于1950年下发了《私立学校法施行令》和《私立学校法施行规则》。这些法律、法令构成了战后日本私立学校教育法规体系,政府依靠立法这一方式,有效地监督与指导私立大学的办学、发展。

二、政府对私立大学的财政支持

经费来源渠道的不同是私立大学与国立、公立大学的主要区别之一。在日本,国立、公立大学经费的主要部分来自于中央或地方政府的财政拨款,私立大学的经费则主要依赖于学费等学生交纳的费用。这种经费来源构成的差别造成国立、公立大学与私立大学在办学条件上的差距,经费不足成为长期困扰私立大学提高办学水平与教育质量的主要问题。

从私立高等教育具有公共性的观点出发,为了解决私立大学的经费不足问题,日本政府自20世纪70年代开始着手解决资助私立大学的问题,首先制定了《私学振兴财团法》和《私立学校振兴助成法》。《私立学校振兴助成法》规定政府可以拨款补助私立大学的办学经常费用,补助金额不超过办学经常费用的1/2。政府将私立大学的补助经费先按计划拨给日本私学振兴财团,各私立大学再向财团申请拨款。

日本政府给予私立大学经常费用的补助正式开始于1970年。日本政府对于私立大学办学经常费用的补助在20世纪70年代增长较快,1980年时达到最高点,当年补助金占私立大学经常费用总额的29.5%。进入20世纪90年代之后,由于受经济不景气等因素影响,补助金的年增长率较低,但补助金占私立大学年经常费用总额的比例仍然维持在10%以上,1997年为2 950.5亿日元。

除了拨付补助金这种对私立大学的直接经费资助之外，政府还通过免税、减税措施对私立大学实施间接经费支持。

日本政府对私立大学在经费上的资助与支持缓解了私立大学的经费不足状况，在一定程度上改善了私立大学的办学条件，维持并促进了私立大学的发展。自20世纪70年代以来，日本私立大学的学校数与在校学生数始终占学校与学生总数的70%以上。

三、私立大学会计制度的编制

1970年之前，日本私立学校会计没有统一的标准，各大学只是按照各自的标准行事，以参照企业会计准则为主。1971年（昭和四十六年）4月1日日本文部省令第18号《学校法人会计基准》得以公布，成为日本所有私立学校，包括私立大学，必须遵守的会计制度。

（一）此前没有统一会计制度的原因

在《学校法人会计基准》公布之前，日本没有对学校法人建立统一的会计标准。日本的会计制度的核心是商法、证券交易法、税法三轴体制，即使在欧洲大陆法系的国家这也很难有类似的制度。日本的会计制度是由商法（法务省管辖）、证券交易法（前大藏省、现在的金融厅管辖）、法人税法（财务省管辖）分别制定的，相互之间很难协调。因此，日本企业会计制度（或准则）具有很强的税收管理导向。日本股份公司，为了计算向国家及地方自治体交纳税金和分配给股东的红利额度，就必须采用一般公认的会计基准来处理相关会计问题。

可是对于私立大学而言，既没有纳税问题，又没有分红问题（日本私立大学基本上没有分红行为），所以私立大学各自选择一定的会计制度，只要可以计算每年的收支就足够了。

（二）《学校法人会计基准》产生的原因

1971年《学校法人会计基准》的制定和公布，有两个方面的主要原因。①私立大学管理合理化的必要性，这是较长时间以来，日本大学发展中内在管理工作一直提出的问题。②对私立大学实行国家补助制度的必要性，这是催生《学校法人会计基准》的直接原因。

1967年，日本文部省设立了"临时私立学校振兴调查会"，希望通过调查研究，提出相关的政策措施，使私立学校管理行为合理化、正当化。该组织提出要制定包括财务标准在内的一系列政策措施。首先是对私立大学实施国家补助制度，即对私立大学的经常项目经费，国家必须给予一定的财政补助。1969年8月，文部省在编制第二年度的财政预算中，决定为私立大学增加包含人事补助的各类补助。1970年度是实施国家补助制度的第一年度，实际补助金为132.2亿日元，这相当于当时大学经常项目费用的7.2%。

为了公平合理地在所有私立大学之间分配政府补助金，有必要建立一种统一的会计基准，作为实施国家补助制度的信息依据和分配依据，因此，日本大学有必要建立一个统一的会计处理标准。学校法人财务基准调查研究委员会于1970年5月制定了《学校法人会计基准》。《学校法人会计基准》最后是以日本政府文部省令（1971年4月1日文部省令第18号）的形式公布的，是日本政府规章的组成部分。《学校法人会计基准》在此后的1976年、1987年、1998年和2006年进行了若干修订。

四、《学校法人会计基准》基本内容

《学校法人会计基准》共38条。

《学校法人会计基准》适用于《私立学校振兴助成法》（1975年法律第61号，以下称为"法"）第14条第1项规定的学校法人（私立学校）。因此，国立大学和公立大学可以不适用本省令。于是，国立大学法人会计准则检讨会议另行制定了适用于国立大学的《国立大学法人会计准则》。

《学校法人会计基准》规定了学校法人进行会计处理、制作会计文件时必须依据的原则是：真实性原则、复式簿记原则、明晰性原则、一致性原则。

《学校法人会计基准》规定，私立学校从事盈利性行为的有关会计处理和计算文件的制作，必须遵循一般公认的企业会计原则，即"收益事业会计"。

《学校法人会计基准》规定，学校法人必须编制会计报表。日本私立学校必须编制的收支表名称是"资金收支计算书"，及附属其后的下列细目表：资金收支细目表，人事费支出细目表；"消费收支计算书"及附属其后的消费收支细目表；"借贷对照表（即资产负债表）"及附属其后的下列明细表：固定资产明细表，借入金明细表，基本金明细表。

《学校法人会计基准》规定，"资金收支细目表"上，用资金收支计算书上记载的收入和支出，把对应本会计年度各项活动的决算金额，按照下列各部门分别记载：学校法人（私立大学）、各学校（含专修学校及各类学校）、研究所、各医院、农场及实习林场。日本人关注细节的传统在此体现得非常充分。

《学校法人会计基准》规定，固定资产中要进行折旧计算，折旧方法按定额法进行。这是日本私立高校会计比较特殊的内容。

《学校法人会计基准》对"基本金"有比较详细的规定。对于熟悉企业会计方式计算表的人来讲，难以理解按照学校法人会计为基准制成的计算表，其最大的原因是其作为基本金的特殊科目而存在的。"基本金"是私立学校（学校法人）为保持必要资产继续运作而取得的归属收入的组成金额（第29条）。日本私立大学基本金有四种："第1号基本金"，记录为教育用途而取得的固定资产价值，和因学校规模扩大及教育的发展而取得固定资产的价值，相当于我国《高等学校会计制度》中的"固定基金"；"第2号基本金"，记录为将来取得固定资产而事先计划、分阶段积累的资金及其他资产的价值，类似于我国《高等学校会计制度》中的"发展基金"，但限于未来购置固定资产；"第3号基本金"，记录保持奖学基金和研究基金继续运作的其他资产的价值，类似于我国《高等学校会计制度》中的"发展基金"，但限于未来科研活动之用途；"第4号基本金"，记录作为恒定保持的资金（相当于类似于我国《高等学校会计制度》中的"留本基金"）、其他的文部科学大臣确定的金额。

五、评价和展望

针对现今日本学校法人会计标准的各种不合理方面，存在着诸多的批判声音。学校法人会计基准，首先以各类资本金的名义把保留部分扣除，采取这样特殊的会计结构，学校的财政状况一般以"赤字"、"黑字"来表示，但与对该问题的理解有所不同，各大学和私立大学团体不希望把自己的财政状况对学生和家长认真加以说明，这是现实存在的一个突出问题。

在不远的将来，存在着修正现行的学校法人会计标准的可能性。可是，假如像废止基本金编入制度那样变更学校法人会计标准，既然学校必须自主筹集改善设施设备条件的大部分资金，反过来，学校法人为充实将来的教育研究基金，也必须从学生交纳的学费中划拨出相当额度的资金继续进行累积，这样的状况应该会一直持续下去。

日本大学的技术转移和产学合作 [1]

汪志平　王俊秋　张爱民 [2]

日本的大学分为国立大学和私立大学。目前，国立大学和私立大学的数量、学生数和教员数如表 1 所示：

表 1　日本的国立大学和私立大学的比较（2000 年 5 月）

	国立大学	私立大学
大学数	99 所	478 所
学生数	58 万人	188 万人
教员数	6 万人	7.9 万人

在国家创新体系中，大学的作用主要有三个：①培养技术人员和研究人员，输送给产业界；②创造产业界创新的技术种子；③储备企业解决问题所需要的高度知识。明治维新以后的一百三十多年来，日本的大学在上述三方面都发挥了很大作用。近年来，随着日本经济的不景气，企业竞争力的下降，社会对于大学的第二个作用寄予了更大的希望。受此影响，日本各地的大学都开始把促进产学合作作为重要任务来抓，技术转移出现了新的变化和创新。

一、日本大学技术转移的形式和现状

日本大学技术转移的形式大致有以下几种形式：

（1）日常性的技术转移：通过毕业生的就职、学会活动中的研究人员交流、企业向大学研究室派遣研究生等人的交流而实现的技术转移是日常性的。

（2）共同研究的技术转移：通过共同研究、受托研究、技术指导等，就个别特

---

[1] 本文发表于上海市教育会计学会内部刊物《上海教育财会》2004 年第 3 期，第 39—44 页。
[2] 作者简介：汪志平，日本札幌大学经营学部教授；王俊秋，华东理工大学商学院会计系副教授；张爱民，本文执笔人，时任华东理工大学商学院会计学系主任、教授、校财务处处长。

定的课题进行有目的的技术转移。

（3）TLO 的技术转移：近年开始活跃起来的将大学研究成果专利化以后，通过专利转让实现的技术转移。活动的中心角色是 TLO（技术转移机构）。

（4）产业化的技术转移：大学研究人员将成果直接产业化，创办企业也开始成为受到注目的技术转移形态。

日本经济产业省 2003 年的调查结果表明，67%的企业和大学之间有合作研究和技术指导关系。日本文部科学省的调查结果表明：国立大学和产业界的合作研究项目增长迅速，1991 年为 1 139 个，2001 年增加为 5 264 个；受托研究 1991 年为 2 121 项，2001 年为 5 701 项。通过大学 TLO 实施的技术转移，1998 年仅为 1 项，2002 年急剧增加到 597 项。大学关联的新企业 2002 年 8 月达到了 424 家。从以上统计数字来看，过去的五年里，日本的大学和产业界的合作是迅速密切了。

二、国立大学的发明管理和 TLO 活动

根据 1978 年 3 月日本文部省下达的《有关国立大学教员等的发明的专利的管理办法》，教官有关发明的权利，原则上归属该教官个人。作为例外，以应用开发为目的的特定研究课题，并得到国家特别研究经费，或者是利用了为该特殊研究目的而设立的大型研究设备而取得的发明成果，申请专利的权利归国家所有。

几乎所有的大学里都设有发明委员会，各教官有了发明都要向该委员会报告。但是这里并不判断发明是否值得申请专利，只是判断申请专利的权利是否要归属国家。

据统计，报告的发明中，大约 15%为国家所有，其余都是归属教官个人，由个人或者和有关企业一起申请专利，也许是不申请专利而闲置。

由于原则上发明归属于研究者个人，申请专利也完全是个人的事情，大学不提供援助，因此，大部分发明都委托给有来往的企业去申请了。这些发明也不一定能有效地产业化，很多专利都成为企业的防御武器而放置不用。

另一方面，国家所有的专利，为了保证公平性，转让手续十分繁杂，独家利用也受到限制，企业也没有积极利用的动力，其结果是国有专利大部分都没有得到利用。因此，长期以来，日本国立大学的专利等知识产权管理，没有建立有效的转移体制，一些有价值的研究成果也没有得到充分利用。

但是，自从 1998 年《大学等技术转移促进法》实施以后，TLO 设立很快。到 2003 年 4 月底，根据该法律得到承认的 TLO 有 32 个。其中有的是一个大学的

TLO，有的是几个大学的 TLO。组织形态也有多种，拥有法人资格的私立大学单独设立的 TLO 是大学内部组织，而没有法人资格的国立大学的 TLO 就不得不采用外部组织的形式，一般是股份公司或者是财团法人。

大学 TLO 技术转移活动的基本流程为：①收集大学的发明情报；②从发明人那里取得专利申请权的让渡；③办理专利申请；④向民间企业提供正在申请专利的发明情报；⑤和民间企业交涉和缔结专利实施合同；⑥将取得的专利转让收入还原给大学和发明人。

需要注意的是，大学研究成果向产业界的转移，专利转让只是一种途径而已。除此以外，还有人的交流、技术咨询、共同研究、直接或间接出资创办企业等多种形态。实际上，大学研究成果的大多数和实际应用都还有相当距离，需要在转让专利的同时，进行实用化的共同研究和技术指导。大学 TLO 能否提供这种综合服务，对提供技术转移的效果影响很大。从这个意义上说，TLO 不能只是 "Technology Licensing Organization"（技术特许使用组织），还应该是 "Total Technology Transfer Liaison Organization"（技术转移的联络组织）。

三、东京工业大学的发明报告情况和 TLO 活动

自 1998 年开始实施《大学等技术转移促进法》以后，东京工业大学成立了前沿创造共同研究中心，开始促进产学合作的启发活动。1999 年 9 月成立了 TLO，名称是"财团法人理工学振兴会"。从此以后，教官向大学发明委员会递交的报告数目迅速增加。20 世纪 90 年代前期每年才 20—30 件，2000 年达到了 284 件。以前很多教官不知道报告程序，发明委员会没有充分发挥机能，现在这些问题已得到解决。

表 2 东京工业大学的发明报告数（单位：件）

年度 类别	1993	1994	1995	1996	1997	1998	1999	2000	2001
国家所有发明	7	5	2	7	12	24	32	29	32
教官所有发明	30	14	23	13	23	127	173	169	130
TLO 申请专利							34	86	87

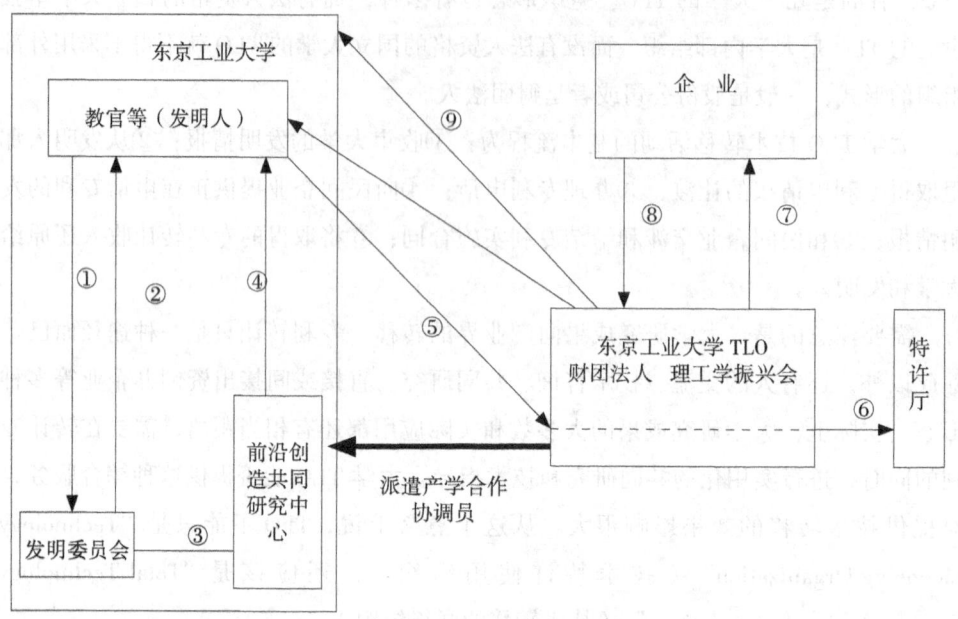

注：①报告发明；②判断归属国家还是个人；③联络；④产学合作协调员与发明人协商；⑤发明人将专利申请权利让渡给TLO；⑥TLO申请专利；⑦TLO向企业转让专利；⑧TLO取得专利使用收入；⑨分配收入给大学和发明人。

图1 东京工业大学的技术转移流程图

四、东京大学的做法

为了进一步推进产学合作，东京大学将2002年4月设立的产学合作推进企划室，于2002年11月上升为大学总长（校长）直属的产学合作推进室，作为整个大学的运营据点。产学合作推进室具有以下七项功能：产学合作咨询窗口，产学交流场所设置，合作研究和大学产业等技术转移支援的范例创造，制度和法务环境的整备，与TLO携手确立知识产权的管理和实施体制，保护研究成果和情报，推进产学合作的教育项目开发。

东京大学目前有两个TLO。一个是1998年由东京大学尖端科学技术研究中心的部分教官共同出资设立的股份公司"尖端科学技术孵化中心"（CASTI）。截至2002年6月，该机构已经提出专利申请600多项，并签署了90多个技术转移协议。另一个是2000年1月成立的财团法人"生产技术研究奖励会TLO"（FRIST-TLO），它以1952年设立的长期从事联系产业界和大学之间桥梁作用的生产技术研究奖励会为母体。

此外，2001年，东京大学部分教官又共同出资成立了从事创业支援和孵化活动的"尖端科学技术企业股份公司"（ASTEC），它募集了一个"ASTEC技术孵化基金"，已经投入了几个大学的高科技新企业。

在学部（即中国的学院）和研究生院的层次上，医科学研究所、国际产学共同研究中心、工学附属综合试验所等也有各种推进产学合作和创业的举措，并取得了一些成果。

2002年9月，东京大学的药学系研究科设置了"药学商务创新讲座"这个新的专业，以药物技术和创新为主题，将药学、医学、生命科学和产业界结合起来，目标是发展成为药学商学院。主要研究领域是开发和提议，建立什么样的机制才能将生命科学和医疗领域的大学研究成果，按照市场和大学双方的要求，高效率地产业化和商业化。因此，在教育内容方面，是要培养具有药学、医学、生命科学的专门知识，同时有具有创业和商业化所必需的商务技能和心态的复合型人才。"Science Entrepreneurship"（立足于科学的创业心态）这一概念开始在设计课程的过程中受到重视。

五、国立大学法人化以后的产学合作

2004年4月，日本的国立大学将成为独立法人，教官也将不再是公务员。同时，过去的教官的发明将归属大学所有，国立大学的产学合作将进入一个新时期。

大学必须导入职务发明规程，规定教官的发明归属大学的程序。在企业里，员工的发明申请专利的权利归企业所有，企业即使不申请专利，也不会归还给员工。但是，大学负有公开研究成果并使之广泛普及的使命，大学判断不申请专利的发明如何处理，也需要做出明确的规定。

另外，申请和维持专利都要发生很多费用负担，单纯竞争专利数目没有多大意义。但是今后如果在评价研究者和大学时，专利数目指标变得很重要，大学如何判断是否该申请专利，也需要明确的政策。

大学教官不是公务员以后，还有大学的土地、设施和设备以及知识产权都不是国有财产以后，活动的自由度将变得非常大。大学设施可以提供给企业，或者是共同建设，也可以提供给新创企业使用。对教官的技术指导等兼职，各大学也可以独自做出规定。

自由度和柔软性增加了，为了不损害大学的公益性，推进产学合作必须确立透明度高的明确规定。特别是成果归属和利益分配中存在的大学和教官的冲突，共同研究中教官和学生的利益冲突等，都需要有行动纲领。

六、日本的大学企业

由于日本经济长期不景气，20世纪90年代后期以来，人们对立足于大学研究成果的新创企业给予了很大期望。

筑波大学等在进行大学企业调查时，将下面的四类企业定义为大学企业：①以大学或者是大学教员所持有的专利为基础而创办的企业（通过专利转移技术型）；②以在大学取得的研究成果或者学到的技术为基础而创办的企业（通过专利以外转移技术型或者是研究成果活用型）；③大学的教员或者是技术职员、学生作为创办者所设立的企业，但是教员离职或学生毕业以后一年以内也包括在内（人才转移型）；④大学和TLO在新创企业设立时出资或者是做了出资斡旋的（出资型）。

截至2002年8月31日，大学企业累计442家，其中国立大学225家，公立大学16家，私立大学194家，国立高专7家。这个数字，比起其他发达国家来，还是很小的。比如，2000年美国大学企业368家，1997年德国大学企业650家。

表3　日本大学企业的设立数量

截至1994年	1995年	1996年	1997年	1998年	1999年	2000年	2001年	2002年
37家	8家	10家	17家	26家	48家	100家	105家	73家

注：2002年的数字截至8月31日。

表4　设立新企业数目多的大学排名榜

名次	大学名	企业数（家）	性质
1	庆应义塾大学	34	私立
2	早稻田大学	33	私立
3	龙谷大学	21	私立
4	筑波大学	13	国立
4	东京大学	13	国立
6	东京工业大学	12	国立
6	大阪大学	12	国立
6	日本大学	12	私立
6	高知工科大学	12	县立
10	北海道大学	11	国立
10	神户大学	11	国立
10	九州大学	11	国立

资料来源：《日本经济新闻》2002年11月28日。

日本大学企业的发展，需要该企业采用的技术的发明人员的参与。具体来说，作为技术发明人的教师参与的方式可能有：创办资金的出资，研发过程中的技术指导，新的研究成果的提供等。但是日本国立大学的教官，由于曾经拥有的国家公务员的特殊身份，存在很多制约。

首先，国立大学本身不能充当出资人。教官本人也受到国家公务员伦理法的约束，如果该企业和大学有业务上的往来也不能出资。教官作为企业董事就任时，必须办理兼职手续。利用国立大学的设施为大学企业从事实用化开发研究也受到制约。

但是，从2000年开始，在制度上开始逐步改善了。对于国立大学教员的兼职，修改了人事院规则，大学教师可以在TLO中兼任董事、到研究成果应用企业兼任董事、到股份公司或有限公司兼任监事。大学企业也可以有偿利用大学设施了，但是大学出资仍然不允许，这种状况在法人化以后很快就要改变。

七、私立大学的产学合作

日本的私立大学在高等教育体系中占有重要地位，大学数量和学生数量都大大多于国立大学。但是私立大学以经济自立为原则，只有符合一定标准的私立大学，才能得到政府的补助金（2001年度的补助金总额为3 094亿日元）。1995年开始实施《科学技术基本法》以后，政府对私立大学的高科技研究中心等建筑物提供半额补助。

长期以来，国立大学不愁经费，只要搞好教学和研究就可以了，和产业界的合作没有受到重视。而私立大学为了自立经营，都积极设法争取毕业生和产业界的捐助，并较早地开始着手产学合作。比如，东海大学在三十年前就设立了以技术转移为目的的综合研究机构，早稻田大学在1993年开设了理工学综合研究中心，立命馆大学在1994年设立了产学合作联络办公室。

东海大学创办以来，鼓励教员申请专利。1966年制定了《工业所有权办理规程》，1974年设立了情报技术中心，1976年设立综合研究机构，有十多位职员从事专利申请和管理工作。过去的二十多年中，其他私立大学每年申请专利都只有几项而已，而东海大学每年都有十几项。

早稻田大学在2000年年底制定了《职务发明规程》，主要内容如下：教员利用大学的设备和资金而做出的发明，作为职务发明，必须向大学报告。其他发明，如果愿意让渡给大学的，也向大学汇报。由负责教务的常务理事领导的大学发明审查委员会，对报告来的发明进行审查，有必要申请专利的，在得到理事会认可以后，开始申请。专利的申请和维持费用由大学负担,由知识财产中心处理这些事务。对于专利转让收入的分配,在200万日元以内的,大学收取15%的管理费以后,剩余部分的70%归发明人,30%归大学;200万—1 000万日元的,大学收取15%的管理费以后,剩余部分的50%归发明人,50%归大学;1 000万日元以上的,大学收取15%的管理费以后,剩余部分的40%归发明人,60%归大学。

现在,一些私立大学设有"技术转移协调员"(coordinator),他们的主要活动是:

(1)搜集发明。向教员们宣传TLO,说明专利制度,动员教员对于重要的发明,在学会发表以前申请专利。通过这些活动,保证有稳定的发明报告数量。教员都理解了以后,这种活动就不需要了。

(2)准备审查委员会用的资料并做说明。审查委员会每月召开一次。准备资料时,要调查已有的技术,新发明的概要、用途和市场性,以及和已有技术的差异。并在审查委员会上说明,取得委员会的同意。

(3)申请专利的准备。对于决定要申请专利的发明,决定"辩理士(律师)",并安排和发明人碰头,请辩理士制作申请材料,然后让发明人检查,确认无误以后,提出专利申请。这个过程是非常辛苦的作业。

(4)制作技术资料。对于已经提交专利申请的发明,制作资料,说明该发明的概要,可以考虑的用途等,在网页上公布。有必要的时候,携带这些材料去拜访顾客,当面说明。

(5)和顾客协商。通过电话或电子信件和对方取得联系,会面并推销已经申请专利的技术。有时,还需要把发明人一同带上,宣传技术。如果对方要求看专利的内容,就和对方签署严守秘密的备忘录,将专利申请材料借给对方一定时间。协商的结果,有时不是专利转让,而是进一步开展合作研究。

(6)缔结契约书。事先准备好几种类型的文件,如严守秘密、转让专利、受托研究和共同研究等。制作契约书时要委托专家,当然各种具体条件的谈判是协调员的工作。

八、支援创业

2001年4月,日本政府提出了设立大学企业1 000家的构想。

2000年4月,早稻田大学租用了邻近的早稻田实业高中遗留的设施,建立了企业孵化器,面积约900平方米。在这里,每半年举行一次创业计划的审查会,让那些准备创业的学生小组,或者是毕业生创办不久的企业,以及可以为新企业提供服务的专利咨询和会计事务所入驻。到 2003 年 3 月，有学生小组 10 个（其中 5 个是法人），毕业生企业 13 家。但是高科技企业很少，主要为信息类和文化类。入驻期限为 2 年，不能延长。对于学生小组，房租是 12.6 平方米每月 2 万日元。

在早稻田大学的孵化器内，现有 5 名工作人员，2 位受中小企业事业团派遣，3 位是企业家自愿者。他们都有在风险投资公司当领导或是有过营业的经验，其工作是：对事业计划的立案指导，营业战略的指导，资金问题的指导。

日本现在有 13 所国立大学也建立了这样的孵化设施，而且入居企业基本上都是高科技企业。因此，即使是私立大学名牌的早稻田大学，在这方面和国立大学还有差距。

日本产业技术开发体制与产学合作的变迁 [1]

汪志平　王俊秋　张爱民 [2]

20世纪70年代后期,欧美大学里出现了产学合作的浪潮,这股浪潮波及日本则是20世纪90年代末期了。20世纪80年代日本的泡沫经济时期,政府、产业界、学术界的一致看法是,日本追赶欧美的时代已经结束,日本要加强基础研究了。其背后的思想是技术创新理论中的线性模式,即按照"基础→应用→开发",或者是"研究→开发→生产"、"科学→技术→产业"的顺序来实现产业发展。这种科学至上主义的认识,在20世纪80年代的日本日益强烈。于是在泡沫经济时期,日本的国立研究所和民间大企业,都盲目地扩大了基础研究投资。正是在那个时期,欧美企业开始缩小自己的中央研究所,在基础研究方面依靠大学和国家研究所。而日本企业则是反其道而行之,有的企业甚至宣称,今后再也不用依赖大学了,我们也可以搞拿诺贝尔奖的研究。但是进入20世纪90年代以后,随着泡沫经济的破灭,日本企业的基础研究热情迅速消退,企业的很多研究所开始缩小,合并甚至撤销,日本企业又拜欧美为师了。20世纪90年代后期开始,日本着手进行产学关系的再构建,同时开展了大学的改革。进入21世纪以后,日本才开始出现产学合作和大学创业的快速发展势头。

一、日本产业技术开发体制的历史变迁

(一)产学合作的先锋

日本于1886年在帝国大学(7所综合性国立大学)设立了工学部,这在世界上也是首创。当时工学部的学生多数是武士的子弟,他们的社会地位高,这带来了后

---

[1] 本文发表于上海市教育会计学会内部刊物《上海教育财会》2006年第4期,第31—36页。

[2] 作者简介:汪志平,日本札幌大学经营学部教授;王俊秋,华东理工大学商学院会计系副教授;张爱民,本文执笔人,时任华东理工大学商学院会计系主任、教授、校财务处处长。

来日本大学中理工科学部的地位比起欧美大学相对要高的结果。在19世纪末的日本，拥有工学学士学位的人，不仅活跃在产业界，而且在政府部门和学术界也崭露头角，这种情况在欧美是难以想象的。从这种意义上说，日本是产学研合作的先锋和模范。

第一次世界大战以前，美国的高等教育机构，大多数都是实用指向的。这些工科毕业生社会地位较低，在政治上没有什么作为。当时的欧洲大学也很看不起美国同行。

第二次世界大战前的日本大学，特别是帝国大学，既是吸收欧美文明的桥头堡，又是向民间和地方以及其他学校输送人才的基地和源泉。科学技术也是从西洋引进以后，先在国立大学和专门学校以及国立公立的试验所、研究所等公共部门得以吸收，然后转移到企业等民间部门。当时帝国大学毕业的工学士，在政府、大学、研究所、民间企业之间频繁移动。

（二）战后的大企业体制和理工科热

第二次世界大战后，日本开始恢复和欧美的交流，发现在产业技术上落后了一大截，于是开始奋力追赶，核心手法是从欧美引进技术。钢铁、造船、汽车、石化、家电、半导体等产业，都是利用银行贷款引进大型设备，进行大规模生产，通过激烈的销售竞争争夺市场份额。由于主要企业的设备都差不多，产品也几乎一样，同质的竞争十分激烈，规模经济起主导作用，结果是各个产业都形成了少数几家大企业的寡占结构。

战后相当长一段时间，日本企业的注意力都是向着海外，引进技术是最关心的大事，它们对于国内大学的研究成果几乎没有什么期望。

那时的大学也忙于从战争的破坏中复活，专心致志地收集海外的信息和知识。如果说有什么产学合作的话，不过是一些有关海外信息的交换而已。

20世纪50年代中期到70年代初期，是日本经济的高速增长期。这个时期正是美国企业的中央研究所体制的黄金时代，同时也是创新的线性模式（基础→应用→开发）的时代、大企业唱主角的时代。

这个时期里，日本大企业的实力迅速扩大，它们开始从大学和国立研究所挖人才，也争抢名牌大学的理工科毕业生。政府根据产业界的要求，扩大了理工学部的定员，但是对于改善大学的研究环境并不积极。

政府各部门之间的纵向分割体制也使产学合作变得困难。大学的研究费由文部省负责，企业的研究开发援助由通产省负责，国家研究开发由科学技术厅管理负责。

大企业对于比较知名的教授，通过奖学寄付金的形式，小金额大范围地提供研究经费的资助。奖学寄付金是以奖励教育研究为目的的经费，由企业等捐助给大学。但是企业在捐助的时候，可以指定寄付金的使用教授。在用途上，只要是学术研究的范围，没有特别的限制，也可以跨年度使用。民间提供给国立大学的资金，此外还有委托研究费和共同研究费，但是对于国立大学的教官来说，奖学寄付金是最方便使用的经费。

对于企业来说，向某个教授提供奖学寄付金，等于是暗示，你可要经常把优秀的学生送到我们公司来哦。虽然每份的金额都不大，但是主要的教授都得到提供，因为企业需要录用各个专业的毕业生。

（三）20世纪70年代前期的产业结构大转变

20世纪60年代后期，全世界的科学技术氛围发生了重大变化。美国在20世纪60年代中期爆发了学生运动，所谓的"产军学复合体"受到了激烈批判。在日本，产学共同研究也受到批判，大学的研究人员开始对产学合作感到过敏。

另外，20世纪60年代末到70年代初，环境问题开始受到全世界的关注。过去科研人员从来没有怀疑过技术进步会为人类带来幸福。但是环境问题日益严重，使他们认识到了技术开发也可以给人类带来不幸，这使得一些科研人员的信仰开始动摇。世界各国在社会上也出现了反技术的意识。

20世纪70年代初，产业结构大转变，发达国家的制造业人口比率开始下降。在日本，1971年以后日元大幅度升值，1973年爆发石油危机，这些事件都对产业界带来了猛烈的冲击，日本经济的高速增长告以完结。日本的钢铁产量从1973年以后就没有再增加，石油的进口量也是在1973年达到高峰，而半导体的产量则急剧增加，日本经济开始从重化工业走向微电子工业为主导。欧美经济在这个时期也陷入低迷状态，各国在摸索如何摆脱困境的过程中，欧美出现了大学承担创造产业价值之翅膀的"大学革命"。而日本的产业界通过开发节能技术和设备，转变产业结构，比较顺利地渡过了两次石油危机，世界也开始对日本经济刮目相看。进入20世纪80年代，日本产业界最大的担心是如何解决和欧美的贸易摩擦。

也许是这个原因，日本并没有出现欧美那样的大学革命，产学关系没有什么大的变化。随着日元升值，一些企业开始向外国的大学提供研究费。在低速经济增长的这个时期，政府的科技预算，主要集中在原子能和宇宙开发等巨大项目上，大学的研究日益贫困化。

（四）超 LSI 技术研究组合的成功

这个时期的产学合作不活跃，但是产官合作出现了新动向。在通产省的领导下，1976 年设立了"超 LSI（超大规模集成电路）技术研究组合"（1976—1981），总预算为 700 亿日元，其中 300 亿日元来自政府出资。这个项目是受到美国 IBM 公司的未来计算机计划"Future System"的激发，美国的威胁成了动机。但是这个项目为日本的半导体产业带来了巨大的成果，导致了 20 世纪 80 年代以后日本企业在半导体领域的迅速崛起。为此，欧美出现了"日本株式会社"的批判，它们开始感受到了日本官民一体的可怕。

日本的技术研究组合，是 1961 年"矿工业技术研究组合法"规定的制度。以解决特定的技术课题为目的，大体上是以大企业为成员。超 LSI 技术研究组合的时候，组合成立了独自的"超 LSI 共同研究所"。这里汇聚的研究人员，来自市场上相互竞争的企业，比如日立、东芝、富士通等，但是他们在这里并肩研究，这也可以说是一个奇观。

当初在日本的很多人说，竞争对手的企业在一起搞共同研究，不可能成功。但是关键是在这个研究所里，并没有从事产品生产的研究，而是把努力集中在建立制造技术的共通平台上。这种定位非常重要，这个概念成为后来日本企业共同研究的关键词，其运作方式也对欧美后来的一些项目，比如美国的 SEMATECH（半导体制造技术联合）、欧洲的 JESSI（联合欧洲亚微硅提案）等产生了影响。

（五）向基础研究倾斜

进入 20 世纪 80 年代以后，欧美除了批判日本是官民一体的"株式会社"外，还指责日本搭乘欧美基础研究的便车。他们看来，日本在基础研究方面没有什么出色的成就，但是产业却取得了巨大繁荣，是因为免费享受了欧美基础研究的成果。当时的通产省接受了这种论调，选择了强化基础研究的道路。为此，通产省对于管辖下的隶属于工业技术院的研究所，发出了强化基础研究的指令。

20 世纪 80 年代后期到 90 年代初，日本经济空前繁荣，产业界也迅速扩大了基础研究投资。有些企业设立了基础研究所，已有的中央研究所扩大了基础研究的力度。而这个时候，美国产业界开始怀疑基础研究和中央研究所的经济效果，逐渐把研究开发投资转向事业密切型的开发。日本的方向与欧美背道而驰。

（六）走向新产业创造

1992年左右，泡沫经济破灭，日本经济陷入深刻长期的萧条。1995年，日本政府的科技政策方向开始明确转变。

1995年5月决定的第一次追加预算，设定了对科学技术、信息通讯等经济前沿的预算。为了支援面向新产业创造的研究开发，扩大了大学和国家研究设施的设备投资，明确了支援开发未来产业技术的研究活动的意图。日本的大学政策，终于开始和欧美走向同一个方向。通过1995年的追加预算，大学开始设立风险企业孵化设施，文部省也提出了创造新产业的政策目的。

同一时期，日本学术振兴会、新技术事业团（现在的科学技术振兴机构）、新能源产业技术综合开发机构（NEDO）等，开始了所谓的"提案公募型"研究资助制度。这些竞争性资金的出现，导致大学的资金，除了文部省以外，还可以从其他省厅（部委）得到，这在日本历史上也是划时代的。

1998年，日本又制定了"促进大学的技术研究成果向民间事业者转移的法律"，随之而来的是，大学技术转移机构（Technology Licensing Organization，TLO）的陆续登场，以及大学教授纷纷自己创办企业。

20世纪90年代中期，日本产业界的基础研究指向也烟消云散，企业的中央研究所不断缩小与重组，日本的大企业也开始显示出和大学合作的意愿。日本社会开始出现期望大学创造产业价值，期望产学合作深化，期望以大学研究成果为基础的新创企业不断出现和壮大的气氛。

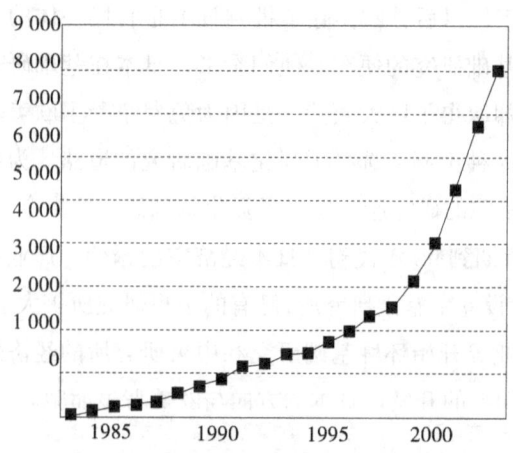

图1　企业和国立大学等的共同研究实施数目

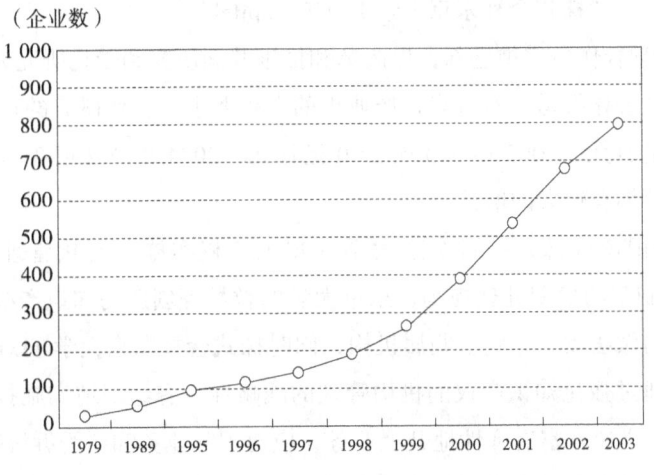

图2 大学企业数量的推移

二、日本国立大学的产学合作：东京大学的案例

东京大学从2001年开始积极推进整个大学的产学合作。概略来说，2001年制定了全大学推进产学合作的基本政策和计划；2002年开始具体地组织设计和设置，制定各种规则，建立产学合作的平台；2004年起真正开始实务运作；2004年4月起国立大学法人化的改革，进一步促进了产学合作活动的开展。

（一）产学合作的组织

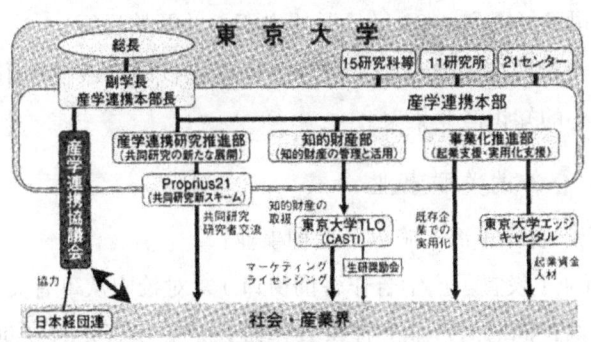

图3 东京大学的产学合作关联组织

2004年4月，本乡（东大本部所在地）校园里，新建的产学合作大楼竣工，产学合作本部成立。产学合作本部，是大学总长的直属组织，下设3个部门：产学合作研究推进部、知识产权部和事业化推进部。此外，还有外部组织的"株式会社东

京大学 TLO"、"株式会社东京大学 EDGE Capital"。

（1）产学合作研究推进部，以改革和推进共同研究和受托研究为目的，公开管理信息，建立合作渠道，对应来自产业界的个别要求。合作研究的现状是，2002 年 417 项 19.2 亿日元，2003 年 543 项 25.0 亿日元，2004 年 742 项 33.9 亿日元，项目的数量和金额都有较大的增长。

（2）知识产权部，是对东京大学的知识产权实施一元化管理的组织。根据 2004 年 4 月制定的发明处理规则，东京大学的教员等创造的知识产权，从过去原则上归属个人的做法改为原则上归属机构，同时株式会社东京大学 TLO 也随之改变了运营规则。通过强化知识产权的机构管理的战略性，有组织地实施技术营销、许可和转让活动，迅速且富有弹性地开展业务，应对国际业务和纠纷诉讼等。

知识产权部和东京大学 TLO 的密切合作，对于高效率地运用知识产权是最为重要的关键。二者的关系是管理主体和运用主体的关系，从产业界来看，二者是一体化运营的。另外，和财团法人生产技术研究奖励会继续保持紧密合作。

知识产权部还承担有关合作研究的契约，共同申请专利的契约的法律事务，著作权，成果有形物等的知识产权的关联法律事务。

（3）事业化推进部，积极支援研究成果在现有企业中的实用化，或者是新创企业的事业化。对于在现有企业中的实用化，作为许可活动的一环，支援各种形式的人员交流。对于新创企业的事业化，为了在创业资金和人员方面提供支援，2004 年 4 月设立了东京大学自己的风险基金运营公司"株式会社东京大学 EDGE Capital"，该公司已经得到了 83 亿日元的出资，并开始运行。

此外，在各个校园内还设有孵化设施，以促进校园内或校园附近的创业活动，建立以大学为核心的知识产业集聚。

（二）产学合作的关联事业

东京大学产学合作本部实施以下七种事业：

（1）咨询事业（设置了产学合作咨询窗口）。对校内从事有关各种契约、创业、知识产权等的咨询，同时对产业界提供合作研究，受托研究的咨询，调查关联技术和研究者的服务。

（2）广场事业（设置了产学交流的场所）。作为交流的场所，设立了产学合作协议会，使之成为东京大学和产业界之间，开展定期且有效的交流的信息发送渠道。

（3）模式化事业（开发产学合作、创业、实用化的模式）。整理实施各种产学合作所必要的条件，开发典型的模式，同时实际使用那些模式，对于不存在特殊因素的案件，依据标准模式运行，以提高效率。

（4）支持事业（完善制度和法律的实务环境）。整理全大学的共通问题，设计柔性的制度，从事法律根据的明确化，建立有关手续、规程、文件格式并实现标准化，发行指南小册子等。

（5）管理事业（管理和运营知识产权）。与东京大学 TLO 紧密合作，建立和完善有关知识产权的管理和运营方法（申请，权力归属，专利承认，实施权等）建立高效率的富有实效的管理体系。

（6）保护事业（保护研究成果和秘密信息）。对于企业带来的营业秘密，大学拥有的研究开发情报、知识产权、研究成果物品等，决定适当的信息披露和保护政策。利用非公开协定（Non-Disclosure Agreement）送出一定的公开前情报，利用资料传送协定（Material Transfer Agreement）促进成果有形物品的流通。

（7）将来事业（推进产学合作的教育研究项目）。称为"企业家道场"，让拥有实际企业经验的人士来指导准备创业的学生在那里训练商业计划的制作。

第五部分　海外教育经费监管问题研究

美国公立大学系统的内部审计 [1]

——以田纳西州大学系统为例

张爱民 [2]

美国有一个特殊的大学组织形式：公立高等学校系统或公立高校系统（System of Public Higher Education）。公立高等学校系统是一个由若干高等院校组成的大学集团，上面接受州政府的教育行政管理部门（如 Education Commission of the States，即各州教育委员会）的领导，下面有管辖着一个又一个的高等院校或校区。例如，加利福尼亚州拥有三大公立高等学校系统：研究型大学 UC——加州大学（10 所），教学型大学 CSU——加州州立大学（24 所）和社区学院 CCC——加州社区学院（119 所）。但是，美国大部分的州只有一个公办高校系统。本文将以美国田纳西州为例，介绍美国公立高校系统的内部审计制度和实务。

一、田纳西州的公办高校系统：TBR

美国中部的田纳西州只有一个公立高等学校系统——田纳西教育理事会（The Tennessee Board of Regents，以下称"田纳西大学系统"）。田纳西大学系统包括 45 个教育机构（以下称"大学"）：6 所州立大学、13 所社区学院和 26 所技术培训中心。田纳西大学系统每年招收 190 000 名学生，年收入超过 22 亿美元，是美国第六大公办高校系统。

---

[1] 本文发表于《中国内部审计》2010年第8期，第74—75页。

[2] 作者简介：张爱民，华东理工大学商学院会计学教授，校审计处处长。

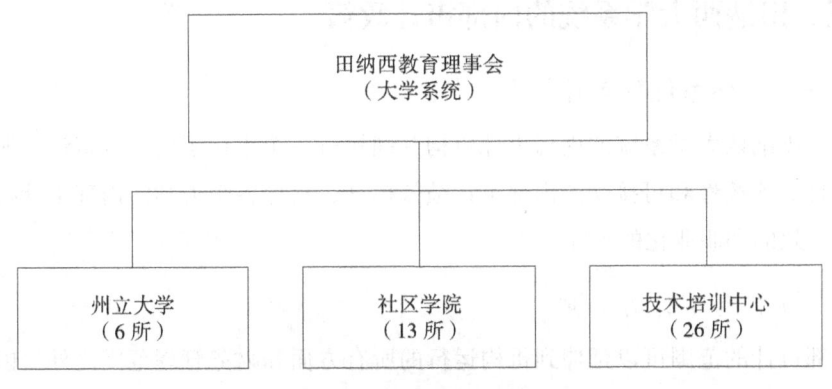

图1 纳西教育理事会结构图

田纳西大学系统是田纳西州议会于1972年批准成立的，是田纳西州州立大学和社区学院系统的管理实体。田纳西大学系统有18个理事：市民代表12人，教师代表1人，学生代表1人，行政官员4人。

二、田纳西大学系统的内部审计的组织和人员

田纳西大学系统和每一个大学都必须聘请至少两位全职的内部审计员，各设一名内部审计主任。根据法律，大学系统的内部审计主任直接向田纳西大学系统和州审计委员会报告。大学或校区的内部审计员在向校区校长报告的同时，也有责任通过大学系统的内部审计主任向田纳西大学系统和州审计委员会报告。根据学校的规模和结构可决定是否聘用更多的审计人员。如果不聘用全职的内部审计员，也必须与系统内的一所大学或其他两年制学院签署一项协议，委托后者的内部审计人员来提供所需的审计服务。

大学的内部审计主任职位的聘任和改变，先由校长推荐，再经过大学系统的内部审计主任批准，才能生效。大学系统的内部审计主任和大学的内部审计主任的薪酬，必须经过大学系统的审计委员会评估和审批。大学的内部审计人员的解雇必须首先经过大学系统总校长（Chancellor）和审计委员会的批准。

内部审计人员应该拥有足以履行职责的专业资格和经验。例如，大学的内部审计主任和大学系统的内部审计主任必须拥有注册会计师或者注册内部审计师资格证书，每年完成足够的继续职业教育。大学系统内的其他审计人员应该每年完成至少40个小时的相关继续职业教育。

三、田纳西大学系统的内部审计政策

（一）大学系统的审计标准

整个田纳西大学系统的内部审计机构共同执行一个审计手册。该审计手册制订了一致性、连续性和可接受的内部审计绩效标准，指导各个大学的内部审计行为维持一个一致的和职业化的水准。

（二）内部审计的范围

内部审计的范围可以延伸到机构运行的所有方面和财务管理范围之外。内部审计人员应该可以接触与被审计对象相关的所有的记录、人员和实物财产，一个特定的内部审计的范围可以根据管理当局的需要而扩大或进行限定。

（三）审计计划

在每一个财务年度初期，大学的校长应提交大学内部审计主任起草的两份年度审计计划，供大学系统的内部审计主任审批。在征求大学系统总校长和大学的校长的意见之后，大学系统的内部审计主任要编制一份年度审计计划，报请审计委员会批准。大学系统的内部审计主任应将其中一份转交给州大学系统总校长和州教育理事会。

（四）审计报告

每一个常规内部审计项目应编写书面审计报告，陈述本次审计的目的、范围和结论。审计者应就每一个审计问题提交整改报告。特殊的教学、咨询服务和其他非常规项目的审计报告应编制相应的特殊内容，以反映其审计的特殊情况。

所有内部审计报告必须由大学内部审计主任签字并及时地直接报送大学系统总校长、大学校长或田纳西技术培训中心主任。大学校长或技术中心主任应提交两份内部审计报告，给大学系统的内部审计主任。大学系统的内部审计主任向州政府审计办公室提交每一份审计报告的副本。大学系统的内部审计主任每月一次向审计委员会提交工作总结，每个季度向审计委员会汇报一次内部审计报告的结果。

四、系统内的大学内部审计——孟菲斯大学

（一）内部审计机构的组织地位

孟菲斯大学内部审计机构接受大学校长和田纳西大学系统的双重领导。孟菲斯

大学内部审计机构是向大学校长和田纳西大学系统提交报告。

为了实现孟菲斯大学内部审计的独立性，内部审计人员向内部审计主任报告，内部审计主任按照职能规定向田纳西大学系统的内部审计主任报告，同时按照行政管理程序向大学校长报告。

（二）内部审计的职责和任务

孟菲斯大学内部审计机构的基本任务是评价组织功能和执行程序是否能够支持本大学的目标。内部审计机构通过系统地评估风险管理、控制、治理程序的效率，并在需要的情况下提供改进之建议，帮助大学实现既定的目标。工作职责是评价由大学管理当局设计和主持的风险管理、内部控制和治理程序是否适当和发挥了预定的功能：风险的确定和管理；财务的、管理的和运行的报告是否准确、可靠、及时；雇员行为是否符合政策、准则、程序和相关的法律法规；资源是否适当地保护和有效使用；运行目标是否实现；遵守法律和法规的问题是否被认定和适当地陈述。

孟菲斯大学的内部审计包括风险审计、合轨性审计、追查审计。风险审计是内部审计主任在对大学的所有领域的相关风险进行评估之后计划执行的一种审计；合规性审计是被要求定期（通常是一年）执行的，检查是否符合某一特定法规要求的审计；追踪审计是对上一个审计项目中相同问题的现状进行的审计。

（三）非审计服务

内部审计机构也开展一些非审计服务。非审计项目一般针对特定的问题或行为，通常是应有关部门负责人要求而执行的。非审计项目的目标一般是：核实或确定问题的范围；确认原因和后果；推荐可操作解决方案。

学校鼓励大学雇员把内部审计部门当作了解学校的一个客观和独立的信息渠道。

（四）与外部审计的关系

孟菲斯大学每年要接受不同机构和组织进行的外部审计、项目评审和类似的检查。在接受项目或活动评审的时候，第一经办人的职责就是通知内部审计部门，这个通知有双重目的：①防止审计工作的重复；②提供大学评议会需要的信息。

五、启　示

（一）内部审计的独立性

美国公立大学系统是一个大学集团，其内部审计除了具有一般的内部审计之外，还具有一个多层次内部审计之间的关系问题。因为整个大学系统中内部审计已经具有了相对独立性,从而可以为单个大学的内部审计机关增强独立性创造一个很好的条件,这一点很重要。因为在美国的大学系统中,大学或其他办学机构是最重要的经济活动单位。一个大学内部审计机构在独立地位得到强化的情况下,可以更好地履行审计职责。

（二）内部审计的制度化

作为一个公办非营利组织,美国公立大学系统更多地接受议会的监督。大学系统的最高权力机构是由民选代表组成,代表着公办非营利组织的最终出资人——纳税人的监督。因此,在这个机制下的内部审计机构更多的是在维护公共利益的安全性和效益性。

为此,美国公办大学系统高度注重制度化的建设。最高权力机构不仅批准设立内部审计机构,而且为内部审计机构的人员组成、具体职能、执业标准等制定了明确的制度,并向社会公开。这个内部审计制度可以成为公众监督的对象,当然也要为公众的利益服务。

德国教育与教育经费监管制度 [1]

张爱民 孙蓝烽 李留浩 [2]

一、德国高等教育现状

（一）德国教育概况

德国人口 8 211 万（2008），是欧洲经济实力最强的国家，是由 16 个州组成的联邦国家，联邦和州依法行使各自的权力。根据《德意志联邦共和国基本法》规定，外交、国防、货币、海关、航空、邮电属联邦管辖，其余事务由各州根据各自的州宪法进行管辖。德国的教育（在很大程度上也包括文化艺术事业）由联邦和各州共同负责，联邦政府主要负责教育规划和职业教育、协调教育的国际交流，并通过各州文教部长联席会议协调全国的教育工作，总之，联邦政府在教育方面担负着总体规划和协调职责。高等教育、中小学教育以及成人教育的立法和行政管理权归属于各州。因此，在德国，教育事务主要归属 16 个州各自权力管辖的对象。

德国的教育十分发达。18 世纪末，德国已经将教育已被列入公民义务的范畴。第二次世界大战后，德国在《德意志联邦共和国基本法》中设定了福利国家之国策，实行十二年制的义务教育，各级公立学校（包括公立高校）学费全免，教科书等学习用品部分减免。高等学校享有一定自主权，原则上实行自由入学，对部分学科采取名额限制。德国的职业教育非常出色，实行职业学校理论学习和企业中的实践相结合的"双元制"教育，为德国经济建设提供了高素质的人才，在世界范围内居于领先地位。教师为终身公职人员，拥有很高的保障。

---

[1] 本文是2011年教育部"教育财务管理培训班（德国）"成员中审计处长的调查报告。

[2] 作者简介：张爱民，华东理工大学审计处处长，华东理工大学商学院会计学教授；孙蓝烽，北京交通大学审计处处长、会计学副教授；李留浩，兰州大学审计处处长、高级会计师。

(二)德国高等教育发展概况

德国高等教育发展历史悠久。1348年,德国皇帝卡尔·封·卢森堡四世在布拉格建立了帝国第一所大学。此后,德国陆续建立大学:1365年建立海德堡大学,1388年建立科隆大学,1397年建立埃尔福特大学,1402年建立维尔茨堡大学,1409年建立莱比锡大学,1457年建立弗莱堡大学。至今,这些学校仍然存在并已经成为世界上著名学府。1809年3月,威廉·冯·洪堡被任命为普鲁士内政部文化教育司司长,开始推行教育改革:废除贵族对学校的特权;实行普遍的义务教育;要求学校人才得到自由发展;教育要适应自然科学的发展。1810年,威廉·冯·洪堡创建了世界上第一所新型大学柏林大学。洪堡在柏林大学实行充分的学术自由,大学不仅要完成教育任务,而且更重要的是要加强科研工作,学术成就和科研能力应作为判断教师能力的标准。柏林大学成为普鲁士及整个德意志民族的科学研究中心,开创了一代学风。自此,现代化大学在德意志30多个邦国中都发展起来。

第二次世界大战之后,德国高等教育发展迅速,并且在西方发达国家中居于领先水平。20世纪50年代,经济合作与发展组织国家的适龄青年中有13%可以读大学,德国可读大学的适龄青年达到了19%。近十年来,德国高等教育适龄青年读大学的比例为26%,大大低于其他发达国家(日本的56%,加拿大的58%,韩国的64%)。2010年,德国高校入学新生达384 770人,占当年高中毕业生的45.9%,低于经济合作与发展组织国家平均水平的51%。

(三)德国高等教育现状

截至2010年,德国共有公办高等学校415所。德国高校大致分为综合大学、应用科技大学和专科大学三类,学校数量和在校生人数集中于前两类高校。

表1 2010年德国高等教育机构和在校生情况

类别	学校情况		在校生情况	
	学校数量(所)	比例	在校生人数	比例
综合大学	106	25.54%	1 444 735	65.06%
应用科技大学	207	49.88%	686 850	30.94%
师范大学	6	1.45%	23 151	1.04%
神学院	16	3.85%	2 557	0.12%
艺术大学	51	12.29%	33 197	1.50%
公务员专科大学	29	6.99%	29 780	1.34%
	415	100%	2 220 270	100%

德国高校公办高校教职人员属于公职人员,享有与公务员几乎相同的待遇。唯其如此,德国高校的教职人员,特别是教授的职位数,受到州议会预算委员会的严格控制。

表2　2010年德国公办高校的教师和职员人数表

	教学人员数	管理人员数	两者比例
综合大学	18 0341	247 057	73.00%
艺术大学	9 162	2 170	422.20%
专科大学	42 039	20 713	203.20%
合计	231 542	269 940	

德国高校实行免费教育,对于外国留学生一视同仁免收学费。但是,在一小部分的州(巴登－符腾堡州、巴伐利亚州、汉堡、黑森州、下萨克森州、北莱茵－威斯特伐利亚州、萨尔州),向学生收取500欧元/学年的象征性学费。根据统计,2006年德国共计收到了约2.4亿欧元,2007年约7.4亿欧元,2008年约8.7亿欧元。这种收费不仅是象征性的,还包含对学校一些为学生服务设施运行成本的补偿意义,而且这些象征性学费收入在德教育经费中比重不高,但是这或许是德国免费教育改革的一个试水措施。

(四)德国教育经费拨款制度

州议会和政府是德国公办高校经费的主要提供者。对于公办高校的经常性教育经费,州议会批准向高等学校拨款的预算案,一般是核定一个高等教育经费总额。州教育部门采取民主的方式制定一个各个高校的预算分配方案,州财政部门根据预算分配方案拨款。

在制定高等教育经费拨款时,德国各州是按照不同类别来核定生均拨款标准的,例如,2007年德国各州各大类专业的生均拨款标准如下:

表3　2007年德国高校各专业拨款标准(单位:欧元/生)

专业类别	拨款标准
医学	29 200
自然科学	8 000
工程科学	7 000
语言、历史、人文科学	5 000
经济、法律、社会科学	4 300

根据各大类核定的生均拨款标准核定各个高校的经常性教育经费,最后可以按照所有在校生计算出一个平均生均拨款标准。2007 年德国各州高等教育生均经费拨款标准如下:

表4　2007 年各州拨款标准(单位:欧元/生)

巴登－符腾堡州	6 400	下萨克森州	7 600
巴伐利亚州	5 900	北莱茵－威斯特伐利亚州	5 700
柏林	6 200	莱茵兰－普法尔茨州	5 100
勃兰登堡州	5 300	萨尔州	5 400
不来梅	6 000	撒克逊	6 000
汉堡	5 700	萨克森－安哈尔特州	6 400
黑森州	6 800	石勒苏益格－荷尔斯泰因州	4 900
梅克伦堡－前波莫瑞州	6 800	图林根州	6 200
全国平均水平	6 100		

另外,州政府还要审批一些专项拨款。联邦政府给高等教育的财政资助,不能直接下达至高校,而是必须先行划拨到州。但是联邦政府与州政府之间要签订一个相关协议,其中规定州教育事业必须达到的一些目标。联邦政府的资助要由州的相关机构按照程序拨给高校,联邦政府的拨款一般是采取专项拨款的形式。例如,2006 年和 2007 年,德国联邦政府拨出专项经费 19 亿欧元,推行了打造德国"精英大学"的计划,由德国联邦教育及研究部和德国科学基金会发起,旨在提高促进德国大学科技研究和学术创新。该计划包括资助 9 所大学,资助杰出年轻科研人员的研究;加强大学间项目间的合作;加强德国大学和国际学术机构、大学的合作研究,打造德国的"精英大学",与英美名校竞争。

表5　德国联邦重点资助的 9 所高校

第一轮:2006 年	第二轮:2007 年
卡尔斯鲁厄大学	亚琛工业大学
慕尼黑大学	弗莱堡大学
慕尼黑工业大学	柏林自由大学
	海德堡大学
	康斯坦茨大学

二、德国高等教育经费的事前监管

在考察中我们发现，德国形成了一套与其联邦国体、民主政体和法治体系相衔接的高等教育经费监管体系。德国教育经费监管体系可以划分为议会主导的事前监管、预算刚性约束下的事中监管和以政府审计为主要内容的事后监管。

事前监管制度包括议会审批制度、教育行政管理部门的预算编制管理和高校预算管理制度。

（一）议会审批制度

无论是联邦还是各州，德国教育经费的拨款必须通过议会的审批才能生效。联邦议会和州议会通过冗长的审议过程对教育经费预算实行监管。当然，高等教育经费主要是由州财政提供的，那么州议会在高等教育经费审定过程中担负着极其重要的角色。州议会在教育经费拨款中担负着先导性的作用。在州议会中，预算委员会和教育委员会共同担负着高等学校经费具体审核权力。

1. 党派牵制原则

德国议会议员是通过民主选举方式确定的，但是德国选举主要还是党派选举。各党派可以在议会中相互辩论、竞争和监督，同时也对政府实行监督。

在莱茵兰－普法尔茨州，议会共有议员101人，实行党派准入限制，只有选票超过5%的党派才能进入议会。各党派根据选票比例确定各自党派可以进入议会的议员人数。因此，从理论上讲，议会中最多可以有20个党派。实际上，该州议会中现有3个党派：红党（社会民主党）占42%，黑党（基督教联盟）占41%，绿党占17%。

不仅议会中各党派的议员人数按照此比例分配，而且议会下设的13个专门委员会也是按照此比例确定各党派的组成人员的。其中预算委员会和教育委员会是审查教育经费的专门委员会，只有获得了这两个委员会批准的教育预算才能提交议会全体会议投票决定。

教育经费拨款是来自纳税人或者选民的资金。德国各党派为了吸引选民的关注、争取更多的选票，就必须投入时间、精力来研究选民们教育的意见，寻找到能够能让选民满意的预算方案，这就在预算审批过程中形成了一个具有良性和动态特征的竞争机制。

2. 合同式的目标管理

州议会的议员们在审批经常性教育经费和专项教育经费时，不仅仅是审批给各个高校一个预算金额,为了保证其来自选民的某些重大诉求和各自党派的利益诉求,州议会现在普遍向高等学校使用公共财政拨款提出一系列的目标要求,并通过州与高校之间签订的合同来明确这些目标要求。

莱茵兰-普法尔茨州议会在核定高等教育拨款时,要求公办高校必须先行订立一个合同,确定公办高校在预算年度内必须完成的一系列目标,其中包括招生人数、在校生人数、科研经费等指标,只有完成了这些指标才能获得全部的拨款。

3. 零基预算

州议会每年都要审查审批高等教育经费,高等教育经费的基本核定方法实际上在相当长一段时间内是相同。但是州议会每年审查教育经费时,执行的零基预算方法一般是不考虑以前年度的预算的,当年预算的结余是要收回的。

(二)教育行政管理部门的预算编制管理

德国州议会审批的是一个教育预算经费总额,这个高校教育经费预算在各个高校之间的分配,是州教育行政管理部门的职权。

德国高校预算拨款总体是区分人员经费和专项经费的,人员经费和专项经费分别编制。人员经费主要是按照高校的教授岗位来分配人员经费,教授岗位数量也是议会批准的。

州教育行政管理部门在专项经费拨款标准和方法方面也在不断创新和变化的,因为要体现专项拨款的基础条件和建设重点。如莱茵兰-普法尔茨州在1994年和1998年分别制定了一套科研专项经费的核定办法。首先是确定若干学校教育科研事业指标,作为核定拨款的基础指标,分别设定一个权数,计算出全州的拨款平均标准见表6。

表6 莱茵兰-普法尔茨州专项教育经费拨款预算核定方法

1994年		1998年	
拨款的依据	比重	拨款的依据	比重
现有教授人数	20%	学生人数	80%
在校学生、毕业生人数	45%	科研经费	12%
学校科研能力	30%	通过的博士论文人数	5%
通过博士论文的人数	5%	成人教育的人数	3%
	100%		100%

同时,鉴于德国的综合大学基本上要从事基础研究,专科大学基本不做基础研究,

还要在综合大学和专科大学之间制定不同的拨款系数。

表7 莱茵兰-普法尔茨州专项教育经费的各类学校拨款系数

类别	拨款系数
综合大学	1.50
专科大学	0.80

（三）高等学校的预算编制管理

德国高等学校的最高管理层包括校长、副校长、校务长。其中，校务长常被叫作行政主任，担负着除教学科研之外的所有高校管理事务，当然包括财务和会计工作。

一般情况下，德国高校会组织一个预算管理委员会，其组成成员为：校长、副校长、校务长、各学院院长（或系主任）。该委员会共同决定本校的预算方案，由校务长组织财务部门编制具体的财务预算方案。在大型高校中，各学院（或系）也要成立管理委员会，将本院（系）的预算经费分配到各个研究所。研究所是德国高校的基层组织。

三、德国高等教育经费的事中监管

经过州议会的审批下达的高等教育经费，在使用过程中还要经历多种形式的监督管理。

（一）预算刚性约束下的财务管理制度

德国高等教育经费审批制度大致是：州议会批准预算总额和预算年度事业发展目标（合同约定），州教育行政管理部门核定各个高校的预算金额。因此，高等学校预算是学校各部门使用经费的基本依据。当年预算如果有结余，必须上缴或上报。德国高校教育经费受到预算的刚性约束。

（二）会计监督

德国高校实行的是现金收付制会计，政府会计所有的支出要与预算相衔接。财务人员在报销各项支出时要审核其具体支出内容，也要审核其是否与预算一致，这与其预算刚性管理制度是契合的。

（三）披露制度

德国高校财务部门负责编制财务报告，德国高校的财务报告要向教育行政管理部门、州议会提交。

(四) 多元化的监督

德国高校主要接受公共财政资金的资助,必然要接受多种形式的外部监督。首先是州审计院的审计监督(下文详细讨论),税务机关也可能来查账,社会保障机构也可能来检查社会保障经费的支付情况。

四、德国审计机关对高等教育经费的审计监督

根据德国联邦和各州的相关法律,德国联邦设立了联邦审计院(Bundesrechnungshof),各州也设立了州审计院(Landesrechnungshof),作为政府审计机关。

(一) 德国审计院的职责

依据《德意志联邦共和国宪法》及《德意志联邦共和国会计法》的规定,审计院应查核政府财务收支,检查财务管理的绩效性与合法性,而德国政府的财政资金是由议会批准的,因此,联邦审计院开展审计过程中必然涉及政府和议会。1969年,德国通过的预算法修正案,确定各级审计机关应与各相对层级议会配合。1985年预算法修正案更明确指出审计院应协助议会与联邦政府。根据这些法规,审计院要通过审计,不仅要编制和提供财政预算审计报告,而且还要提供审计咨询报告。

根据《德意志联邦共和国预算法》,德国联邦政府和州的财政部门,应于年度结束次年内向议会提交财务决算报告,审计院在财政部提交报告年度的第二年八月份之前提出财政预算审计报告。审计报告中要披露足以说明审计意见的事实和事项,同时也要披露被审单位的反馈情况。从上述程序可以看出,审计报告是在财务年度结束之后两年才披露的。审计报告随后由国会对外公开发行,提供给媒体,由媒体公开以吸引公众关注。但是这个程序使得审计报告在时效上存在明显的不足,因此,审计咨询报告就会发挥很重要的补充作用。

除上述审计报告外,审计院也要向议会提交反映有关政府管理层面的问题的咨询报告,此类审计咨询报告每年约有30篇。在这些审计咨询报告中,审计院要审核财政拨款政策形成的假设,以及其预算经费建设目标的实现情况。这些审计咨询报告是向议会的拨款委员会、预算委员会或特定委员会提出,主要目的在于向议会和政府行政部门提出改进公共行政的建议。

（二）联邦审计院和州审计院的关系

除了联邦审计院之外，各州都设有审计院，负责审核各州政府的财务收支。如果属于联邦与地方政府共同的事项，则由联邦审计院与各州审计机关联合办理查核。

（三）审计院对高等教育经费的审计

根据上文介绍，德国的财政拨款制度、政府审计体制都是实行联邦和州分开的体制，显然，由于高校教育经费主要是州议会和州政府的事务，那么主要应该接受州审计院的审计监督。

但是德国联邦政府通过州向高校投入了比较大的公共资金，形成了联邦和州政府共同的财政事项，联邦审计院和州审计院合作开展审计活动。实践中，在这种情况下，大多是联邦审计院委托州审计院开展审计监督。

五、小　　结

德国高等教育主要由州政府管理，高等教育经费主要由州财政提供，高校、州教育行政管理部门和州议会分别和共同完成预算的编制和审批工作。德国高等学校的内部审计似乎没有独立的机构。德国联邦审计院和州审计院对高等教育经费发挥了政府审计监督的作用。德国高等教育经费实行预算的刚性约束制度，可以保证高校经费得到全过程的监督。

参考文献：

[1] 李帅军，有轶.德国教育行政管理体制的考察与分析[J].河南师范大学学报（哲学社会科学版），2009（1）：260-262.

[2] 严红卫.历史悠久的德国教育[J].国际人才交流，2004（7）：30-32.

[3] 丁平，冯超英.试论近代德国教育改革[J].广播电视大学学报（哲学社会科学版），2000（4）：91-93.

[4] 李凤鸣，韩晓梅.联邦德国管理体制和审计体制[J].审计与经济研究，1995（1）：35-38.

外国政府资助科研经费管理制度综述 [1]

张爱民 [2]

科学研究活动是各国实力竞争的一个重要领域。各国政府通过一定的方式向高等学校、科研机构提供部分科研经费，资助科学研究活动。为了加强政府资助的科研经费的使用效果，各国政府都建立了系列的法律法规和管理制度。本文摘要介绍美国、英国和日本政府资助科研经费的管理制度。

一、美国科研经费管理制度

美国科研经费管理从国家立法、外部监督到内部控制等各方面都比较完善，已经形成了一套完整和成熟的监督机制。

（一）科研体系

美国科研活动遵循"三权分立"的原则，其科学技术由宪法和法规来规范。国会中参议院的商务、科学和交通委员会以及众议院的科学、空间和技术委员会在国家科技政策制定中发挥着重要作用。美国政府中没有专门的科学管理部门，总统通过白宫科技政策办公室和总统科技顾问协调全国科技工作。1993年，联邦政府为了强化政府的领导职能，成立了国家科学技术委员会，由总统兼任主席，由政府各主要部门领导共同组成。同时，还成立了总统科学技术顾问委员会，吸收学术界和产业界的人士参与科技决策。在政府各部设有负责科技事务的司局，并由一名副部级领导分工负责。

美国科研体系由四部分构成：①由联邦政府出资设立的科研机构，联邦政府研究机构即国立研究机构约850个，主要从事应用研究和技术开发；②高等院校内的

---

[1] 本文发表于《上海教育财务》2012年第3期。
[2] 作者简介：张爱民，华东理工大学商学院会计学教授，校审计处处长。

研究院所，是美国基础研究的主要基地；③企业组建的研发中心和实验室，占全国研发工作的 3/4；④私人基金会和某些非营利机构设立的科研机构。

（二）预算管理

1993 年颁布的《政府绩效与结果法案》，标志着美国联邦政府开始实行绩效预算，总统预算管理办公室（OMB）独立编制一整套预算方案，供国会参考，国会拥有政府预算的审批权。国会进行内部协商与听证，批准的拨款方案以立法形式颁布，拨款法案经总统签字认可后实施，如对拨款法案有异议，总统可行使"扣押权"。

美国联邦政府一般把资金投入基础研究，而大部分基础研究都集中在研究型大学州和地方政府提供研发应用研究资助州和地方政府对高校科研的资助，多是以促进本地区经济发展为目标，资助的重点多在应用和发展研究方面。州提供的资金往往把重点放在研究成果商业化方面。来自美国联邦、州和地方政府三方面的资助相互配合、相互作用、相辅相成。

美国国立科研机构经费预算体系遵循美国联邦政府绩效预算体系，该系统完整覆盖一个财政年度的整个过程，即从最初的计划阶段到预算执行后的绩效报告。

（三）科研经费监管体系

美国对政府科研经费的监督一般是从科研经费的申请过程就开始，以严格的项目立项申请和审查来保障项目的顺利实施和科研经费的正当使用。美国对科研经费的监管可分为外部监督和内部监督两类，外部监督的主体是国会及其审计署（GAO），内部监督的主体是部门的总监察长办公室（Office Inspector General, OIG）。根据《信息公开法》，经政府批准的科研经费预算执行情况，在不违背国家利益的情况下，必须向社会公众公布，接受公众监督。

外部监督主要由议会（国会）负责对预算的审查和批准，以及审计部门协助国会所进行的事后监督和社会监督。美国的联邦预算管理十分严格，程序复杂。审计署可在任何时候对任何部门调取他们认为需要的有关资料，监督有关部门的经费支出及使用情况，如果发现问题有权要求有关部门更正或向国会报告。国会总审计署作为外部监督机构，独立于政府、协助国会进行事后审计监督。

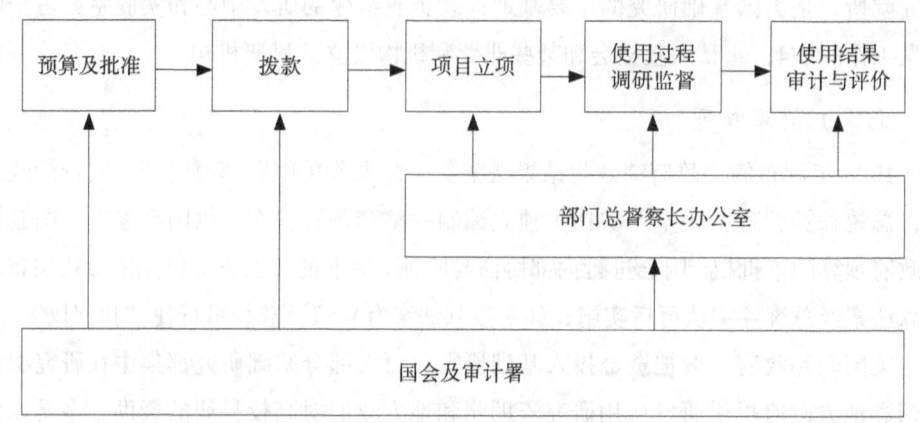

图1 美国科研经费监管体系

1996年美国国会通过了《专项审计法修正案》,对1984年确定的专项审计门槛从10万美元提高到30万美元。也就是说,美国政府资助的科研经费中,单个项目资助经费超过30万元,必须接受政府审计机关的专项审计。

(四)科研经费的绩效预算管理

1993年美国联邦政府开始实行绩效预算,其中管理对象也包括对政府资助的科研经费。有中国学者介绍了美国能源部(DOE)的绩效预算管理办法,值得中国借鉴。

美国能源部每年的财政预算由国会审批生效后,根据实际预算编写的财政计划(实验室项目层面)和资助计划(大学及其他机构)执行分配预算,配置过程包括能源部、实验室、项目组三个层面,美国能源部从项目管理费中提取一定比例的总部运行经费后,将每个实验室竞争获取的项目经费打包下拨至实验室层面,实验室再次提取实验室层面运行经费,然后按照项目合同规定的经费额度下拨至项目组。

在美国,国立研究机构科研人员的薪酬以稳定的基本薪酬为主,不存在可变薪酬,如果业绩突出,则可绩效加薪,但这种增加的薪酬是在基本薪酬的基础上增加的,属于稳定性报酬。

美国科研经费内部控制的重点是对项目经费使用的过程进行监控,采用绩效管理模式,实验室及主管行政部门以绩效评价或关键决策(CD)为主要手段,考核每个阶段的成本及效果,保证经费按照项目计划分配与使用。

美国能源部定期对项目进行内部和外部绩效评估,以验证项目进展和绩效,评议周期包括季度评议、半年评议和年度评议,绩效评估基于特定的项目管理计划(合同)内容,一般采取同行评议和自评相结合的方式。

美国能源部按照年度预算报告中确定的绩效标准以及具体标准对各项目的产出和结果进行年度评价,对预算的结果—产出过程进行监督。项目的绩效标准是依据美国能源部的使命层层分解细化得出的,每一层次都是对上一层次的具体化、操作化。

美国能源部开发和采用了绩效评估工具"项目评级工具"(PART),该方法的主要目的是要在机构预算、计划和评价过程的基础上建立一致的评估框架和标准,既强调项目结果,又将预算计划和绩效表现联合起来。PART是一份由25—30个用Yes/No回答的问题问卷。每一份PART问卷分为四个部分,并且每个问题都被赋予相应权重。PART的四个部分包括:①项目的目的和设计(20%);②战略计划(10%);③项目管理(20%);④项目结果(50%)。根据被评机构提供支持其回答的相应证据和数据,对该机构给予0—100的分数,再将分数转化为5个等级的评级:有效(Effective)85%—100%;比较有效(Moderately Effective)70%—84%;合格(Adequate)50%—69%;低效(Ineffective)0%—49%;结果不可证明(Results Not Demonstrated)。当项目没有可接受的绩效测量指标或是缺乏相应绩效数据时,给出的评级是"结果不可证明"。预算管理办公室(OMB)会根据评估结果给出改进意见甚至提前终止研发合同。

二、英国科研经费管理制度

20世纪90年代,英国政府部门的公立研究机构进行了机构改革。基础性研究机构经过合并重组成为非营利机构,应用型研究机构实施私有化转制为私营公司。英国政府科技主管部门不直接对公立科研机构进行管理,而是建立了医学研究理事会、生物技术和生物科学研究理事会、自然环境研究理事会、工程与自然科学研究理事会、粒子物理与天文研究理事会、经济与社会研究理事会、研究理事会中心实验室理事会以及艺术和人文科学研究理事会8个研究理事会,作为公办科研机构的主管机构。公办研究机构隶属于不同研究理事会。

(一)间接的科研拨款制度

英国是通过上述8个理事会对其直属研究机构划拨科研资助经费的。英国科研经费主要采用财政拨款和项目资助两种方式进行。财政拨款主要用于支持各研究机构的长期性研究、资产购置和设施建设等,而项目资助主要支持一些引导型项目和各研究机构的自由探索。除此之外,英国科研机构可以从多种渠道获得科研经费资助。

这种结果可能与这些研究机构的很多科研活动属于比较基础的研究有关,政府更重视对基础性或共性技术研发的支持,而产业界则更愿意资助应用性更强的研究。

(二)项目制的科研经费管理制度

英国政府的科研经费资助一般实行项目制,即由项目负责人具体进行经费使用管理。但是所有支出项目必须符合项目委托方的规定和机构的财务管理规定。项目经费支出分为四大部分:①直接发生成本,仅在该项目中实际发生的各项费用,包括项目所有全职和兼职人员的可审计相关费用;②直接分摊费用,该项目使用其他共用资源而需要分摊的费用;③间接费用,所有项目均发生的、基于估计的非特定费用;④例外费用。科研人员差旅费按理事会规定标准报销,课题经费结余上缴研究机构,个人没有提成奖励。

三、日本科研经费管理制度

2004年4月,日本政府所属科研机构、公办大学全部完成了法人化改革,大部分国立研究机构和公办大学成为了独立行政法人。独立行政法人的设置与撤销、负责人的任命与管理、营运与考核、财务与审计制度、政府预算拨款、人事和薪酬制度等,均在法律中予以明确。

(一)预算管理

在日本政府的科技相关预算中,政府拨付给研究机构和大学等部门的运营费交付金(相当于事业费)与竞争性研究资金(竞争申请的课题费)是两项主要支出。运营费交付金是政府为维持独立行政法人研究机构的业务正常运营而拨付的资金,用于机构人员开支和业务开支。竞争性研究资金又被称为科研经费,是对基于研究人员的自由探索研究给予的资助。日本公共研究机构的科研经费主要来自中央和地方公共团体(包括中央和地方政府、国立和公立大学、国立和公立研究机构等)。此外,公共研究机构还从民间(包括私立大学、企业、非营利机构)以及外国获得外部资金从事科学研究。

(二)科研经费开支管理

日本公共研究机构的经费来源主要分为四类:①运营费交付金,相当于事业费,用于人员工资和退休金、业务经费等;②实验设施购置补助,这笔收入并非每年都有,是根据研究活动需要单独申请的预算;③外部收入,包括从国家获得的竞争申请的课题费和受托研究费以及企业委托课题费等;④其他收入,如专利转让费、出版物发行费、相关服务手续费等。

日本独立行政法人研究机构的绝大部分经费来自国家的财政拨款，技术转让费等经营性收入在独立行政法人研究机构的经费中所占的比例比较低。

日本政府资助的研究资金一般分为直接经费和间接经费，但少部分研究项目只有直接经费而没有间接经费。

直接经费是直接面向研究人员的科研补助，只限用于与研究相关的事宜，如物品费、差旅费、酬谢金以及其他费用。差旅费是指研究课题负责人、参与研究人员以及其他研究协助人员到国内外出差的费用（交通费、住宿费和出差补贴）。酬谢金是指支付给研究协助（整理资料、实验辅助、翻译和校对、提供专业知识、收发问卷调查、收集研究资料等）人员的礼金、报酬、工资等费用。酬谢金发放之前需要签订雇用合同，研究机构为合同当事人。其他费用包括印刷费、复印费、照相和冲洗费、通信费（邮寄费和电话费等）、搬运费、研究场地设备租赁费（仅限于研究机构设施难以满足其条件的情况）、会议费、租赁费（计算机、汽车、实验仪器等）、机器修理费、差旅费之外的交通费、研究成果发表费（投稿费、版面费）。直接经费不能用于改建和修缮建筑物等设施，不能购买桌椅和复印机等研究机构常备物品，不能用于处理辅助研究过程中发生的事故和灾害，也不能用于间接经费适用的范围。

间接经费是面向接受资助的研究人员所属研究机构的科研补助，研究人员在获得补助金后，直接交给所属研究机构。它作为研究机构管理所需的经费，可用于改善研究人员的研究环境，提高研究机构的整体研究能力。与直接经费相比，间接经费的使用范围较大，不但可用于研究成果专利申请相关费用（包括律师费、申请费和维护费等），还可用于支付研究负责人和辅助研究人员的薪酬。

（三）科研经费监管制度

高校等研究机构每年都需要以固定的格式向主管部门提交《实绩报告书》，说明政府资助经费的具体支出情况。

四、西方国家科研经费的一些重要措施

西方国家，特别是美国，在科研经费管理中探索出了一些管理方法，产生了良好效果，值得我国科技界思考与借鉴。

（一）政府资助方式的多元化

西方国家政府资助科研活动的方式是多样性的。对基础性研究机构采用"拨款制"

或"拨款制＋项目制"模式，对其他研究机构采用"拨款制＋项目制＋对外协作制"模式。政府管理部门可以根据本部门整体的科研计划和预算规划，根据拟资助的科研项目的性质，选择适当的资助方式。

（二）"项目合同制"的主导地位

在科研经费的使用方面，以项目合同为依据的经费管理是被调查政府研究机构中较为普遍的经费管理模式。政府或其委托机构等在项目立项阶段就要求研究机构将项目实施过程所有费用列入预算，并规定了各类经费的用途。项目申请一旦被审查通过，各项预算就成为项目实施中经费支出的依据。在项目执行过程中，课题组长具体管理使用科研经费，必须严格按照预算执行，不得挪用。每年年末，科研单位或科研负责人必须递交项目经费支出报告，接受政府审计监督办公室和第三方经费审计监管机构的检查。

（三）对人员经费的严格管理

科研经费中人员经费的支出是管理的难点。西方国家对科研经费中是否可以开支人员经费采取了实事求是的态度，一方面允许在政府科研机构经费预算列支一定的人员经费，但是在研发项目成本中严禁重复列支人员费用。

为了杜绝从项目经费中重复列支人员经费而出现某些科研人员收入过高等现象，这些国家采用了在项目申请预算中要求对人员费用进行明示并接受期中检查或事后审计。

（四）多层次的监管模式

美国、英国和日本对经费的监管，采取了"政府宏观监督＋主管部门日常监督＋机构内部监督＋审计部门事后监督"模式。以美国科研机构为例，其内部控制主要反映在机构内部监管组织建设和监督制度落实上。在组织设置方面，三家机构内部均设立了经费监督管理部门。这些监督管理部门专门负责经费的监督使用，并将相关的财务情况定期向科研机构或大学校长报告。还采取了同行评议制、合同审查制、社会监督的办法对经费管理进行监督。

在外部监督方面，由于政府科研机构的经费支持很大程度上来源于联邦政府的财政投入，国家审计监督机关对科研经费实施全程监督。

"政府宏观监督＋主管部门日常监督＋机构内部监督＋审计部门事后监督"的四级监管体系，使监管对象囊括了科研经费的分配管理部门和使用单位，监督内容涵盖了科研经费的分配、使用及使用效果的监督和评估分析，从而保证了对科研经费的事前、事中和事后全过程的监管。

（五）重视建立科研经费监管的法律体系

西方国家重视建立经费管理的法律制度体系，出台了相应的法律、法规和标准以形成对科研经费管理和监督的依据。在美国，有与科研经费管理和监督相关的法律。同时，在经费监督执行过程中，聘请社会独立审计机构承担部分监督职能，执行了社会审计行业的公认审计标准和公认政府审计标准，进行科研经费监督管理。以上这些法律法规和标准的实施，使这三个国家的政府科研经费管理有法可依，保证了政府科研经费的安全和合理使用。

参考文献：

[1] 戴国庆. 美国联邦政府科研经费监督管理及其启示[J]. 科研管理，2006（1）：17-22.

[2] 陈霞玲，王彩萍. 美国高校科研经费拨款方式对我国的启示[J]. 世界教育信息，2009（9）：48-51.

[3] 吴建国. 美国国立科研机构经费配置管理模式研究[J]. 科学对社会的影响，2009（1）：23-28.

[4] 贺德方. 美国、英国、日本三国政府科研机构经费管理比较研究[J]. 中国软科学，2007（7）：87-96.

第六部分　高校内部控制问题研究

高校预算执行和决算审计 [1]

张爱民 [2]

高校预算执行与决算审计，是指由高校内部审计机构依法独立对预算执行与决算的真实性、合法性、效益性进行的审查和评价活动。高校预算执行和决算审计与政府预算执行和决算审计有着密切的关系，同时高校预算执行和决算审计也有自身的特征。

一、预算执行和决算审计

预算执行审计，是指审计机关对财政部门具体组织预算执行情况的真实、合法和效益进行的审计监督。

各级预算由本级政府组织执行，具体工作由政府财政部门负责，也就是说，财政部门担负着具体组织预算执行的任务。根据《中华人民共和国预算法》第十六条规定，财政部门的主要职责是：国务院财政部门具体组织中央和地方预算的执行，提出中央预算预备费动用方案，具体编制中央预算的调整方案，定期向国务院报告中央和地方预算的执行情况。地方各级政府财政部门具体组织本级总预算的执行，提出本级预算预备费动用方案，具体编制本级预算的调整方案，定期向本级政府和上一级财政部门报告本级总预算的执行情况。对财政部门预算执行审计，换言之就是对财政部门履行上述预算管理职责，完成预算执行任务情况所进行的审计监督。根据《中华人民共和国审计法实施条例》第五条规定："审计机关对预算执行情况进行审计监督的主要内容：（一）各级人民政府财政部门按照本级人民代表大会批

---

[1] 本文是作者参加起草《内部审计实务指南第4号——高校内部审计》（2009年7月7日中内协发〔2009〕19号）后，于2009年年末撰写的培训用材料。

[2] 作者简介：张爱民，华东理工大学商学院会计学教授，校审计处处长。

准的本级预算向本级各部门批复预算的情况、本级预算执行中调整情况和预算收支变化情况；（二）预算收入征收部门依照法律、行政法规和国家其他有关规定征收预算收入情况；（三）各级人民政府财政部门按照批准的年度预算和用款计划、预算级次和程序，拨付本级预算支出资金情况；（四）国务院财政部门和县级以上地方各级人民政府财政部门依照法律、行政法规的规定和财政管理体制，拨付补助下级人民政府预算支出资金和办理结算情况；（五）本级各部门执行年度支出预算和财政制度、财务制度以及相关的经济建设和事业发展情况，有预算收入上缴任务的部门和单位预算收入上缴情况；（六）各级国库按照国家有关规定办理预算收入的收纳情况和预算支出的拨付情况；（七）按照国家有关规定实行专项管理的预算资金收支情况；（八）法律、法规规定的预算执行中的其他事项。"

二、高等学校预算执行审计的对象：预算和决算

（一）高等学校的预算

预算是学校根据事业发展计划和任务编制的年度财务收支计划，它由收入预算和支出预算两部分组成。收入预算体现学校经费来源的多元性，反映学校依法多渠道筹集经费的能力和经费来源结构；支出预算反映学校的规模、发展速度和发展方向。

学校预算分三个层次：

1. 部门预算

第一层次是学校综合预算（即中央部门预算），指预算年度内学校（包括校级和所属各级）在从事教学、科研和其他一切活动中的全部资金收支计划。它反映学校的总体收支和综合财力，是教育部和财政部核定学校预算的基础。

部门预算是以教育部下达的预算控制数为基础编制的，采用"二上二下"程序编制，范围覆盖了学校全部收支。部门预算收入包括财政拨款收入、事业收入和其他收入；部门预算支出包括基本支出和项目支出。部门预算是根据财政科目要求编制的，不够细化，与学校核算和管理实际差距较大，可操作性不强。

2. 校级财政预算

第二层次是校级预算，指预算年度内学校能够统筹掌握、支配和安排的资金收支计划。收入方面主要包括教育经费拨款、教育事业收入、上级补助收入、附属单位上缴收入、投资收益、利息收入等；支出方面主要指由校级财务统筹安排的各项支出。学校党政联席会是校级预算的决策机构。校级预算每年编制一次，调整一次，

年初编制校级预算,年底编制校级调整预算。

3. 校内各级预算

第三层次是学校所属各级预算,它包括两个方面的内容:①学校所属各级非独立核算的事业单位(各学院、各部门)的预算;②具有指定用途项目资金的收支计划,如科研项目经费、捐赠收入等。这些预算是校级预算的明细部分。

（二）决　算

决算是指高校根据年度预算执行的结果而编制的年度财务决算报告,包括决算报表和决算情况说明书。财务决算是反映学校年度财务状况、年度收支情况和事业发展状况的书面总结文件。

高校实行比较严格的预算管理,学校和各级单位必须在预算的收入范围内安排支出的预算,因此,学校的决算主要是核算预算的实际执行情况。但是鉴于预算管理和会计核算各自有着不同的依据、不同的方法,实际工作中,决算还是要担负这两层任务。

1. 会计核算的任务

期末高校决算工作,首先必须按照《高等学校会计制度》的相关要求,按照会计程序进行结账的账务处理、编制相关财务报表。

2. 预算执行的决算任务

由于高等学校内部存在着三个层次的预算,预算的调整、决算等工作是财务管理行为,不同于会计核算。

三、高校预算执行和决算审计的法律依据

（一）审　计　法

高校预算执行和决算审计,是高校内部审计的重要内容,但是与政府审计只能密切相关。

《中华人民共和国审计法》(1994年8月31日正式颁布,2006年2月28日修订)是规范国家审计行为的根本法规,它的实施确立了本级预算执行和决算审计工作的法律地位。实行预算执行和决算审计,是一项适应社会主义市场经济体制并与国际惯例接轨的审计制度,是法律赋予审计机关的基本职责,是国家审计监督工作的永恒主题。实践证明,全面开展本级预算执行审计,每年及时向政府报告审计结果、向人大报告审计工作,使审计机关为宏观经济服务的功能更加健全、作用更加突出。

目前，审计机关以预算执行审计为中心的政府审计报告已成为政府加强预算管理、人大加强预算监督的重要依据，审计机关依法审计、客观公正的执法形象已经逐步确立。

《中华人民共和国审计法》中与预算执行审计直接相关的条文如下：

第十六条 审计机关对本级各部门（含直属单位）和下级政府预算的执行情况和决算以及其他财政收支情况，进行审计监督。

该条实际上确定了政府预算执行审计工作的"同级审"和"上审下"两种模式。

第十七条 审计署在国务院总理领导下，对中央预算执行情况和其他财政收支情况进行审计监督，向国务院总理提出审计结果报告。

地方各级审计机关分别在省长、自治区主席、市长、州长、县长、区长和上一级审计机关的领导下，对本级预算执行情况和其他财政收支情况进行审计监督，向本级人民政府和上一级审计机关提出审计结果报告。

该条规定了政府预算执行审计的主管特征：行政首长主管。

第四条 国务院和县级以上地方人民政府应当每年向本级人民代表大会常务委员会提出审计机关对预算执行和其他财政收支的审计工作报告。审计工作报告应当重点报告对预算执行的审计情况。

该条规定了政府预算执行审计结果的报告对象：人民代表大会。

内部审计不同于政府审计。但是《中华人民共和国审计法》第二十九条对被审计单位规定必须建立内部审计制度。"依法属于审计机关审计监督对象的单位，应当按照国家有关规定建立健全内部审计制度；其内部审计工作应当接受审计机关的业务指导和监督。"这为事业单位，特别是教育单位建立内部审计机构，并在内部审计工作开展预算执行和决算审计提供了一个一般性的依据。

（二）内部审计的规章

《中华人民共和国审计法》提出了内部审计制度的必要性，内部审计制度和内部审计机构的建立是通过审计署专门颁发的行政规章来实现的。1995年7月14日颁发的审计署令第1号《审计署关于内部审计工作的规定》催生了我国内部审计制度。该文件依据《中华人民共和国审计法》而生，第一条规定："根据《中华人民共和国审计法》，为了建立健全内部审计制度，加强内部审计工作，制定本规定。"第二条规定："内部审计是部门、单位实施内部监督，依法检查会计账目及其相关资产，监督财政收支和财务收支真实、合法、效益的活动。"该文件的第七条明确了内部审计机构的审计对象,规定:"内部审计机构对本单位及所属单位的下列事项进行审计:(一)财务计划或者单位预算的执行和决算;(二)财政、财务收支及其有关的经济活动;(三)经济效益;(四)内部控制制度;(五)经济责任;(六)建设项目预(概)算、决算;(七)国家财经法规和部门、单位规章制度的执行;(八)其他审计事项。"预算执行和决算是内部审计的第一位审计对象。

(三)教育部的行政规章

1996年4月5日国家教育委员会令〔1996〕第24号《教育系统内部审计工作规定》,根据《中华人民共和国审计法》和《审计署关于内部审计工作的规定》重新规划了教育系统内部审计制度。其中第十七条规定了内部审计机构的审计任务,"教育系统内部审计机构对本部门、本单位和所属单位的下列事项进行审计:(一)财务计划或单位预算的执行和决算;(二)预算内外各项教育资金的管理和使用;(三)与财务收支有关的经济活动;(四)国有资产的管理和使用;(五)企业单位、校办产业的资产、负债和损益;(六)基建、维修工程的概算和预决算;(七)办学效益,经济效益;(八)国家财经法规和上级部门、本部门、本单位财经规章制度的执行;(九)内部控制制度的建立和执行;(十)所属企事业单位法定代表人和主要负责人的经济责任;(十一)本部门、本单位负责人和上级审计机关及上级内部审计机构交办的其他审计事项"。该条文赋予教育系统内部审计机构11条任务,其中第一条就是"财务计划或单位预算的执行和决算"。因此,在内部审计机构恢复的时候,"预算执行和决算"就是内部审计的最优先对象。

(四)业务依据

为了完成《教育系统内部审计工作规定》设定了教育系统内部审计的11个任务,实现教育审计工作法制化、制度化、规范化,保证教育审计工作质量,国家教委组织制定了《教育系统内部审计准则》等11个教育系统内部审计规范,第一项是"教育系统内部审计准则",是基本准则,而第二项就是"高等学校财务收支审计实施办法",第三项是"高等学校预算执行情况审计实施办法"。

四、政府预算执行和决算审计

政府财政预算执行情况审计是高校预算执行审计的源头,高校预算执行审计是政府财政预算执行审计的延伸。公办高等学校,作为主要依靠政府预算拨款运行的事业单位,必须接受和开展预算执行审计,因此,政府预算审计的理论和方法,就是高等学校预算执行审计的参考性内容。

从1995年开始，国家审计实行了"同级审"和"上审下"相结合的财政审计监督制度，这一制度根据财政综合预算，对财政部门组织预算情况和各部门的具体预算执行情况进行审计，形成了我国的预算执行审计监督体系。

清华大学会计研究所郝振平教授的《政府预算执行审计的目标分析》（载《审计研究》2009年2期，第10—14页）一文，根据对我国审计署2003—2007年公布的预算执行审计报告的统计分析，对我国政府审计中的预算执行审计的目标进行了分析，能够为我们高等学校预算执行审计提供一个宏观的、理论性的图画。

政府各部门预算是在本部门核心领导层的领导下编制和执行的，因此，各部门的核心领导层对本部门预算的合法合规性负责，由此也就构成了被审计单位领导层首先的和基本的管理责任，因为被审计部门单位的核心领导层有充分的权力来对预算编制和预算执行过程中的各种选择做出决策，决定在预算编制中包括哪些内容和预算执行中如何运用资金。因此，在被审计单位领导层的监督下，按照国家的规定编制预算和执行预算是被审计部门单位领导层的管理责任。为保证正确地编制和执行预算，被审计单位领导层的管理责任还包括：建立和健全内部控制制度，保护国家资产的安全和完整，保证提交给审计机关的各种资料真实、合法和完整。

（一）政府预算执行审计的总体目标

我国国家审计准则规定，审计机关对预算执行总体情况发表审计意见，并保证审计结论的真实性、合法性，这是审计机关的审计责任。预算执行审计不能减轻被审计单位领导层对预算编制和执行的管理责任，亦即审计机关的审计责任不能替代、减轻或免除被审计单位的管理责任。

我国政府预算执行审计的总体目标应该是：对政府部门预算执行、决算以及其他财政收支情况，对是否存在重大错误的情况，以合理的保证程度提出审计意见、做出审计结论。

（二）我国政府预算执行审计报告的内容分析

郝振平教授以2003—2007年度中央预算执行审计结果为基础对审计目标进行了分析。[1] 审计署网站上"审计结果公告"栏目2003—2007年政府部门年度预算执行审计结果公告，包括：2004年第5号、第6号、第7号，2005年第3号，2006年第5号，2007年第6号，2008年第7号。排除不属于政府预算部门，每年被审计部

---

[1] 郝振平.政府预算执行审计的目标分析[J].审计研究，2009（2）：10-14.

门单位数如表 1 所示。

表 1　预算年度和被审计部门数（单位：个）

预算年度	2003	2004	2005	2006	2007
被审计部门数	9	31	41	48	49

在对这些预算单位预算执行审计时，审计报告披露的"审计发现的主要问题"可以归纳为以下几个类别：

1. 预算编制、拨付中存在的问题

预算编制不实、执行不严在 2004—2007 年中一直是一个重大问题，没有减缓的趋势，反映了我国政府部门预算管理水平偏低的问题，应该是今后一个时期内的重点审计目标。

2. 预算资金使用过程中存在的问题

被审计部门自行调整预算项目内容和向非财政预算单位拨款的问题有所下降，但始终在一些单位中存在；超出预算购置设备或车辆、超预算或无预算安排支出的问题表现出了上升的势头。

3. 不报经批准或不遵守规定方面存在的问题

未经财政部批准动用以前年度经费或专款结存的问题有起伏，但始终存在；收入未按规定及时缴入中央财政专户或未纳入财政专户管理的问题没有任何减少的迹象，五年来在被审计部门单位中都有 40% 左右的部门存在这一问题。

4. 预算资金取得和使用不真实问题

截留、挤占、挪用预算经费是一个突出问题，每年都有将近一半的部门存在这些问题，需要给予重点关注；采取虚报冒领等手段套取财政资金的问题始终存在；项目支出不实有增加的趋势。

5. 预算资金效益低下或无效益的问题

在预算资金效益低下或无效益的问题中，财政资金的闲置问题一直保持比较高的比例，这既反映了被审计部门不重视财政资金的闲置问题，也反映出预算管理水平的低下。

6. 账外资金问题

账外资金问题在一些部门中一直存在，存在小金库等问题的部门一直在 10% 以上，违规收费、未执行"收支两条线"政策的问题也一直占百分之十几的比例。

7. 国有资产管理中的问题

国有资产管理中的问题表现为时有发生的状况，未办理非经营性资产转经营性资产手续的问题在 2003 年和 2006 年被查出过，在转让国有产权中有问题的部门不是很多，在 2003 年和 2004 年各查出 1 个部门、2006 年查出 3 个部门；2004 年以后各年都查出了一些部门由于管理不善等原因致使国有资产遭受损失或面临损失。

（三）我国政府预算执行审计的具体目标

根据上述分析，可以将预算执行审计的一般审计目标概括为：

1. 合法合规性

即查明所记录的预算编制和执行情况是否符合国家相关的法律法规和预算编制程序与执行规定。

2. 真实性

即查明所记录的预算编制和执行情况是否符合实际或是否是真实发生的业务。

3. 完整性

即查明所有应反映的预算编制和执行情况是否完整和全部记入了会计信息系统。

4. 效益性

即查明所记录的预算资金使用情况是否为履行部门职责充分发挥了应有的效益，是否存在效益低下和损失浪费等情况。

5. 权利和义务

即查明预算账户余额和报表项目列报的资产是否为被审计部门所有，列报的负债是否为该部门所欠。

具体审计目标需要实务工作者根据具体审计事项确定。举例说明政府预算执行审计的某些具体审计目标，如表 2 所示。

表 2　具体审计目标示例

一般审计目标	具体审计目标
合法合规性	·查明预算编制是否真实、执行是否严格 ·查明预算编制是否细化到规定的项目 ·查明有无自行调整预算项目内容的情况 ·查明有无向非财政预算单位拨款的情况 ·查明有无超预算或无预算安排支出的情况
真实性	·查明有无采取虚报冒领等手段套取财政资金的情况 ·查明有无截留挤占挪用财政资金的情况 ·查明预算支出各项目的真实情况

续表2

一般审计目标	具体审计目标
完整性	·查明有无将预算资金私存私放或公款私存 ·查明有无账外设账 ·查明有无违规收费 ·查明是否执行"收支两条线"政策
效益性	·查明有无出借财政资金的情况 ·查明有无出借国有资产的情况 ·查明有无存在财政资金的闲置情况
权利和义务	·查明预算账户余额和报表项目列报的资产的所有权状况 ·查明预算账户余额和报表项目列报的负债的归属情况 ·查明国有产权转让中的手续是否齐全 ·查明已造成的的国有资产损失或面临的损失

（四）政府预算执行审计中经常采用的指标

政府审计机关根据政府预算业务的特征，有针对性地编制了一些指标，作为考察相关部门预算执行情况的审计工具。

由于政府预算是一个计划数，预算执行的偏差情况直接表现为绝对数，因此，这些指标大多是绝对指标，如：违规调整预算、违规越权减免税收、隐瞒截留预算收入、违规退库、挖挤上级预算收入、违规办理预算拨款、虚列预算支出、预算内转预算外、违规办理财政结算、违规结转预算支出、应缴未缴预算收入、违规动用国库款项、违规调库、已增加财政收入、隐瞒转移预算外收入、违规建立基金、违规拆借资金。这些绝对数指标可以直观地反映实际执行情况与预算的偏离规模程度。当然，还有少量的相对数指标，如违规扩大预算外征收比例，这可以反映实际执行情况与预算的偏离程度。

这些指标完全是针对政府预算管理业务而制定的，这也启示我们，高校预算执行业务是政府预算的延续，但是又不同于政府预算业务，因此，这些指标不能直接适用于高校预算执行审计。高校预算执行审计应该并且必须根据实际情况选择一些分析指标，来鉴证被审计单位的预算执行情况。

（五）政府预算执行审计报告举例

审计署2006年第5号（总第17号）审计公告公布了"42个部门单位2005年度预算执行审计结果公告"，其中第二个审计报告是关于教育部的预算执行情况的审计。

【案例一】

教育部 2005 年度预算执行审计结果

（二〇〇六年九月七日公告）

根据《中华人民共和国审计法》的规定，2005 年 11 月至 2006 年 2 月，审计署对教育部 2005 年度预算执行情况进行了审计，并延伸审计了北京××大学、教育部考试中心等 15 家下属单位。

一、基本情况

教育部为中央财政一级预算单位，部门预算由部本级和 103 个二级预算单位及项目执行单位的预算组成。

审计结果表明，教育部 2005 年预算收支基本符合国家有关预算和财经法规的规定。部本级内部控制制度比较健全，财务管理工作较好；所属二级单位能够按照主管部门批复的预算组织实施；对上年度审计提出的意见能够积极落实整改；进一步强化了对所属高等学校的财务管理，建立了高等学校科研经费、银行贷款等监管制度。但审计也发现一些需要加以纠正和改进的问题。

二、审计发现的主要问题

（一）预算 47.69 亿元年初未细化到具体单位和项目。

教育部 2005 年度预算中，年初未落实到具体单位和项目的资金 47.69 亿元，其中"行动计划"专项预算 25.92 亿元，小学、中学和高校修购专项预算 12.6 亿元，宣传文化发展专项预算 1.82 亿元，购房补贴经费预算 7.35 亿元。上述做法，不符合全国人大常委会《关于加强中央预算审查监督的决定》关于"严格按预算支出的原则，细化预算和提前编制预算"的规定。

（二）多报领政府特殊津贴 561.55 万元。

截至 2005 年年末，教育部"政府特殊津贴"拨款累计结存 561.55 万元，主要原因是未定期核对享受政府特殊津贴人员的变化情况，也未及时上报人事部，形成长期多报多领该项经费。上述做法，不符合人事部《关于〈对享受政府特殊津贴人员进行考核的意见〉的通知》的有关规定。

（三）未按照政府集中采购程序支出印刷费 2 465 万元。（内容略）

（四）"中国教育经济信息网"项目未经科研论证安排预算 2 亿元，应招标未

招标 8 427.97 万元。（内容略）

（五）个别所属单位应缴未缴预算外收入 4 771.45 万元，超标准收取评估费 174.24 万元。（内容略）

（六）部分所属单位大宗印刷费、设备家具购置等开支 1 169.4 万元未编制政府采购预算、未按政府集中采购程序执行，个别所属单位办公楼等装修开支 2 463.44 万元未公开招标。（内容略）

三、审计处理情况及建议

对上述问题，审计署已按照国家法律、法规的规定，及时出具了审计报告，下达了审计决定书。对教育部本级年初预算未细化的问题，鉴于已在年底前细化并拨付到项目执行单位，不再处理；对多报领政府特殊津贴的问题，已要求将多报领的资金抵减2006年度经费申请额度，今后按照规定核实申报；对"中国教育经济信息网"项目未经科研论证安排预算、应招标未招标的问题，要求将不承担该项目建设任务的 T×××大学等 6 所高校 CEE 项目结存资金收回，按重新论证后的建设方案安排使用，在今后项目建设中严格按照招标投标法及相关规定执行；对未按照政府集中采购程序支出印刷费的问题，要求今后按规定真实、完整地编报政府采购预算，全面执行政府采购制度；对教育部所属单位应缴未缴预算外收入的问题，要求上缴中央财政专户；对超标准收取评估费的问题，要求教育部责成有关单位停止超标准收费，鉴于多收的评估费已上缴财政，不再处理；对部分单位大宗印刷费、设备家具购置等开支未编制政府采购预算、未执行政府集中采购程序，个别所属单位办公楼等装修开支未公开招标的问题，要求今后按规定真实、完整地编报政府采购预算，全面执行政府采购制度。

针对审计发现的问题，审计署建议：教育部应加强与财政部等部门的协调，解决部分项目年初预算未细化的问题；严格按照国家有关"收支两条线"管理的规定，及时解缴各项应缴收入；严格按照政府采购制度有关规定，强化政府采购管理，减少随意性。

四、审计发现问题的整改情况

教育部对审计发现的问题非常重视。对年初预算未细化的问题，将进一步做好与有关部门的协调和沟通，合理安排项目论证和评估时间，尽快细化项目预算，及早发挥资金的效用；对多报领政府特殊津贴的问题，已在申请 2006 年度的额度中予以核减；对"中国教育经济信息网"项目未经科研论证安排预算、应招标未招标的问题，已责成有关单位认真进行整改，加强管理，提高资金使用效益；已经收回T×××大学等6所不承担CEE项目建设任务学校的结存资金；对应缴未缴预算外收入的问题，全国大学英语四、六级考试委员会已全部上缴中央财政专户；对超标准收费问题，已责成学位与研究生教育发展中心予以纠正并杜绝此类问题再发生。对执行政府采购制度中存在的问题，今后将严格按照有关规定，真实、完整地编报政府采购预算，认真执行政府采购制度。

五、高校预算执行与决算审计的一般问题

（一）概　念

高校预算执行与决算审计，是指由高校内部审计机构依法独立对预算执行与决算的真实性、合法性、效益性进行的审查和评价活动。

（二）目　的

高校内部审计机构对本校预算执行和决算进行审计，应当有利于规范和加强全校预算管理；有利于各部门加强对本部门预算执行的管理；有利于提高预算管理水平，提高预算编制工作的完整性、科学性、准确性和透明度，更加合理地分配财务和经济资源，提高资源的配置和利用效益。

（三）审计方法

内部审计人员通过审查银行账户、会计凭证、会计账簿、会计报表；查阅与审计事项有关的文件、资料；检查现金、有价证券；向有关单位和个人调查等方式进行审计，并取得审计证据。

内部审计人员可以通过检查、监督盘点、观察、调查、函证、计算、分析性复核等方法，搜集审计证据。

（四）审计的免疫作用

对预算执行和决算审计中发现的违规行为，内部审计机构应在职权范围内，依照法律、行政法规的规定，出具审计意见书或者做出审计决定。

通过预算执行审计，可以不断地强化高校各级干部按照预算开展经济活动的意识，不断地完善高校内部的预算管理制度和程序，不断地提高预算经费的使用效益。

（五）目前执行的情况

1."上审下"的预算执行与决算审计

教育部财务司组织的对各直属高校校长经济责任审计,第一轮基本上已经完成。经济责任审计不同于预算执行审计,但是一个校长的经济责任审计一定包含校长任期内或者被审计期内的预算执行情况的审计。在大多数情况下,教育部对直属高校校长经济责任审计往往都同时安排了最近一个年度的预算执行及决算审计。

【案例二】

××××大学校长于2008年×月任期届满。教育部安排了对其四年任期的经济责任审计,同时对最近的2008年度预算执行和决算情况进行了审计,下面是该审计报告的目录。

关于××××大学2008年度预算执行与决算情况的审计报告
目　录

一、学校的基本情况	1
二、预算编制范围与程序	1
（一）部门预算	2
（二）校级预算	2
（三）院部级预算	2
三、预算批复和执行情况	2
（一）预算批复情况	2
（二）部门预算执行情况	3
（三）校级预算执行情况	4
（四）预算执行效果分析	5
四、预算内控制度建立和执行情况	6
五、决算情况	6
（一）资产状况	6
（二）负债状况	7
（三）净资产状况	8

六、审计发现的问题　　　　　　　　9
　（一）预算编制方面　　　　　　　9
　（二）预算执行方面　　　　　　　9
　（三）决算方面　　　　　　　　　10
七、审计评价　　　　　　　　　　　12
八、审计建议　　　　　　　　　　　12
　（一）预算编制方面　　　　　　　12
　（二）预算执行方面　　　　　　　12
　（三）决算方面　　　　　　　　　13
（具体内容略）

2."同级审计"的情况

高校内审机构可以对本校预算执行与决算工作进行审计，即所谓"同级审计"。据反映，系统、连续地开展预算执行与决算审计的高校并不多。

【案例三】本例子是一个学校预算执行和决算审计报告的提纲。

关于H×××大学二〇〇六年财务决算及执行情况的审计报告

按照年度工作计划安排，二〇〇七年六月四日至七月三十一日，我处对学校财务处核算管理的二〇〇六年年度财务决算、财务预算及预算经费执行情况进行了送达审计。

本次审计主要依据财务处提供的账册、凭证、文件资料，并按照国家、学校制定的法律、法规及规章制度，本着客观、公正的原则进行审计。

现将审计结果报告如下：

一、校级预算编制程序的审计情况（内容略）

二、校级预算编制审计情况

　（一）校级收入预算编制完成情况

　（二）校级支出预算编制完成情况

　（三）各校区预算收支完成情况

三、年度决算审计情况

（一）全年综合收入完成情况

（二）全年综合支出完成情况

（三）资产负债结余情况

四、决算账户审计情况

（一）往来款项结余情况

（二）借入借出及投资款项审计情况

（三）新校区工程建设完成情况

（四）事业基金（一般基金）结余情况

（五）报表、核算审计情况

五、审计意见

（一）评价

（二）建议

1. 进一步做好暂付款与借出款的清理工作。

2. 加强会计核算的管理。

3. 加强对外投资的管理。

4. 关注事业基金的警示作用，加强对学校负债性项目和负债的管理。

H×××大学审计处
二〇〇七年八月八日

六、预算执行审计的内容

预算执行审计是在预算内部控制测评的基础上，对预算管理、收入预算执行、支出预算执行等进行的审查和评价。预算执行包括预算管理情况、收入预算执行和支出预算执行等。

（一）预算管理审计

预算管理审计是对预算的编制原则、编制程序、预算数额、预算调整、经济责任制等相关管理活动的合法性、适当性和有效性的审查和评价。

1. 应获取的相关资料

主要包括预算政策、预算编制计划、专项经费管理办法、预算管理办法和经济责任制等。

2.应关注的风险领域

主要包括预算程序失控的风险、预算管理依据不当的风险、预算管理职责不到位的风险等。

3.审计内容

（1）预算管理中的内部控制制度和各级经济责任制是否健全，是否有效。

（2）预算编制是否遵循"量入为出，收支平衡"的原则，收入预算是否贯彻积极稳妥的原则，支出预算是否贯彻统筹兼顾、保证重点、勤俭节约的原则；预算编制的方法是否符合上级主管部门及本校的规定。

（3）预算方案的编制是否真实、合法、有效；是否编制超越学校财力的赤字预算；预算是否按照规定程序审批；预算经费是否按规定时间足额下达。

（4）预算调整有无确需调整的原因及明确的调整项目、数额等措施有关说明，预算调整是否编制追加和调整方案，并经法定程序审批后执行。

（5）预算下达后是否存在不经法定程序随意调整现象，预算支出有无随意增减项目或项目之间随意调剂使用情况。

4.审计方法

预算管理审计可以采用检查、调查、复核法、分析、复算、鉴证和询问等方法。

（二）收入预算执行审计

收入预算执行审计是对收入预算执行的真实性、合法性和完整性进行审查和评价。

1.应获取的相关资料

主要包括上级主管部门拨款控制数和预算批复数文件、有关部门的收费批文、学费收费通知和记录、学费收据存根联、预算外资金上缴的相关凭证、收入核算的相关会计资料等。

2.应关注的风险领域

主要包括收入项目不完整、学费收入依据不当、预算外收入上缴不完整和不及时、收入核算不正确等。

3.审计内容

（1）各项收入是否全部纳入预算，实行统一管理。

（2）各项收入是否真实、合法、完整，有无隐瞒、少列收入、推迟或提前确认收入行为；各项收入的款项是否及时足额到位。

（3）是否按预算目标积极组织收入，有上缴任务的单位或部门是否将应上缴的预算收入按规定及时上缴学校，有无截留、挪用预算收入或私设"小金库"行为。

（4）各项收入，包括财务补助收入、上级补助收入、事业收入、经营收入、附属单位上缴收入和其他收入，是否准确分类。

（5）收费的项目、标准和范围是否报经上级主管部门批准，有无擅自增加收费项目、扩大收费范围和提高收费标准等问题；是否贯彻"收支两条线"原则。

（6）收入的会计处理是否合规。有无利用应付及暂存、代管项目等过渡性会计科目挂账隐瞒收入或直接列收列支等问题。

（7）学校是否制订保证收入预算目标实现的控制措施和办法。

（8）分析收入预算的执行情况及其与收入预算之间的差异和原因。

4. 审计方法

收入预算执行审计可以采用检查、观察、函证、计算、分析性复核、抽样和询问等方法。

（三）支出预算执行审计

支出预算执行审计是对支出预算执行的真实性、合法性和有效性进行审查和评价。

1. 应获取的相关资料

主要包括支出预算明细表、预算下拨文件、支出核算的相关会计资料等。

2. 应关注的风险领域

主要包括支出项目不合法、支出项目不真实、支出标准不合规、专项经费未专款专用、支出核算不正确等。

3. 审计内容

（1）支出预算是否严格按照预算确定的经费项目、支出标准和支出用途进行开支或拨付经费，是否严格执行国家有关财务制度以及上级主管部门和学校有关财务规章制度规定，是否存在擅自扩大支出范围和提高开支标准的行为。

（2）各项支出是否真实、合法，有无随意改变支出的确认标准或计价方法，多列、不列或少列支出；支出中有无虚列支出、以领代报、以购代支现象，有无挤占、挪用、损失浪费、滥发钱物、变相对外投资等行为。

（3）各项支出，包括事业支出、经营支出、自筹基本建设支出和对附属单位补助支出分类是否准确、合规；是否正确划清各类支出的界限，支出是否真实并严格按预算执行，有无预算外或超预算等问题；是否按照标准考核、监督支出。

（4）专项资金是否按特定项目或用途专款专用，有无挤占或虚列行为。

（5）支出的会计核算是否合规、准确。有无利用应收及暂付、应付及暂存、代管项目等过渡性会计科目挂账隐瞒支出或直接列收列支等问题。

（6）支出预算中是否有保证预算目标实现的控制措施和办法。

（7）分析支出预算的执行情况与支出预算之间的差异和原因。

（8）分析与评价支出预算执行结果的效益和效果。

4. 审计方法

支出预算执行审计可以采用检查、监督盘点、观察、函证、计算、分析性复核、抽样和询问等方法。

七、决算审计

决算审计是对财务决算报表及其资产、负债、净资产、收入和支出进行的审查和评价。在高校中，决算审计主要是财务决算报表审计、收入和支出的决算审计。各项资产、负债、净资产的决算，可以根据学校的实际情况，有重点地安排。

收入与支出的决算审计，实际上就是预算执行审计中的收入和支出预算执行审计。现在主要介绍财务决算报表及其资产、负债、净资产进行的审计。

（一）财务决算报表的审计

财务决算报表审计是对财务决算报表的真实性、合法性和完整性进行审查和评价。

1. 应获取的相关资料

主要包括年度预算及其编制与调整说明和批准文件，包括上级主管部门批准的年度预算通知和预算追加调整通知；年度财务决算报表及其编制说明和上级主管部门关于年度决算编报的通知；年度会计账簿、会计凭证及有关的重要经济合同协议、会议记录等资料；学校国有资产处置（包括固定资产与存货的报废、转作投资、无偿调拨、毁损、丢失和坏账处理等）的审批文件和相关资料；其他有关资料。

2. 应关注的风险领域

主要包括报表存在不合法项目的风险、收入和支出中存在不真实项目的风险、支出标准不合规定的风险、专项经费未专款专用的风险、支出核算不正确的风险等。

3. 审计内容

（1）审查财务决算报表是否完整，并进行复核性检查。包括：财务决算报表是否齐全，是否符合上级主管部门的统一要求；每张报表内容填列是否完整、正确；项目填列是否齐全，表内对应项目之间数据勾稽关系是否正确，应当填写的"报表附注"是否填列；对应报表之间数据勾稽关系是否正确；是否有年度财务情况说明（文字部分）；是否按有关规定签名盖章。

（2）核对报表项目数据填列与对应的账户余额或发生额是否一致，检查表、账是否相符。按照报表所列项目，逐一与会计账簿进行核对。

（3）对报表项目内容的真实性进行检查验证，应用预算执行审计成果对收入、支出类项目进行分析性复核；检查各项资产的实有数与报表填列数是否一致；审查各项净资产的形成过程，分别进行验算。

（4）对会计核算情况进行检查，是否符合《中华人民共和国会计法》和《高等学校会计制度》的规定；是否定期将会计账簿记录与实物、款项（货币资金、有价证券等）及有关报表、资料相互核对、账实、账账、账表是否相符；采用的会计处理方法是否前后期一致，有无随意变更；确有必要变更，是否将变更的原因及影响在年度决算报表情况说明中反映；学校财务管理与会计核算中的内部控制制度是否健全、有效。

（5）财务分析指标的审计：包括经费自给率、预算收支完成率、人员支出与公用支出分别占事业支出的比率、资产负债率、生均支出增减率以及其他财务指标等是否真实、准确，能否恰当地反映学校的财务状况、收支结果和事业发展情况。

4. 审计方法

财务决算报表审计可以采用检查、观察、计算、分析性复核和询问等方法。

（二）资产审计

资产审计是对资产的真实性、安全性和完整性进行审查和评价。

1. 应获取的相关资料

主要包括财务报表和相关会计记录、学校固定资产报表和盘点表、报废固定资产清单、银行对账单、库存现金盘点表、对外投资的资料、全资企业的审计报告等。

2. 应关注的风险领域

主要包括购置资产未入账的风险、报废固定资产未冲销的风险、资产账实不符的风险等。

3. 审计内容

（1）资产的存在是否真实、完整，资产的管理是否安全，资产的变动是否合法，资产的计价是否合理、正确，有无随意改变资产的确认标准或计价方法，有无虚列、多列、不列或者少列资产的行为。

（2）货币资金和有价证券的管理和使用是否符合规定，内部控制制度是否健全、有效。银行开户是否合规，有无出租、出借或转让等问题；有无公款私存、挪用、白条顶库、非法融资以及舞弊盗用的情况；定期存款是否合规合理，货币资金是否安全完整。

（3）应收及暂付款项、借出款的发生、增减变化是否真实、合法，是否及时清理结算，有无长期挂账、虚挂账等问题，有无呆账、坏账情况；对确实无法收回的应收及暂付款、借出款是否查明原因、分清责任、按规定程序批准后核销。

（4）财产物资的收发、管理和使用是否真实、合法、安全、完整，不相容岗位是否分离，购置有无计划和审批手续，有无被无偿占用、流失、损失浪费等问题，大宗物资的采购是否建立招标制度和集中采购制度；会计核算是否符合规定，内部控制制度是否健全、有效，对固定资产、材料是否进行定期的清查盘点，做到账实相符，盘盈、盘亏是否及时调整和处理。

（5）对外投资是否进行可行性研究，是否履行了法定审批程序；以实物对外投资是否按规定进行资产评估；投资款项的发生和增减变化是否真实、合法、完整；是否责成有关部门或专人对投资项目进行监控、管理，是否及时对投资本金和投资收益进行回收，有无投资失误和损失问题，是否建立目标经济效益项目责任制；投资及其收益的会计核算是否恰当、合规。

（6）无形资产的取得、管理、核算、转让是否符合规定。

4. 审计方法

资产情况审计可以采用检查、监督盘点、观察、调查、函证、计算、分析性复核和询问等方法。

（三）负债审计

负债审计是对负债的真实性、合法性和有效性进行审查和评价。

1. 应获取的相关资料

主要包括财务报表和与负债相关的会计记录、账龄分析表、银行贷款合同、贷款项目可行性分析报告等。

2. 应关注的风险领域

主要包括负债资金到位不及时的风险、贷款利息成本过高的风险、不能按时还本付息的风险等。

3. 审计内容

（1）负债的形成、存在是否真实、合法、完整，有无随意改变负债的确认标准或者计价方法，有无虚列、多列、不列或者少列负债的行为。

（2）对各项负债包括借入款、应付及暂存款、应缴款项、代管款项等分类和会计核算是否合理、合规，是否按规定权限对各项负债进行处理。

（3）对各项负债是否及时清理，按照规定办理结算，并在规定期限内归还或上缴应缴款项，有无长期挂账现象。

（4）学校为发展举债搞建设是否有偿还来源和能力，是否控制在一定的规模内，有无潜在的财务危机。

（5）是否存在未决诉讼案或有关事项。

4. 审计方法

负债审计可以采用检查、调查、函证、计算、分析性复核、抽样和询问等方法。

（四）净资产审计

净资产审计是对净资产的真实性、合法性和有效性进行审查和评价。

1. 应获取的相关资料

主要包括财务报表和与净资产相关的会计记录等。

2. 应关注的风险领域

主要包括基金分类不正确的问题、基金列支不适当的问题、事业基金长期透支的风险等。

3. 审计内容

（1）净资产的存在、发生是否真实、合法、完整，有无随意调节收支配比余额。有无编造虚假或隐瞒事业基金、专用基金、固定基金的余额和增减变化情况，财务结果、收支差额的计算是否正确，有无随意改变净资产的确认标准或者计价方法。

（2）各项结余的分类是否合理、合规，经营收支结余是否单独反映，会计核算与处理是否符合规定；结余分配及比例是否符合国家的有关规定。

（3）事业基金和专用基金的设置、分类、结余、增减变化是否准确、合规，会计核算与处理是否符合规定，是否严格按规定的用途使用，使用效果如何，有无挤占、挪用或虚列的行为；各项专用基金的计入、提取及比例是否符合国家的有关规定，是否及时足额到位。

4. 审计方法

净资产审计可以采用检查、计算、分析性复核、鉴证、抽样和询问等方法。

八、预算执行和决算审计的组织

（一）审计执行的时间

高校内审计机构对预算执行情况进行审计，应做到事前审计、事中审计、事后审计相结合。高校内部审计机构应在预算编制阶段事前介入，了解预算编制和调整情况；在第四季度对本年度预算执行情况进行期中审计；在上半年内对上一年度预算执行和决算进行审计。事前和事中审计，一般采取审计调查的形式进行。

【案例四】某校的事前审计（调查）

某校年度校级预算编制工作的最后三个程序是：财经小组讨论预算草案，报校长办公会议审议，报党委常委会（党政联席会议）审批。财经小组的组成：校长、分管财务的副校长、分管审计的副书记、财务处长、审计处长。列席人员：分管预算工作的财务处副处长。

2009年某日，财经小组讨论2009年度校级财政预算。在逐条讨论过程中，校长累计向审计处下达了审计（调查）任务：

1. 校园网新增预算的跟踪调查。
2. 博士后制度中经济政策的执行效果调查。
3. 师资建设费使用情况调查。
4. ××学院语音室建设项目预算的合理性调查。
5. 分析测试中心现行分配政策调查。

审计调查的执行情况：第2、5项任务单独立项，单独出具审计报告，推动了相关分配政策和预算管理政策的调整；其余3项任务相对简单，审计处在完成调查工作之后，向财务处和分管财务的副校长口头汇报相关结果。

（二）审计的重要性原则

高校内审机构应根据上级主管部门的相关政策、学校的具体情况，在预算执行和决算审计中确定重点审计内容。

高等学校的经济收支规模越来越大，收支的内容越来越复杂，在这种形式下，高校预算的编制、执行和管理业务也是越来越扩大化，甚至覆盖了学校财经工作的各个方面。如果每年都按照所有的程序开展预算执行审计，那么仅靠内部审计机构的力量是无法完成的。

因此，内部审计部门一定要合理和科学地启用重要性原则，来确定每一次预算执行审计的一般程序和审计重点。

【案例五】某校连续两年的审计内容比较

某校从2004年开始，对学校预算执行情况进行了连续审计。从2006年开始，除了对预算收入、支出、预算管理制度的变化进行持续的审核，每年还确定一些其他方面的审计内容，作为该年度的审计重点。

某校连续两年的审计内容比较

	2006年度	2007年度
固定审计内容	1. 校级收入预算编制完成情况 2. 校级支出预算编制、完成情况 3. 全年综合收入完成情况 4. 全年综合支出完成情况 5. 资产负债结余情况	
重点审计内容	1. 各校区预算收支完成情况 2. 决算账户审计情况 （1）往来款项结余情况 （2）借入借出及投资款项审计情况 （3）新校区工程建设完成情况 （4）事业基金（一般基金）结余情况 （5）报表、核算审计情况	1. 生物工程学院、外语学院年度预算经费使用情况 2. 专项项目经费使用情况 3. 往来账户（长期暂存款）审计
备注	案例四	

（三）预算执行审计的外包

预算执行和决算审计是一项艰巨的任务，高校内部审计机构需要组织大量的人力、占用大量的审计资源。如果连续地开展预算执行审计，那么势必会影响同为其他财务类审计工作，如经济责任审计任务的完成。

因此，高校在建立本校预算执行审计目标等制度之后，可以委托社会力量的审计机构，执行本校的预算执行和决算审计。

高校二级单位资金集中管理的理论和实践 [1]

张爱民 [2]

经过五十年的发展,中国高校管理体制内形成了多种形式的单位和部门(简称"二级单位"),不同的二级单位要求实施不同的财务管理制度。在新的形势下,二级单位的构成、特征和管理要求都发生了巨大的变化。二级单位资金流量增大,资金结余额增大,占用了学校较大财力。二级单位资金集中管理是高校财务管理中的一项急迫的任务。下面结合华东理工大学(以下称"我校")近期集中管理二级单位银行账户和资金的若干实践,介绍我们对二级单位资金集中有关问题的认识。

一、二级单位与财务管理体制

(一)高校财务管理体制

体制是有关国家机关、企事业组织的机构设置和管理权限划分的体系制度。财务管理体制是组织财务活动、划分财权和处理财务关系的一项根本制度,是财务管理工作的核心内容。高等学校财务管理体制是高等学校财务关系制度的表现形式,是高等学校财务管理权限划分和财务管理机构设置的体系制度。现阶段,高等学校财务管理体制分为"统一领导、集中管理"和"统一领导、分级管理"两种模式。《高等学校财务制度》第五条规定:"高等学校应实行'统一领导、集中管理'的财务管理体制;规模较大的学校实行'统一领导、分级管理'的财务管理体制。"

(二)统一领导

高等学校财务管理体制中,统一领导的内容包括以下几个方面:

1. 统一财经方针政策

高等学校财经方针政策如重大的财务分配政策和财务开支制度等必须由学校财

---

[1] 本文是张爱民代表学校写的,发表于上海市教育会计学会内部刊物《上海教育财会》2001年第3期,第10—17页。

[2] 作者简介:张爱民,时任华东理工大学商学院会计学系主任、副教授、校财务处处长。

务处在学校财经领导小组组织和协调下统一制定和颁布,校内各部门、单位不得制定与学校政策相违背的部门政策或单位政策,不得损害学校整体利益。

2. 统一财务收支计划

高等学校应把整个财务收支活动都纳入年度财务收支计划,根据各项事业发展的需要与财力可能编制综合财务收支预算。校内各部门各单位要按财务收支计划积极组织收入,按事业进度合理安排和使用资金。

3. 统一财务规章制度

高等学校应在国家有关法律法规和财务制度的规定下,根据学校的财经方针政策,结合学校的具体情况和管理要求,制定统一的财务规章制度并颁布实施,校内各部门各单位不得自行制定与统一财务制度相违背的本部门本单位财务制度。

4. 统一资源调配

学校的资源是保证完成教育科研事业的重要物质基础。高等学校应根据资源的分布情况和各部门、单位承担年度事业发展任务的需要,统一调配资源。

5. 统一财会业务领导

高等学校应由校级财务机构统一领导校内各岗位财务人员的业务工作、业务培训、业务考核,并参与财会人员专业技术职务的评聘。

（三）分级管理

高等学校财务管理体制中,分级管理是指高等学校在建立健全规章制度、明确校内各级各单位权责关系和学校统一领导的基础上,根据财权划分、事权与财权相结合的原则,由学校和校内各级各单位进行分级管理。分级管理的主要内容有以下三个方面：

1. 统筹安排本单位预算经费

在学校统一财务收支计划和资源配置下,校内二级单位有权对学校下达的预算经费和分配的资源进行统筹安排和使用。高等学校在集中学校必要财力的前提下,将财权适当下放到校内二级单位,对学校预算经费实行限额使用,二级单位可以根据其所承担的事业任务和财力可能,按照收入和事业进度,统筹安排、合理使用学校预算分配的资金。

2. 自行制定实施办法

在学校统一财经政策和财务规章制度的前提下,二级单位有权制定财务规章制度的实施办法。

3. 独立核算

在学校统一财会业务领导下，二级单位有权管理本级财会业务。校内各单位可以根据业务需要，按照法定的程序和手续，申请并设立本单位的财会机构，在校级财务机构的领导和指导下，根据学校统一制定的财务规章制度和会计制度具体组织、核算和管理本单位的财务收支活动，并按要求定期向校级财务机构报账和报送财务报表，以便校级财务机构汇总编制反映学校财务收支全貌的财务报表。

（四）高等学校二级财务机构

《高等学校财务制度》第八条指出："高等学校校内后勤、科技开发、校办产业及基本建设等部门因工作需要设置的财务机构，只能作为学校的二级财务机构，其财会业务接受财务处（室）的统一领导。高等学校二级财务机构必须遵守和执行学校统一制定的财务规章制度，并接受财务处（室）的监督和检查。"二级财务机构的设立必须符合有关规定，并有利于加强学校财经工作的统一领导和加强财务收支管理。

1. 二级财务机构设立的审批

校内有关部门需要设立财务机构的，应按有关规定由学校财务、人事部门按机构设置的基本要求进行审查论证，并须征得校级主管领导的同意。

2. 二级财务机构的地位

高等学校不得在学校财务处（室）之外，设置同级财务机构；科技开发财务、校办产业财务、后勤财务、基建财务等部门，只能作为学校的二级财务机构。在业务上，学校财务处（室）与这些财务机构的关系是领导与被领导的关系。

3. 二级单位的财务收支管理

二级单位的财务收支活动必须按照现行财经规章制度的规定，部分或全部纳入学校年度财务收支计划，实行预算管理。二级财务机构必须定期向学校财务处（室）报送财务报表，以便汇总编制整个学校的财务报表，全面、完整地反映整个学校财务收支活动的情况和结果。

4. 二级财务机构的财会业务管理

二级财务机构的财会业务必须接受学校财务处（室）的统一领导，其遵守和执行学校统一制定的财经政策和规章制度的情况必须接受财务处（室）的监督和检查。

5. 二级单位的财务规章制度

学校后勤、科技开发、校办产业、基本建设等部门的财务活动是整个学校财务活动的有机组成部分，他们共同组成学校财务活动的整体。不论是实行"统一领导、集中管理"还是"统一领导、分级管理"财务管理体制的学校，这些二级单位除了要执行国家相关行业的财务制度外，不得另行制订与之相违背的规章制度。

（五）二级单位在财务管理体制中的地位

综上所述，高等学校二级单位，不管是设立二级财务机构还是未设立二级财务机构的，都不是完全独立的单位，尤其是在财务管理上都必须置于学校统一的政策领导和业务管理之下，这是二级单位资金集中管理的体制基础。

二、二级单位的资金构成分析

（一）二级单位的组织形式

二级单位一般是指高校内的各单位、各部门。二级单位的组织形式是多种多样的。非独立核算的职能部门和院系所，是高等学校的内部机构。非法人的独立核算单位是根据有关法规和内部管理需要设立独立财会机构、配备专职财会人员、单独发生财务收支和编制财会报表的内部机构。企业化管理的事业单位是像企业一样自负盈亏的、为学校承担一些对内对外服务任务的内部经济组织，但是在法律上一般已经成为独立的组织。学校投资的企业目前包括未改制的校产企业和已改制的公司制校产企业，公司制校产企业又分学校控股的公司和非学校控股的公司。未改制的校产企业是根据《中华人民共和国企业法》成立的企业组织，已改制的公司制校产企业是根据《中华人民共和国公司法》成立的公司组织。

（二）二级单位的特征分析：多元化视角

二级单位的特征可以从法律地位、经济法律责任、资本来源和资金来源等多元化视角来进行分析。这个分析可参见表1。

表1

二级单位类别	法律地位	经济法律责任	资本来源	资金来源
独立核算的非法人单位	不独立	全部	无或学校核拨	学校核拨为主
企业化管理的事业单位	独立	一般为无限责任	学校投入	自收自支，收入主要来自学校
未改制的校产企业	独立	无限责任	学校投入	自负盈亏
公司制的校产企业（控股的）	独立	有限责任	学校和其他投资者投入	自负盈亏
公司制的校产企业（非控股）	独立	有限责任	学校和其他投资者投入	自负盈亏

（三）二级单位集中管理的理论基础：实质重于形式

从法律地位来看，高校只能管理未具有独立法律地位的内部组织，因此，只能直接集中管理独立核算的非法人单位。从经济法律责任来看，高校应该对那些承担了其全部或最终法律和经济责任的经济责任者实行直接管理，因此，高等学校可以直接管理独立核算的非法人单位、企业化管理的事业单位和未改制的校产企业。资本来源也代表着企业的组织形式：事业单位、企业和公司。从资本来源来看，高校可以直接集中管理独立核算的非法人单位。从资金来源来看，学校可以直接管理独立核算的非法人单位和企业化管理的事业单位。

高校应该从实质重于形式选择对二级单位的管理政策。"形式"是指经济组织的外在形式，一般指法律地位。具有法人地位的经济组织具有了形式上的独立。"实质"是指在经济组织中的经济利益和决策权的大小。一些二级单位在形式（法律）上独立于学校。但是由于学校在其中拥有全部经济责任（如"无限责任"）和全部决策权，这些二级单位在实质上仍与学校连为一体，不具有实质上的独立性。在实质控制和形式控制统一的时候，即二级单位在法律地位、经济和法律责任以及最大决策权都独立于学校之外时，高等学校可以不对二级单位实施直接的管理。如果二级单位在法律形式上独立于学校、但经济和法律责任以及最大决策权仍在高等学校，那么高等学校仍然可以将这些二级单位视作学校特殊的一部分，采取相应的措施和程序进行适当的直接监督、控制和管理。

因此，高校直接管理二级单位的政策选择应该是：以"实质重于形式"为原则，以"实质上的经济利益和决策权"为轴，划定直接管理的边界，确定纳入直接管理范围内的二级单位。对于那些学校拥有绝对多数的经济利益、承担最大经济和法律责任，同时也拥有最大决策权的二级单位，不管其法律形式如何，学校财务管理部门都要采取适当的合法形式，直接管理二级单位的有关财务工作，保证学校的权益。

现在，我们认为二级单位应该是指独立核算的非法人单位和企业化管理的事业单位，近期内可以包括未改制的校产企业。

（四）二级单位直接管理的抓手：资金流

对二级单位直接管理的对象和途径有很多。我们认为资金流的集中管理是直接管理二级单位的一个有效途径。集中管理二级单位的资金流，可以利用银行提供的"企业银行"、"网上银行"等先进理财软件，作为直接管理的工具，既达到集中管理的效果，又没有剥夺、削弱甚至影响二级单位的资金管理权力。对银行资金进行集中管理，是对二级单位资金流量和存量的一种监督权，而不是对二级单位资金存量的处置权。二级单位仍然拥有资金的处置权。

集中管理二级单位的资金流，不会增加二级单位的工作量，可以为二级单位提供优质服务。我校华东理工大学通过招标，选用招商银行作为集中管理二级单位的主办银行，利用招商银行开发的"企业银行"和"网上银行"两个专用软件，取得了非常明显的实效。学校达到了撤销没有正式文件要求在银行独立开设账户的所有非法人二级单位的现有银行账户的目的，同时使得这些二级单位在银行往来业务没有增加任何手续，而且比以前更加方便了。集中管理二级单位的资金流，可以提供二级单位的有关信息，直接为学校管理决策服务。二级单位资金集中通常要建立一个以"结算中心"为形式的财务管理岗位。纳入直接管理的二级单位的资金，只能在这个管理枢纽中流动，其流量、流向、大致用途等资金流动信息会得到反映。

三、二级单位资金集中的模式

（一）两类资金集中管理模式

在根据经济实质划定进行资金集中管理的二级单位之后，必须严格遵守法律法规的有关规定来具体设计资金集中管理模式。货币资金收支必须通过银行账户进行结算，所以银行账户是资金集中管理的关键。银行账户应该根据法律的有关规定开设。非法人的经济核算单位的独立银行账户可能是国家正式文件要求开设的，也可能是学校根据管理需要自行批准开设的。法人单位可以开设独立银行账户。高校应该分类制定资金集中管理模式。

1."总账户"资金集中管理模式

对于国家没有正式文件要求在银行单独开户的非法人二级单位，可以通过在银行设立一个"总账户"、各二级单位开设分账户的形式进行资金的集中管理。

学校财务处为非法人单位开设一个专用账户（称为"总账户"），每个二级单位在该"总户"下开设二级账户（称为"分户"），通过该分账户收支所有款项。在一定的银行结算和软件技术支持下，每个二级单位拥有独立的银行支票和印鉴，仍然独立地与银行发生往来。学校纳入资金集中管理的所有独立核算的非法人单位均不得在银行另设账户。财务处负责审核二级单位各项支出是否超过其分户内的余额以及必要的财务监督。各二级单位根据学校有关财务规定自行决定资金的分配和使用，并进行独立的会计核算。通过上述"总户"和"分户"的设立，集中全校二级单位的银行存款资金，实现财力集中、财权分散的运作模式。

2. 独立账户集中管理模式

将正式文件允许的二级单位在银行开设独立银行账户，集中在一家银行。通过学校、二级单位与银行三方签署有关协议，使得学校财务管理部门能够监督这些独立银行账户中的资金收支和结余情况，从而了解其资金流动的大致趋势，达到一种比较松散的自己集中管理的效果。

（二）"二级单位资金管理岗"的职责

财务处设立"二级单位资金管理岗"，大多数高校叫"资金结算中心"。"二级单位资金管理岗"管理二级单位资金账户，该岗位单独设立柜台，配备专职财务人员，利用可与银行联网的电脑，开展银行延伸服务，管理二级单位资金账户的管理事务。其职责如下：

（1）为二级单位提供"分账户"或独立银行账户的开户、结算、提现、购买结算票据等，以及对二级单位的分账户收支业务进行票据印鉴核验、分户会计核算等银行延伸服务。

（2）为二级单位提供实时查询"分账户"或独立银行账户的存款余额、打印银行存款对账单、结算银行存款利息等服务。

（3）负责汇集各单位的银行结算凭证，并利用计算机程序的预设功能，审核并严格控制各分户支出金额是否在其银行存款余额内。

（4）为二级单位提供会计核算、财务管理等方面的咨询服务，为小规模的二级单位提供代理记账服务。

（三）二级单位账户集中管理的安排

二级单位的法律地位、二级单位银行账号开户依据等情况并不一致，二级单位的银行资金应该事实求是地分类进行集中管理。我们根据二级单位的法律地位和二级单位银行账号开户依据的不同，将所有二级单位分为四类，以不同的方式实行"总账户"资金集中管理模式或独立账户资金集中管理模式。

1. 一类单位

没有正式文件要求在银行单独开户的独立核算二级单位，必须撤销现有独立银行账户，在学校财务处"总账户"下开设分账户。

2. 二类单位

正式文件要求在银行单独开户的，但是有指定开户银行的、实行独立核算的非法人二级单位，必须在"二级单位资金管理岗""总账户"开设行开设独立银行账户，由"二级单位资金管理岗"代理行使银行结算服务。

3. 三类单位

实行企业化管理的事业单位，在学校认为必要的情况下，须在"二级单位资金管理岗""总账户"开设行开设独立银行账户，由"二级单位资金管理岗"代理行使部分银行结算服务。

4. 四类单位

校办企业、学校参股的有限责任公司，可以在自愿的情况下，在"二级单位资金管理岗""总账户"下开设行"分账户"或并行开设独立银行账户，由"二级单位资金管理岗"代理行使部分银行结算服务。各二级单位在根据学校有关财务规定自行决定资金的分配和使用的同时，可以单独设立会计岗位和会计账簿，进行独立会计核算。收支业务量不大的二级单位可以合并进行独立会计核算。

（四）二级单位"分账户"结算管理

凡在学校二级单位专用"总账户"下开设分账户的单位，须先经学校分管校领导和财务处同意，向"二级单位资金管理岗"递交经该单位负责人签字的开户申请书，由银行开设分账户。开户单位应恪守信用，履约付款，不占用他人资金。通过在"企业银行"预设限制"分账户"透支的功能，可以自动拒付将占用其他二级单位资金的空头支票。开户单位销户，须与银行核对存款余额无误后，再办理销户手续，销户时要交回各种重要空白凭证。按季分别提供"总户"、各"分户"和各独立银行账户的计息单，按照约定存款利率计付。每季末20日为结息日。

四、实现二级单位资金集中管理的途径：主办银行招标

在实施上述二级单位资金集中管理的过程中，主办银行的技术和服务水平具有决定性的作用。主办银行要为"二级单位资金管理岗"集中管理的资金提供开户、结算等业务。

（一）主办银行的技术和服务要求

我们在设计二级单位资金集中管理方案时认为，为了达到集中尽可能大的积极效果，主办银行应该提供能够远程通讯的银行终端延伸服务，该服务配备的软件应该至少具备以下功能：

（1）为"总账户"和"分账户"业务资料提供平行的记录。

（2）适时查询"总账户"、每个"分账户"和其他独立账户资金余额和结算情况，可控制各"分账户"的透支问题。

（3）适时打印"总账户"、每个"分账户"和其他独立账户资金余额和结算情况，以及各月银行对账单。

（4）能够下载"总账户"、每个"分账户"和其他独立账户结算业务和资金余额资料。下载数据可转存入 Excel 文件或通用数据库文件。

（5）为"总户"、每个"分户"和其他独立账户资金分别按季计算利息。

（6）主办银行在上门服务、提供信息、技术支持等方面应具有较明显的优势。

（二）主办银行确定方法：招标

这些管理要求不是银行常规服务内容，也不是多数银行客户需要的服务手段。大部分支行级银行不了解这些新的银行服务手段对银行客户和银行自身的影响，甚至在本银行系统实际已经开发类似软件的情况下，仍然没有有意识地推广这些可能吸引大客户和大额资金的服务手段。在这种情况下，如果我们零散地接触个别银行，可能会遗漏有质量优秀、功能对路的银行服务软件，给二级单位资金集中管理带来不必要的遗憾。因此，我们决定采取较大范围的邀请招投标的形式，来选择符合我们要求的银行作为主办银行。

（三）招标程序

由于主办银行是一种非标准的服务，在主办银行招标时，既要遵守招投标的一般程序，又要根据非标准服务的具体情况提出实际招标要求。主办银行招标程序大致如下：

1. 编制招标书

主办银行招标只能是财务邀请招标的形式，邀请招标是指招标人以投标邀请书的方式邀请特定的法人或者其他组织投标。招标的高等学校应当根据招标项目的特点和需要编制招标书。招标书应当包括招标项目的技术要求、对投标人资格审查的标准、投标要求和评标标准等所有实质性要求和条件以及拟签订合同的主要条款。由于主办银行招标的标准比较特殊，学校可以对投标银行的技术、服务水平提出相应要求。招标书是招标单位在招标过程中的基本文件，学校应该认真编写。为了稳健起见，招标书应明文规定，招标书未尽事宜将在招标过程中协商，避免出现被动局面。

2. 邀请银行投标

邀请参加投标的银行必须是高校所在地的支行级以上的银行，便于就近服务。

但是由于技术要求特殊，支行级银行很少设有单独的计算机中心和相关技术力量，所以一般都需要分行提供技术支持。邀请参加投标的银行不能太少，也不能太多，邀请的银行最好为6—10家。参加投标的银行可以展示各自的技术条件，便于客户挑选满足特殊需要的银行。参加银行太少，不便于了解各家银行的技术水平；参加银行太多，会使评标工作繁琐，效率降低。各投标银行应在规定日程内答疑、递交标书，不参加规定日程内的活动，视作弃权。

3. 邀请投标银行踏勘现场和答疑

《中华人民共和国招标投标法》第二十一条规定："招标人根据招标项目的具体情况，可以组织潜在投标人踏勘项目现场。"高等学校对二级单位主办银行有较为特殊的要求，为了让投标银行全面准确地了解这些要求，更好地编制标书，应该邀请投标银行踏勘现场。我们认为集中踏勘方式比较好，因为在集中踏勘现场时可以同时举办答疑会，公开回答投标银行的任何问题。

集中踏勘现场和公开答疑，一方面可以提高招标工作的效率，另一方面可以使招标投标活动在最大程度上遵循公开、公平、公正和诚实信用的原则。

4. 投标银行投送投标标书

投标银行应该根据以下标书内容要求编制投标书：①为"二级单位资金管理岗"提供的远程服务技术说明；②为"二级单位资金管理岗"提供的远程服务启动实施计划；与"二级单位资金管理岗"及其银行账户启动日程要求一致的工期计划；③为"二级单位资金管理岗"提供的远程服务的后续服务计划；④对招标单位的需求；⑤投标单位的其他优惠措施；⑥投标单位认为必要的其他说明。投标书一式三份，加盖投标银行公章和负责人签章，装入标书袋内，在规定时间将标书投送到学校。

5. 开标评标会

在规定时间，招标人应举行开标会，对各投标银行的标书进行评议。在开标会上各投标银行应向评标委员介绍标书内容，并接受评委员的问询。由于标书涉及投标银行的商业秘密，开标会应该以每一个投标银行为一个独立时间段进行。

6. 评　　标

评标委员来自学校主要二级单位、监察处、审计处和财务处的负责人和财务主管。财务处是业务主管部门，监察处和审计处是监督部门，主要二级单位是主办银行未来服务的对象。这些有关部门的共同参与能够全面地评价投标银行的技术和服务水平，选择最合适的主办银行。

评标办法，作为本项目择优选定主办银行的依据。二级单位集中管理业务主办银行需要执行特殊服务，应该专门制定评标标准和评分细则。主办银行评标办法采用百分制评分方法，按整数打分。评标委员按照评标标准和评标评分细则各自严格打分，打分原始记录要保存备，评标委员打分后的算术平均值（保留小数点后两位，第三位四舍五入）为各投标银行的最终得分。最终得分最高者为中标银行。如果出现最高得分并列时，由评标委员无记名投票表决，得票多者为中标银行。例如我校设计评分总分为100分，具体分项如下：技术评价30分，银行人员参与10分，银行上门服务20分，票据处理方便程度20分，设备提供情况10分，后续技术支持10分。

在评标中获得通过的投标银行将被邀请协商具体合作事宜，在双方协商一致条件下签署合作协议，最后结果将会以书面形式通知所有投标银行。

五、结束语

通过招标选择主办银行，可以引导银行朝着以提供适合用户具体要求的服务为唯一竞争手段的方向努力，最后银行和高等学校用户都是最大的收益者。银行可以向高技术化、市场化、规范化等正确方向发展。高等学校也可以选用最好的银行服务，提高财务管理工作水平和效率，培养一批廉洁的干部队伍。实际情况是，我校在二级单位主办银行招标结束之后，所有参加投标的银行，不管中标的还是未中标的，都承认在本次招投标中受到一次教育，为今后提高服务水平打下了一个很好的基础。学校财务处邀请了纳入资金集中管理的二级单位行政负责人和财务人员代表参加了投标全过程。二级单位的负责人在招标过程中，了解了各家银行的技术条件和服务能力，特别是了解了中标银行的技术条件和投标方案，更加准确地理解了学校集中管理二级单位的目的，从而开始积极地执行集中管理政策，使资金和账户集中管理的工作非常顺利地开展。

参考文献：

[1] 杨周复.学校财务会计手册[M].北京：中国经济出版社，2000：250-254.
[2] 财政部、国家教委.高等学校财务制度[S], 1997-06-23.
[3] 第九届全国人民代表大会常务委员会.中华人民共和国招标投标法[S], 1999-08-30.
[4] 华东理工大学二级单位主办银行招标文件[S].

以财务管理为基础的校园通卡系统[1]

张爱民[2]

2001年8月中旬，我们华东理工大学率先在梅陇校区建设了以校园网为基础，射频卡为介质，覆盖了餐饮、购物、图书馆流通、计算机实验室自动管理等多功能的校园一卡通系统，为我校财务管理和信息管理创造了一个新的条件。近年来，越来越多的高等院校开设建设覆盖尽可能多的内部管理功能的校园通卡系统，掀起了一个建设高潮。高校校园通卡系统建设明显存在两种模式：以信息系统建设为基础的建设模式和以财务管理（资金结算）为基础的建设模式。本文将介绍以财务管理为基础的校园通卡建设模式的内容和特性，以供参考。

一、通卡系统

通卡系统一般又叫一卡通系统。一卡通系统是在一个相对独立的组织范围内，以一张卡将组织内的多元化管理功能整合起来的信息管理系统。一卡通系统是由服务器、工作站、POS、识别器、出纳机、射频卡（通卡）等机具及相关的互联网和专用线路组成的消费结算和信息管理系统。目前系统比较大的有上海市交通一卡通、社会保障和医疗保障系统的一卡通。

（一）通卡的用途

1.通卡的消费结算功能

消费结算功能是指持卡人可以利用通卡在安装有POS机的场所进行校内个人消费支出，通卡系统可以提供消费支出的结算服务。通卡的消费结算功能能够实现系统内的货币电子化，自动进行消费的记录和资金的结算，节省大量现金的实物流通。

---

[1] 本文写作于2001年年底。
[2] 作者简介：张爱民，时任华东理工大学商学院会计学系主任、副教授、校财务处处长。

该功能是通卡的基础性功能。因为通卡中记录的基本信息中，资金信息是最重要的信息，在不记名的通卡（如交通卡）中资金信息占据了绝对重要的地位。通卡中变化着的信息主要是资金信息。

通卡成功的标志之一就是在尽可能广的范围内使用其消费结算功能。通卡的消费功能不仅仅是技术问题，更多的是金融和财务问题。资金信息属于财务管理范畴，安全性要求更高，属于集中管理的信息。通卡中的资金信息可以通过现金存入、与银行卡圈存等形式进行改变，这更涉及金融系统的安全认证和资金结算等制度。因此，通卡的资金信息是最重要的信息，其结算功能是其高等集中化的特征。

2.通卡的身份识别功能

身份识别功能，又称身份管理功能，是指通卡内储存了持卡人的基本信息，通卡应用到的各个信息系统可以通过通卡进行身份识别和相关管理。

身份识别功能可以使持卡人通过识别器和接受该持卡人的多个信息管理系统联通，获得相关的资源或认可。因此，通卡的身份识别功能具有开放性和多元化的特征。

一个成功的通卡系统能使持卡人在尽可能多的应用系统中得到认证。

（二）通卡的应用和效用

通卡是一个系统工程，需要较大的资金和技术投入，也能产生信息管理和资金管理的巨大效用。因此，一个组织的信息交换量和资金结算量越大，通卡系统发挥的作用会更大。

二、高校的通卡系统及其案例

校园通卡系统就是将高校内部的多元化功能以一张卡为统一媒介整合起来的信息管理系统。高校的组织规模和经济规模都是比较大的，在高校建设校园通卡系统能够发挥更大的效用。

大多数学校已经成功地建设了若干个单一职能部门范围内的较小规模的一卡通系统，如后勤餐饮系统的金龙卡系统、图书馆系统的具有借书和零星消费双重功能的图书卡系统，为高校相应的服务或管理工作提供一个有效工具。现在，越来越多的高校开始着手整合这些局部性的通卡系统，将其建设成在整个校园范围内实行一卡通行的通卡系统。

我校校园通卡系统是包括梅陇校区和金山校区在内的整个校园内的一卡通系统，是数字化校园计划中的主要组成部分。我校校园一卡通系统（也叫"校园通卡系统"）

分为梅陇校区和金山校区两部分。梅陇校区于 2001 年暑假期间施工，8 月中旬完工并开始试用，11 月 30 日正式启用，一次性发放校园卡近 2 万张。金山校区于 2001 年 12 月中旬开始施工，2002 年 1 月第一个工作日开始启用。

我校校园一卡通系统是由服务器、工作站、售饭 POS、识别器、出纳机、射频卡（校园卡）等机具及相关的校园网和专用线路组成的校园消费结算和信息管理系统。我校"校园一卡通"系统以校园网为基础，以可离线服务的 POS 机和其他读写器为终端，以非接触式射频卡为介质，银行卡和校园卡之间可以实现定向定额划款。

校园卡有校内消费结算和身份识别两方面的用途。消费结算功能是指持卡人可以利用校园卡在安装有 POS 机的场所进行校内个人消费支出，校园卡系统可以提供消费支出的结算服务。身份识别功能，又称身份管理功能，是指校园卡内储存了持卡人的基本信息,学校各部门的信息系统可以通过校园卡进行身份识别和相关管理。

学校赋予校园卡以校园内唯一的电子钱包消费结算手段，也是校园内信息管理系统中电子身份识别的唯一介质。校内任何部门应积极实行本部门管理范围内的信息化管理。各部门信息系统设定身份识别管理系统,特别是电子信息身份识别系统时，只能以校园卡为电子识别介质，不得自行向员工和学生另外制作和发放电子证件。

目前，校园卡已经可以在餐饮部门消费，在主要商店购物，在图书馆系统内借书、上机和消费。校园卡分批取代现在的金龙卡（餐饮卡）、借书证 / 卡、上机证、考试证等校内证件，尽快真正成为校园通卡。学校将通过校部投资和部门自筹等形式增加校园卡各类机具的数量和布点，扩大校园一卡通的应用范围。

三、特征分析：建设和运行中财务部门的主导作用

校园通卡系统是一个系统工程，其组织工作十分复杂。与大多数学校不同的是，我校通卡系统建设是在主管校领导指导下，财务处担负起具体的组织协调职责。

（一）系统设计工作

1999 年年底，华东理工大学新任财务处处长在一个偶然情况下得知一卡通系统的有关信息，就主动邀请了清华大学深圳研究院的一位专家来我校考察了 2 天，并撰写了"华东理工大学校园一卡通项目系统功能需求书"。该文件具体列出了我校校园一卡通系统的需求和设备清单与经费，实际上是校园卡的可行性研究报告。从此以后，校园通卡系统建设就成为了财务处的一项备选工作。

（二）调研招标工作

2000年下半年，财务处将校园卡系统建设列入2001年的工作计划之中，获得了主管校长的批准，并于当年11月开始了调研工作。财务处组织了学校信息学院、计算机中心和网络中心的专家，到上海、山东、福建等地进行调研。

在调研基础上，财务处召集图书馆、后勤系统等第一批计划用户提出招标要求或标准，并制订了评定标书的标准。这些标准确定评议对象系统功能优先序：①校园卡挂失功能；②系统的安全功能；③与银行卡的连接方案；④校园卡的速度；⑤多校区的连接功能；⑥系统的可扩充性；⑦识别功能的应用；⑧价格性能比（合算否）；⑨其他。从中可以看出财务管理的特征：第一安全至上，第二结算功能优先。

2001年4—5月，财务处组织了多家集成商进行了多轮投标和评议标书，最后按照无记名打分的结果选择了一家集成商。财务处代表评标小组向学校提交了书面评标报告，陈述了最终选择的理由。

1. 该集成商具有开发射频卡和校园一卡通系统的经验

该集成商是当时唯一具有校园一卡通系统开发经验的厂家。当时，校园通卡系统大多局限于餐饮系统的局域性应用。该集成商在上海市浦东地区的一所寄宿制中学已经开发了真正意义上的校园一卡通系统，并且已经应用了一年时间。虽然应用单位是一所中学，规模较小，但是"麻雀虽小、五脏俱全"，主要功能与大学类似。这些经验是关键性的。

2. 该系统的信息传输方式符合我校实际

该系统采用双记录制度，在服务器和射频卡双份记录中又以射频卡记录为基准。我校位于上海西南边缘，是雷击区。依赖线路的电子和电讯系统容易受到雷击而瘫痪。该系统的信息传输方式，能够最大限度地给予用户一个安全应用环境：即使系统线路、服务器或工作站因雷击而瘫痪，持卡人在72小时内仍然可以照常使用，不会受到任何影响。

3. 该系统网上安全措施简便而成熟

校园通卡信息是资金信息，安全是第一位的。该系统采用了虚拟网技术，将校园通卡系统传输的信息与校园网其他信息完全隔离，从而保证了校园通卡信息的安全性。另外，校园卡和银行卡分离模式的确定，能够保证校园卡的电子钱包可以挂失，最大限度地保护了持卡人的经济利益。对每次消费和每天消费限额的密码控制，既能够督促以学生为主体的持卡人培养节约的良好习惯，更能在遗失校园卡时只发生最低水平的损失。这是"以人为本"思想在校园卡系统的体现。

4. 该集成商由软件原创人员常驻维护

我校是大学校园通卡系统的探索者,任何新的应用软件都有试用和修改的过程,因此,能够快速反应是对新软件集成商提出的要求。

(三) 筹集资金工作

校园通卡系统是一个投资大的建设项目。在学校经费紧张的情况下,学校直接投资建设校园通卡系统是当时各个高校所不愿意的事情。财务管理部门一直要求经费使用部门开源节流、提高资金使用效益。在校园通卡系统建设中,通卡中要预存资金,还要与银行卡以圈存等形式划账,是银行实施关系营销的一个新桥梁,因此,银行大多愿意投资高校建设校园卡系统。我校与主办银行协商,达成了共建校园通卡系统的协议:银行出资建设,拥有该系统相关系统除软件和数据库之外的资产所有权;学校设计和管理该系统,拥有该系统软件和数据库的所有权和其他资产的无偿使用权。通过这一协议,筹集到了校园通卡系统所需资金。在这一建设模式中,财务处的作用是不可替代的。

(四) 建设验收工作

财务管理部门担负校园通卡系统建设和验收工作的组织者角色。校园通卡系统建设涉及网络中心、后勤系统、计算机中心、图书馆、学生工作系统等多个部门,财务处以财务管理者的强势角色,以校园卡系统的设计者的专家身份,能够顺利地担负起协调者和组织者的重任。在校园通卡系统中,结算功能为主的应用功能一般是最早实施的部分,因此,财务处可以而且必须成为校园通卡系统的验收者。在我校,财务处实际上是整个校园卡系统建设和验收的组织者。

(五) 日常管理工作

校园通卡系统是高度集中的信息周转系统和资金周转系统,日常管理也必须实行集中管理。在我校,校园卡系统的日常管理工作是由财务处担任的。为此,财务处设立了校园卡中心。以此为基础,我校在校园卡系统管理方面做了如下工作:

1. 校园卡资金集中管理和核算

我校财务处下设的校园卡中心提供新卡开户、现金存款、校园卡挂失和解挂手续、租卡和退卡等相关服务。学校设立若干校园卡服务点,可以提供现金存款、校园卡挂失和解挂手续、消费纠错等服务。所有终端用户都与校园卡中心进行对账,并定时结算营业收入的款项。校园卡资金业务的核算也由财务处统一进行。

2. 颁布了《校园卡管理暂行办法》

我校于 2001 年 12 月 6 日，也就是校园一卡通系统独立运行的同时，颁布了《校园卡管理暂行办法》，为管理好我校"校园一卡通"系统制定依据。

"校园一卡通"系统在梅陇校区和金山校区分设服务器，两校区服务器定时联网实现信息共享，因此，校园卡各项功能在两校区之间可以通用。

校园卡正面图形为我校逸夫楼和研究生楼；反面为使用要求和持卡人身份信息，并可印制持卡人照片。校园卡分为员工卡、学生卡和临时卡三种具体种类。员工卡正面以红色为背景色，反面注明了"校园卡（员工）"字样，向在职职工和退离休职工发放。学生卡正面以蓝色为背景色，反面注明了"校园卡（学生卡）"字样，向在我校正式注册、接受各种学历教育的在校学生发放。学生卡反面必须印制持卡人数码照片。临时卡正面以黄色为背景色，反面注明了"校园卡（临时卡）"字样，向在我校工作、学习的其他人员发放。临时卡需凭各部门或学院签发的开卡通知到校园卡中心办理，只能启用消费结算功能。

在该办法中，学校赋予校园卡以校园内唯一的电子钱包消费结算功能，也是校园内信息管理系统中电子身份识别的唯一介质。该办法对在职职工、校产系统人员、后勤系统人员、研究生系统学生、本专科学生、成教学生和其他人员申领校园卡的程序进行了详细规定。

3. 印制了《校园卡使用说明》

2001 年 9 月，我校校园一卡通系统师运行，与此同时，学校财务处编写了《校园卡使用说明》小册子，向持卡人发放，以后每年更新后向新生发放。

4. 开设了校园网专用网页

2001 年我校开设了校园卡校园网页，通过互联网宣传我校校园卡的建设、应用、管理制度等内容。

通过校园卡系统设计、调研招标、资金筹集、建设验收、日常管理等全过程的参与和组织，我校财务管理部门担负起校园通卡系统建设和运行中的主导作用，使我校校园通卡系统具有相当强烈的财务管理特征。这一特征不仅是财务管理部门工作努力的结果，更是我们对校园通卡系统性质具有与众不同的理性认识的结果。

四、后续发展：信息管理为重点

我们学校的经验是：以消费结算功能为第一阶段的工作重点来开展校园通卡系

统建设，这就是以财务管理为基础的通卡系统建设模式。通过上文的介绍，我们可以认为：①该模式符合学校财务工作集中管理体制的要求；②该模式建设能够获得足够强大的权威性领导和协调；③该模式能够迅速取得明显的效果；④该模式本身也包括了部分身份识别功能。

但是，我们还是要强调，校园通卡系统是消费结算功能和身份识别功能合一的综合系统，衡量校园通卡系统是否完善的标志必须是两个功能均衡发展，但是在完善过程中可以分步进行。我们学校通卡系统建设是以财务管理为基础的，表明我校通卡系统只是完成了第一步，建立了基本的系统网络和通卡介质平台。作为通卡系统"上层建筑"的更多高校应用性管理系统，仍是通卡系统需要继续整合和拓展的工作。

高校校办企业股权变更业务的会计控制 [1]

张爱民 [2]

高等学校利用货币资金、实物资产、无形资产等资源对外投资,兴办独资校办企业或合资经营企业,主要目的是促进科研成果尽快转化为生产力,实现产业化,并为发展教育事业提供财力支持。2005年,教育部要求各高校成立集团公司,直接管理经营资产的产权,在此形势下,高校校产企业中股权变更的情况发生得越来越多,这是高校财务会计工作的一项新的工作。本文讨论高校财务部门对校办企业产权变更业务的会计核算和财务控制。

一、高校校办企业管理体制概述

高校校办企业管理体制存在着多种形式。为了便于讨论股权变更业务的会计核算,我们应该先讨论校办企业股权管理体制。

(一)统一的股权管理和核算体制

在统一的股权管理和核算体制下,学校的每一个校办企业都是以学校名义直接投资的,由学校直接进行股权管理。在这种情况下,高等学校通过股权投资取得对被投资企业净资产的相应份额所有权,从而形成学校与被投资企业之间的所有权关系。学校以出资者(股权拥有者)的身份参与被投资企业的经营活动,并承担相应的经营风险和享有利润分配权。

在统一的股权管理和核算体制下,一般由学财务部门统一核算学校在每个被投资企业中的学校股权(成本法下的原始投资),核算每个被投资企业的利润分配情况,当然也要核算各个被投资企业股权的变更情况。

---

[1] 本文曾发表于上海市教育会计学会内部刊物《上海教育财会》2003年第2期,第30—34页。

[2] 作者简介:张爱民,时任华东理工大学商学院会计学系主任、副教授、校财务处处长。

在统一体制下，即使学校设立了校产管理办公室等专门管理机构，这些机构也是行使学校这个出资人的一些管理权力，不可能完全代替股权收益和变更业务的会计核算和财务监督权力。

（二）分级的股权管理和核算体制

在分级的股权管理和核算体制下，学校直接投资、依法成立一个独立的校产集团公司（具体名称可以多种多样），校产集团公司的股权由学校直接拥有和直接进行股权管理。各个校产企业的股权由依法成立的校产集团公司直接拥有，而不是由学校直接拥有。在这种情况下，股权管理是分两个层次的。第一个层次是高等学校通过股权投资取得对校产集团公司净资产的相应份额所有权，从而形成学校与校产集团公司的所有权关系。学校以出资者（股权拥有者）的身份参与校产集团公司的经营活动，并承担相应的经营风险和享有利润分配权。第二个层次是校产集团公司通过股权投资取得对各个被投资企业净资产的相应份额所有权，从而形成校产集团公司与各个被投资企业之间的所有权关系。校产集团公司以出资者（股权拥有者）的身份参与各个被投资企业的经营活动，并承担相应的经营风险和享有利润分配权。

在分级的股权管理和核算体制下，校办产业股权的会计核算也必须分为两个层次。第一个层次是由学校财务部门直接核算学校在校产集团公司中的学校股权（成本法下的原始投资额），核算校产集团公司的利润分配情况，当然也要核算校产集团公司股权的变更情况。第二个层次是会计核算，由学校校产集团公司统一核算在每个被投资企业中的股权（根据实际情况选用成本法、权益法或合并财务会计报表），核算每个被投资企业的利润分配情况，当然也要核算各个被投资企业股权的变更情况。两种管理体制可参见图1、图2。

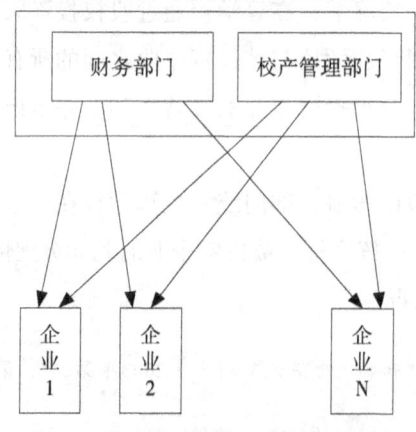

图1 统一的股权管理和核算体制

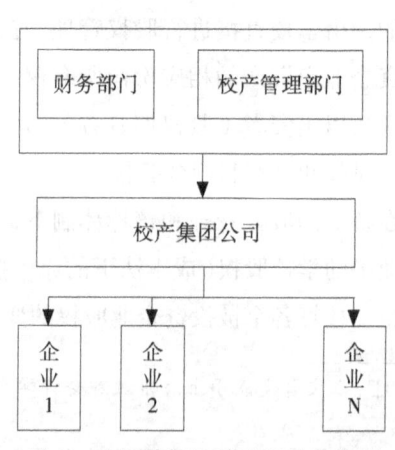

图2 分级的股权管理和核算体制

（三）校办产业股权管理体制的现状

在统一的股权管理和核算体制下，由于学校比较强调行政性的直接管理，不强调财务部门的程序化控制，财务部门对股权变更的会计核算只能是被动的。大多数情况下，财务部门仅仅根据校办产业在股权变更时上交的金额减去原始投资额的差额，核算投资收益，而对股权变更的法律文件（评估报告、审计报告等）没有进行有效的审核。甚至在有些情况下，校产系统不向财务部门提供这些法律文件。

分级的股权管理和核算体制，需要依法成立一个包含全部校办产业的学校股权的集团公司，在现行法律中存在一些困难。一些高校成立了管理性的校产集团公司，没有在法律上从学校授让全部校产企业的股权，各个校办产业的股权仍然直接挂在财务部门的会计账簿之中。因此，真正的分级股权管理和核算体制是不太多的。目前，高校中较多地采用统一的股权管理和会计核算体制。2005年教育部关于成立集团公司的要求，实际上是要求建立分级的股权管理和核算体制。

以下主要讨论统一股权管理和核算体制下，学校财务部门的会计核算职责和财务控制程序。

二、财务部门的会计核算职责

目前高校校办产业大多实行学校直接投资，因此，根据1998年1月1日开始试行的《高等学校会计制度（试行）》，学校财务部门必须设立"对校办产业投资"会计科目，核算以货币资金、实物、无形资产等向校办产业的投资。其中特别规定"本科目应按投资对象进行明细核算"，即为每个校办产业核算学校的股权投资金额及其变动金额。

在国家审计机关对各高校的审计中，"对校办产业投资"一直是能够被检查出大问题的科目。审计署上海市特派员办公室在2002年总结报告中披露了一个高校系统的重大问题：高校校产管理混乱。这种现象在财务部门账目上的具体表现为科目核算不正确，具体原因有二：①校办产业原始投资不到位（即虚投资或抽逃资本）；②对校办产业股权变更情况未能及时和正确地核算。

由于近年来高校校办产业进行全面的现代企业制度建设，纷纷改制为《中华人民共和国公司法》下的有限公司，以股权转让为主要内容的股权变更情况日益增多。校产改制工作涉及大多数校办产业，而且改制之后，股权多元化，学校对校产企业的直接控制和领导关系，变更为通过董事会的投资关系。因此，对校产改制的股权变更必须进行及时和正确的管理和核算。

但是大多数高校没有依法成立校产集团公司,学校无法将全部或相关校办产业的投资在法律上转给独立的校产集团公司。因此,各个校办产业在法律上是学校的子公司,学校财务部门必须直接核算、监督和管理学校在各个被投资企业股权的会计核算职责。因此,在成立实质性的校产集团公司之前,对各个校办产业投资的会计核算不可避免地成为财务部门的职责。

三、股权变更的会计核算

在校产企业改制中,为了使股权多元化,一般会吸收校外企业、本企业管理人员甚至职工投资。高校在企业中的现有净资产的处理是最关键的问题。关于高校校产企业改制中净资产存量的处理大致有以下两种情况:

（一）现有净资产全部留在改制企业内

高校校产企业在改制中进行资产评估,通过评估确定现有净资产。如果现有净资产全部留在改制后的企业之中,学校不回收,那么留在企业中的净资产有可能全部转为学校的投入资本,该项业务应编制如下会计分录:

借：对校办产业投资　　　　　　　　　　（继续投入资本—原投资实际成本）
　贷：其他收入——对校办产业投资收益　（继续投入资本—原投资实际成本）

（注：上述括号中内容是核算金额的计算公式,本文以下相似内容意义相同）

也有可能现有净资产中只有一部分转为学校的投入资本,另一部分转为资本公积。转为投入资本部分按照以上会计分录核算,对于转为资本公积部分学校财务不需编制会计分录。

（二）现有净资产部分留在改制企业,另一部分由学校收回

根据学校和新加入的投资者之间的双方协商,学校有可能将部分净资产继续留在改制企业中,另一部分由学校收回。对于留在改制企业中的部分现有净资产,可以按照以上会计分录核算。对于学校收回的净资产部分,按照收回投资业务处理。

（三）收回投资的会计核算

《高等学校会计制度（试行）》中的第131号科目"对校办产业投资"会计科目使用说明规定：收回对校办产业的投资,借记"银行存款"、"材料"、"固定资产"等科目,贷记本科目,按收回投资与投资成本账面数的差额,借记或贷记"其他收

入——对校办产业投资收益"科目；并按投资实成本借记"事业基金——投资基金"科目，贷记"事业基金——一般基金"科目；同时按收回的固定资产价值借记"事业基金——一般基金"科目，贷记"固定基金"科目。

上述规定可以以会计分录形式表述如下：

借：银行存款　　　　　（收回货币资金金额）
借：固定资产　　　　　（收回实物资产金额）
借：其他投资　　　　　（收回对外投资股权金额）
　贷：对校办产业投资　（原投资实际成本—继续投资金额）
　贷：其他收入——对校办产业投资收益　[收回投资金额—（原投资实际成本—继续投资金额）]

（四）原始凭证

在完成上述核算工作之前，必须明确以下若干数据。明确数据必须有凭据，这些凭据是必要的会计原始凭证。

表1　数据来源之凭据

数据	数据来源之凭据
投资实际成本	原始投资和返还利润的相关文件
投资现行价值	评估报告、评估报告确认书
继续投资金额	改制批文、投资协议、公司章程、股权证书
收回投资金额	改制批文
上交货币资金的金额	改制批文、支付票据
上交固定资产的金额	改制批文、评估报告、权属转移文件
上交投资的金额	改制批文、被投资企业的章程、股权转让决议

从上述凭据清单中可以看出，除了上交货币资金金额确定时直接采用了支付票据这个传统会计凭证之外，其他数据的凭证都是相关公司成立和改制时签署的法律文件。

因此，校办产业改制的会计核算，虽然表面上看是学校收回一笔资金或若干其他资产，但是它必须采用不同于利润上交、条件设施费上缴等普通业务的核算办法。特殊之处在于这些会计业务核算的依据是一些特殊的法律文件。在一部分人们的传统思想中，这些法律文件是不需要报送财务部门的。

（五）收回资产的计价

正如上面提到的，学校收回的投资可能是货币资金，也可能是固定资产、无形资产甚至投资性股权。以货币资金以外的资产回收投资，应该属于非货币性交易。那么这些学校回收的非货币性资产应该如何计价呢？

在校产企业改制过程中，整体资产评估是必要阶段。资产评估之后，各项资产均重新计价并调整账面价值。因此，学校收回的非货币性资产都是作为评估值的新账面价值，而不是原始账面价值。学校财务账簿是应该按照评估价值还是原始账面价值计价呢？

《高等学校会计制度（试行）》中的第131号科目"对校办产业投资"会计科目使用的说明规定，没有对收回的非货币资产计价做出规定。

《事业单位会计准则（试行）》第十九条规定："各项财产物资应当按照取得或购建时的实际成本计价。"根据此项规定，收回投资时的非货币资产计价可以按照评估后的账面价值计价，因为在改制文件中肯定是使用此项价值。

如果参照《企业会计准则——非货币性交易》，其第五条规定："企业发生非货币性交易时，应以换出资产的账面价值，加上应支付的相关税费，作为换入资产的入账价值。"在校产改制中收回投资时收到的非货币资产是换入资产，但换出资产是不明确的（股权投资）。更何况高校不是企业，不采用企业会计准则。

根据以上分析，现行专业文献中没有对高校收回投资时收回的非货币资产的计价做出明确规定，因此，根据最直接的原始凭证计价是比较可行的。因为最直接的原始凭证是评估报告和改制协议，评估后的新账面价值可作为计价标准，这是比较简便的方法。

四、财务部门对股权变更的控制职责

根据内部控制原则，一项事务必须经过至少两个或两个以上的部门和人员。校产改制和股权变更是一项重要业务，如果只有校办产业管理部门一家经办所有手续，这是完全不符合内部控制原则的。根据内部控制原则，国有资产管理部门、审计部门和财务部门在校产企业改制和股权变更业务中，在整个工作程序的各个相应责任环节，履行各自职责。财务部门至少应该履行以下会计核算和财务控制职责。

（一）参与核对资产的职责

校办企业改制或进行股权变更，必须委托中介机构进行资产评估。在资产评估中的清查资产阶段，财务部门应该参与核对学校股权、与校内单位的往来。具体做法是，改制企业编制的资产负债清单中与校财政和校内各单位之间的往来，需要事前与财务部门核对。其中，学校财政返还给企业的留利性经费是核对的重点。

因事前未核对而造成的往来金额不一致，财务部门有权向校产管理部门、改制企业和评估机构等责任人提示，保证评估之前学校在改制企业中的资产的完整性。

（二）事先审核有关改制文件

公司改制会产生多项法律文件：评估报告、评估结果确认书、改制方案、协议书、公司章程等。签署投资协议书和公司章程是注册前的最后一个环节，但是签署协议书之前，学校财务部门必须代表学校审核评估报告、评估结果确认书、改制方案。保证在送校长签字之前，财务部门或审计处必须审核并会签有关文件。

（三）缴收转制中的增值和转让收入

财务部门应根据改制批文和投资协议的有关规定，及时向改制企业缴收改制企业应上交的增值和股权转让收入。

对于以货币资金上交的收入，财务部门及时存入学校账户，并开具收据；对于以固定资产上交的收入，财务部门应会同固定资产管理部门，办理固定资产权属转让手续，并及时调整固定资产账目和相关账目；对于以股权上交的收入，财务部门应通过相关法律文件的审核，会同有关职能部门办理股权转让和过户手续，并及时调整投资科目。

（四）审核作为原始凭证的改制文件

财务部门必须获得并审核改制企业的改制批文、评估报告、评估报告确认书、投资协议、公司章程、资产权属转移证明、股权证书等正式法律文件，作为会计核算的原始凭证。所谓"审核"，就是将拟作为会计原始凭证的上述法律文件中的与收回投资有关的条款与原件核对。核对无误之后，加盖"本复印件与原件核对无误"印鉴后，才能入账。

财务部门必须要求校办企业管理部门或改制公司在向财务部门送交上述文件复印件的同时，提供相关法律文件原件，供财务部门审核有关条款。财务部门完成审核手续后，及时将原件归还提供方。

以上讨论的是统一的股权管理和核算体制下学校财务部门对股权变更事项的会计核算和财务控制。这些意见不适用于分级的股权管理和核算体制。

校名产品的经营管理 [1]

杜婷婷　张爱民 [2]

一、导　言

随着我国社会主义市场经济体制的逐步建立，人们的利益观、效益观逐步得到强化。国内高校也更多地参与经济活动，如合作办学、知识产权转让、组建产业集团等。但对高校来讲，其参与经济活动的最终目的只有一个，即促进高校的发展；从经济效益的角度而言，既是要保证高校有形资产和无形资产的保值、增值，又要特别关注其资产的保护问题，尤其是对无形资产。学校的校名是高等学校的一种无形资产，它是学校在长期的办学过程中的知识积累、技术积累、管理积累和荣誉积累，由学校的人才、技术和财力凝聚而成，并逐渐为人们所认可、接受。丰富的知识型无形资产和良好社会信誉，造就了学校校名无形资产巨大的价值。高等学校是国人敬仰的殿堂，在重视科技、重视教育、重视人才的今天，高等学校的校名更体现出它独特的价值。如地方企业在寻求技术合作伙伴或在与高校的合作谈判中，除科技成果本身的价值外，高校校名也往往是企业选择和考虑的对象。

大学校名产品是指冠以大学校标和校名的一切产品，如信封、笔记本、茶杯、文化衫等，它是大学形象的体现。目前校名产品被广泛运用于校内各单位日常办公及对外交往，对扩大高校的知名度、增强高校的凝聚力、增加高校的财政收入有促进作用，因而研究如何更好地对校名产品及其经营收入进行合理规范的管理具有较强的现实价值和意义。

---

[1]　本文写于2011年。

[2]　作者简介：杜婷婷，华东理工大学高等教育研究所高等教育学2010级硕士研究生；张爱民，华东理工大学商学院会计学教授，校审计处处长。

二、文献检索和个人分析

（一）校名产品的定义

作者在万方数据库中以"校名"为关键词对全部年份的文献进行检索，共检索到920篇论文，但针对校名问题的讨论主要集中在高校名称的英文翻译、校名的知识产权保护、校名的语义结构、校名的异化等方面，而明确提出校名产品的几乎没有，以"校名产品"为关键词进行检索，检索结果为零，作者在对检索的文章进行总结分析的基础上对校名做了定义，高校的名称简称校名，包括高校的全称、简称、中文、汉语拼音形式以及外文名称等，此外也还可以包括高校具有的校徽、图案、专用的图形或标志。但由于高等学府的特殊性质，在其产生和发展的过程中还形成了一些与高校特定历史文化背景相关的非正式名称，如北京大学的"燕园"、"未名"，清华大学的"清华园"、"水木清华"等，这些名称的影响力并不在其官方名称之下，因此，也应包括在广义的高校名称范围之内。校名产品是指冠以大学校标和校名的一切产品，如信封、笔记本、茶杯、文化衫等，它是大学形象的体现。校名产品具有极高的开发价值，在高校文化市场有着广泛的消费需求和消费取向，其经济效益比较客观，因而如何开发具有本地特色的校名产品、蕴含本校校园文化的产品，如何对校名产品进行经营管理已迫在眉睫。

但现实是，我国大学校名还存在着被滥用与开发不足的问题。因此，保护和开发大学校名产品资源就显得非常急迫和必要。

（二）校名产品经营管理存在的问题

我国高校经过长期的历史发展，在社会上树立了良好的品牌形象，具有极佳的社会声誉，这是高校无法估量的无形资产。但是由于许多高校缺乏品牌意识，加上市场经济带来的负面影响，导致大学校名被抢注和滥用，影响了高校的形象和声誉。一些高校对校名产品不重视，对其潜在的价值认识不足，缺乏法律保护意识，缺乏规范有效的经营管理，造成高校资产的流失。目前我国对校名产品的经营管理主要存在以下问题：

1. 对校名产品潜在价值认识不足，不够重视

部分高校对校名产品的潜在价值认识不足，对校名产品的管理意识淡漠，一些管理人员只重视对有形资产的管理，忽视对校名这一无形资产的管理，少数高校没有专门人员、专门机构对学校的校名产品进行经营管理，部分高校对校名产品的不

重视导致其价值无法充分发挥与体现，造成其价值的损失。

2. 管理意识不强，管理制度不规范

我国高校无形资产虽在不停地改革与实践，但在绝大多数高校的管理意识上，依旧还存在着原始观念，各个管理部门不能从市场经济需求的角度中真正明确高校无形资产的深刻含义，对高校无形资产工作流程的重要性，缺少足够的经验认识。即便各个高校都拟定了新策略，组织了新管理团队，却依旧沿着"穿新鞋，走旧路"这个老观点继续前行，造成了各个管理系统的环节严重脱轨，无形中缺少了有机联系以及精确分析、评价，提供有效信息的管理方针。校名产品一般隶属于学校的后勤管理，部分高校对校名产品缺乏规范管理，对校名产品的使用经营权也缺乏管理，导致校名产品的经营收入难以取得理想的效果。

（三）校名产品经营管理的建议

1. 强化高校无形资产意识，加强对校名产品的重视

无形资产在我国高校是一项最为重要的经济资源，它所占据的位置是巨大的，是我国各高校核心的动力与竞争力，因此，要转变人们对高校无形资产轻视的观念，强化知识产权的掌握以及学习，逐渐建立起高效无形资产的价值观，让其真正发挥出高校无形资产的潜在效益。高校的校名也是一种无形资产，是一种潜在的经济形式，只有通过开发将其变成现实的有形资产，才能为学校的发展做出直接的贡献。而校名产品则是校名这一无形资产的有形形式，因而我们要重视学校校名产品的开发利用，要始终保持学校良好的社会形象，不断提高学校的知名度，提高学校校名产品的价值，重视校名产品的潜在价值和意义，加强校名产品的开发应用，利用市场化运作方式，有选择地合作开发校名资源，充分挖掘校名巨大的无形资产价值。

2. 学校要加强校名产品的领导管理建设

为进一步加强校名产品资源的统一管理和规范使用，满足学校各单位日常办公及对外交往的需要，满足师生员工对校名产品的需求，学校可以成立校名产品配送中心，领导小组由党政办、公共事务管理处、财务处、纪监办、后勤服务总公司负责人组成，负责校名产品资源规划，确定校名产品配送中心的运行模式及经费的最终审定。领导小组下设产品开发招标小组办公室，负责校名产品的开发、采购定价。中心的日常管理由后勤服务总公司负责，主要服务内容为校名产品的开发、设计、制作、销售，为了满足更多个性需求，中心还可以特设个性纪念品定制等多样式附加增值服务。此外，还要提高管理人员的素质和管理水平。管理人员的素质和水平，

在一定程度上制约着高校的校名产品的经营收入管理，所以一定要重视干部管理队伍的素质，使其在不同的管理岗位上，懂法律、善学习、精于管理，真正实现高校校名产品的充分合理开发、利用、增值。

3.要加强对校名产品的宣传，扩大知名度

借助各种媒介，利用各种手段，宣传校名产品，使之深入人心，这是加强学校校名产品管理和保护的当务之急。要更新观念，形式多样地广泛宣传校名产品，并强化管理、开发校名产品的必要性和重要性。比如可以举行校名产品展示及现场销售活动，吸引更多的顾客及商家前来购买。同时校名产品的开发可以向校内外公开征集校名产品策划方案，并对校名产品的使用经营权公开招标。诚邀有实力、有创意的企事业单位、创业机构参与学校校名产品方案策划等工作。这样既可以保证校名产品的质量、新颖度，又可以扩大学校校名产品的知名度，加强宣传。

4.加强对校名产品的产权保护

由于许多高校缺乏品牌意识，加上市场经济带来的负面影响，导致大学校名被抢注和滥用，影响了高校的形象和声誉。因此，加强校名产品的产权保护十分必要，要在全校师生中加强法律、法规的宣传、学习，通过普及法律知识，使教职员工理解这些法律的内容，善于应用这些法律、法规保护学校的无形资产，保护好校名产品的知识产权。同时加强校名产品产权保护的宣传和普及工作，把校名产品的产权保护管理工作纳入学校工作的议事日程，可以实行举报奖励制度、借助校内有线电视、网络等开展宣传，动用法律武器整治侵权行为等，以更好地实现校名产品的保值、增值。

参考文献：

[1] 张楚廷.论大学的校名[J].现代大学教育，2007（5）.

[2] 张丽华等.浅谈高校产业的无形资产管理[J].科技进步与对策，1998，15（5）.

[3] 郑秀英等.高校无形资产管理初探[J].北京工业学院学报，2000，15（1）.

[4] 张庆林等.高校要有"名牌"意识，"名牌"是高校的生命[J].中国科技论文统计源期刊，2002（3）：19.

[5] 程忆军.高等学校无形资产的管理与利用[J].南京农业学报，2003，19（3）.

[6] 吴钊，路新平.高校品牌战略探析[J].西北工业大学学报，2001（1）.

高校专利维护成本的文献研究 [1]

刘宪娟　张爱民 [2]

高校是科技人才和科研设备积聚之地,在专利研发方面有着得天独厚的优势。专利申请数量和专利收入已经成为高校评价中的一项重要指标,专利收入也是高校财务收入的一部分,专利管理是高校科研管理中的重要内容。本文对高校专利维护成本进行了简单的文献研究。

一、文献检索与综述

通过对中国知网和万方数据库中的文件的分析,可见有关高校专利维护成本的文章比较少见。以下列相关关键词分别和结合搜索,基本情况如下:

(一)高校专利

有关"高校专利"的文章在万方数据库总有800多篇,在中国知网中有271篇,这些文章大多是以高校专利管理工作、高校专利的转化与产业化、高校专利基金管理、高校专利的制度与法律问题为主要研究方向。

(二)专利维护

以"专利维护"为关键词在中国知网和万方数据中搜索,前者只有5篇,后者有20多篇,主要涉及专利权的维护,基本上是法律领域的研究。如路剑锋在《专利宣告无效后,被诉侵权人权益的保护》中结合最高人民法院的一些实际判例,根据人民法院认定侵权的生效判决日与专利复审委员会宣告专利权无效的无效决定的做出日之间不同的先后关系,分析探讨被法院判决认定侵权的被诉侵权人在何种情况

---

[1] 本文写于2012年12月。

[2] 作者简介:刘宪娟,华东理工大学高等教育研究所高等教育学2010级硕士研究生;张爱民,华东理工大学商学院会计学教授,校审计处处长。

下可以向执行法院申请中止执行、终结执行或向最高人民法院申请再审，最大限度地维护自身的正当权益。

张守谋在《专利权人 你的专利维护了吗？》中以实际事例开篇，以山东省为例讲述了目前专利维护方面存在的一些问题，并相应地提出了解决措施：①了解专利维护的状态，避免损失；②科学确定专利维护期限，并据此制定企业的研发和市场开拓战略等。这篇文章认为当下各界人士需要切实提高各界的专利意识。

（三）专利维护成本

以"专利维护成本"为关键词在中国知网和万方数据库中搜索，前者只有1篇，后者也只有两三篇，并且主要是关于企业专利维护成本的，进一步以"高效专利成本维护"为关键词进行搜索，在中国知网和万方数据库中都没有一篇与此相关的文章。

蒲根祥在《试论专利维护成本对企业技术创新的抑制效应》中借助于对苏南地区数家企业所在的实地考察来说明创新工艺及创新产品的专利维护成本的基本构成，并通过案例分析进一步说明了专利维护成本高居不下现象的存在对于现阶段我国中小企业，尤其是新兴的民营科技型企业能否继续保持创新的内在冲动，能否保持持续创新的良好势头，能否保证创新利润的及时回收将产生巨大的抑制效应。并在此基础上提出了建立起旨在化解那些积极从事或将要从事技术创新的中小企业专利维护成本的知识产权社会保障体系的设想，并初步刻画出我国现阶段知识产权社会保障体系的基本要素构成。

马艳萍在《企业专利战略管理成本控制研究》中综合运用法学、经济学、管理学等有关理论，提出了专利战略管理的基本概念、内容和原则，分析了企业专利战略管理的成本构成，在总结国外主要是美、日两国企业专利战略管理成本控制模式的基础上，结合我国具体实际提出了加强我国企业专利战略管理成本控制的措施建议。

二、文献分析与总结

虽然目前有关高校专利维护成本方面的研究较少，文献也比较少见，但通过对仅有文献的收集整理以及其他事实材料的收集，可以总结出一些问题。

（一）存在的问题

1. 申请专利的动机失当，专利意识不强

高校和科技人员把获得专利权等同于一种成果认同的形式，这就必然导致专利获得授权后便主动弃权、为追求数量进行实质性改进不明显的重复申请等现象的出现。如张守谋的《专利权人　你的专利维护了吗？》中，作者以山东省为例，列举了大量专利侵权的案例，正是由于专利拥有者的专利意识不强，才导致了这些纠纷的产生。

2. 学校缺乏相应的管理制度和激励制度导致资产流失

学校技术合同监管不力，科研人员又缺少必要的法律知识，致使在与企业签订技术合同时，错误地选择技术合同类型，由此也会造成技术资产的流失。另外合同条文中的违约条款、风险承担、纠纷处理等往往没有引起重视，其后果是一旦矛盾纠纷出现，学校一方往往都处于弱势而遭受损失。

（二）相应的解决措施

1. 制定高校知识产权战略，分步推进专利工作

知识产权是科研人员从事科学技术研究和创新活动的产物，高校在制定科研规划时应围绕自主知识产权来进行，要建立起激励产出、保护和转化的合理机制，突出专利战略来抢占科学技术的制高点。

2. 形成完善的专利管理机制

高校的专利绝大多数是在开展科技项目研究的过程中产生的，依照课题申请→研究→产出知识产权（申请专利）→提请结题→成果转化→奖励申报这一高校科研思路，管理者应尽可能详尽地考虑各个环节涉及专利工作的因素，主动出击，在一定程度上减少学校无形资产流失，维护学校的利益。

3. 制定合理的激励制度

包括对专利申请的激励、专利获得授权的奖励、专利转让的奖励和专利实施的奖励等。大多数高校都对前两种情况的奖励做出规定，而对于专利转让或实施后的奖励，则往往规定得比较含糊和宏观，使得有些发明人设计人对学校的奖励政策持不信任态度，在对专利转让或实施后的利益预期大于学校给出的奖励承诺的情况下，背着学校将一些很有实施前景的技术申请了个人专利。

参考文献：

[1] 华晔,周元,郁健.高校专利基金政策实施现状分析[J].研究与发展管理,2010(2):114-115.

[2] 刘杨,栾春娟.我国高校专利成果转化的立法完善研究[J].技术创新与管理,2010(5):531-536.

[3] 路剑锋.专利宣告无效后 被诉侵权人权益的保护[J].电工知识储备,2010(6):46-49.

[4] 张守谋.专利权人 你的专利维护了吗?[J].科技信息,2002(10).

[5] 蒲根祥.试论专利维护成本对企业技术创新的抑制效应[J].科学管理研究,1999(3).

[6] 马艳萍.企业专利战略管理成本控制研究[D].中国科学技术信息研究所,2007.

[7] 王铁军.加强高校专利管理的若干思考[J].学术论坛,2009(5).

[8] 王娜.我国高校专利现状、问题及对策研究[J].科技管理研究,2009(3).

[9] 马希良.加强科技计划成果管理 切实落实专利战略和技术标准战略[J].科技成果纵横,2003(6).

[10] 杨思军,张晓东,郁健.大力实施专利战略促进科技成果转化[J].中国高校科技与产业化(学术版).

[11] 张也卉,刘林青.大学技术转移中的专利作用——基于界面理论的观察[J].研究与发展管理,2007(5).

[12] 王一梅,李小兰.科研院所专利管理关键问题研究[J].产业运营,2011(1).

[13] 吴伯明,黄益芬.专利审查[M].北京:专利文献出版社,1994.

[14] 须一平,丁惠敏.专利实践问答[M].上海:复旦大学出版社,1996.

[15] 王玉民,马维野.专利商用化的策略与运用[M].北京:科学出版社,2007.

后　记

与本书中的人和事有关的几首旧体诗

今天终于看到了本书的二审清样。在审读清样中的这些文字之后，本书最后部分暂时没有后记所遗留下来的空白，刺伤我的情绪。我没有面子去请高官和名人撰写前言和后记，只能自己来填空。思来想去，还是用自己这些年来学着撰写的几首格律上不太合格的旧体诗，来纪念一些相关的人和事。

【七律·转岗转入诗坛】

七年财务终转岗，忽入审计坠诗坛。
旧律吟唱傅挺水，新辞放歌沈国强。
公议私聚有深情，学刊著作皆华章。
不识格律四十载，却觅长短三两行。

（2007年2月12日）

2006年10月，学校中层干部聘任，我从财务处转岗到审计处。到了审计处，一切都是新的，于是开始了学习，学习的机会很多。首先是《教育审计》杂志，有趣的是这本杂志在教育审计业务研究文章之外，还经常刊登一些诗歌，这些诗歌主要是上海市教委审计处沈国强处长和上海海事大学审计处傅挺水先生的作品。这些诗作激发了我的一些雅兴，让我想起自己中学读书时候偶尔也会做一些对联之类的风雅之事。当年无心，现时有意，于是试着写了一首旧体诗。

【七律·悼倪勋】

岁末寒风几度吹，冷雨悲闻故人归。
卅载共奉会计事，十年同行教育帏。
账内盘算君为首，杯中计较谁是魁？

后 记

> 泪眼别去无所为，焚烧诗笺送君飞。
>
> （2010 年 1 月 27 日）

2010 年 1 月 27 日中午，我在赴倪勋追悼会之前写下这首诗。倪勋是上海市教育委员会财务管理中心主任、上海市教育会计学会会长，病逝于任上，到市教委工作之前曾担任上海财经大学会计学院副教授、学校财务处处长、审计处处长。在市教委工作期间，倪勋也承担着上海教育财务学术研究的组织工作。市教育会计学会安排我做内部刊物《上海教育财会》的编辑工作。当时我的确也是对教育财务研究比较有热情，积极参与《上海教育财会》这本学会内部刊物的编辑工作，而且经常担负起"补白"职责，如果缺稿件的时候，我就要交上一两篇文章，这些文章也是本书的内容了。

我有好几篇关于教育财务的文章是倪勋要求我写的，我也尽力写了。倪勋英年早逝，总归是一件令人痛惜的事情。回顾两人的交往，不胜感叹。

【七律·山居悼张堃处长】

> 岁末山居欲避寒，飞信报道地已坍。
> 病中尚有三声谢，会后将无彻夜谈。
> 干部经责多审计，同行教育独承担。
> 来年再去培训会，试问马首何处瞻？
>
> （2011 年 2 月 14 日）

这是农历新年初四，我们全家在老家附近的庐山温泉休闲。中国教育审计学会沈国强常务副会长来电，向我通报了北京化工大学审计处张堃处长因病逝世并于当日在北京举行追悼会的信息。我们不能现场祭奠，沈会长嘱我写一首诗以悼念张堃处长。

张堃姓名中"堃"，多作"坤"。坤：地也。

张堃多年担任北京化工大学审计处处长，长期工作在高校内部审计领域，对于教育内部审计的实践工作拥有丰富的经验，对教育审计特别是经济责任审计的业务研究多有建树。张堃担任中国教育审计学会培训工作委员会的主任委员，多年来一直主持中国教育审计学会的继续教育工作。当他身患重病之时，克服病痛，依然在为培训班的工作奔忙。

在中国教育审计学会举办的工作会议和研讨会中，我曾有幸和张堃处长同住一室，有过多次长谈，获益良多。2010年6月，他曾安排我为高等学校内部审计指南培训班讲授"预算执行和决算审计"辅导讲座。张堃处长抱病专程从家中赶到培训场地，在室外等候我。讲课结束时，握住我的手，一再地向我表示感谢。我非常感动。其实，我是应该感谢他的，让我有这么一次交流的机会，这次交流逼着我写完了关于审计工作的一篇文章《高校预算执行和决算审计》。

【七律·嘱山鹏写徽州民居，以贺志平兄新楼2010年落成于日本札幌】
　　　　心意遥寄索画轴，东瀛友人待风流。
　　　　天朝南北曾读书，地球西东已漫游。
　　　　身是教授早立业，心思安居今起楼。
　　　　楼外他乡风景美，回眸仍须看徽州。
　　　　　　　　　　　　　　（2010年3月10日）

汪志平是日本札幌大学经营学部教授，长我2岁，中学在家乡安徽省歙县（古徽州府衙所在地）读书，本科就读于清华大学，硕士就读于日本福岛大学，博士就读于日本北海道大学，毕业后在札幌大学任教至今，期间也赴哈佛大学访问。志平兄可谓游学于南北中华和东西世界。大约是1993年，我们相互认识。受他之邀，我于1997年首次访问札幌大学，其后多次访问日本，对日本大学的会计和管理制度有所了解。必须特别说明的是，志平兄曾经接受我的建议，邀请我率领两批上海市教育财务代表团访问日本，我的许多高校财务管理上的同事得以直接考察日本教育财务制度。我本人更是收益良多，本书中的"日本大学财务和会计制度"系列文章就是见证。

我和我的家人一起到日本期间，曾经在志平兄的家中住宿，也和他一家游览北海道。2009年他家终于启动了计划已久的拆旧房建新房的工程，并于2010年初竣工落成。志平兄是安徽省歙县人。于是我向一位画家索画，以庆贺志平兄新楼落成。这位画家是志平兄和我的共同朋友、黄山市残联副理事长、画家兼诗人山鹏先生。因为是朋友，也是风雅之事，我也就用风雅的旧体诗来索画了。

　　　　　　　　　　　　　　　　　　　　　　　　张爱民
　　　　　　　　　　　　　　　　　　　　　2013年11月25日
　　　　　　　　　　　　　　　　　　于华东理工大学和平楼105室